2025年度版

福井県の教職・一般教養

JN062757

協同教育研究会 編

協同出版

本書には，福井県の教員採用試験の過去問題を
収録しています。各問題ごとに，以下のように5段
階表記で，難易度，頻出度を示しています。

難 易 度

非常に難しい　☆☆☆☆☆
　やや難しい　☆☆☆☆
普通の難易度　☆☆☆
　やや易しい　☆☆
非常に易しい　☆

頻 出 度

◎　　　　ほとんど出題されない
◎◎　　　あまり出題されない
◎◎◎　　普通の頻出度
◎◎◎◎　よく出題される
◎◎◎◎◎　非常によく出題される

はじめに～「過去問」シリーズ利用に際して～

　教育を取り巻く環境は変化しつつあり，日本の公教育そのものも，教員免許更新制の廃止やGIGAスクール構想の実現などの改革が進められています。また，現行の学習指導要領では「主体的・対話的で深い学び」を実現するため，指導方法や指導体制の工夫改善により，「個に応じた指導」の充実を図るとともに，コンピュータや情報通信ネットワーク等の情報手段を活用するために必要な環境を整えることが示されています。

　一方で，いじめや体罰，不登校，暴力行為など，教育現場の問題もあいかわらず取り沙汰されており，教員に求められるスキルは，今後さらに高いものになっていくことが予想されます。

　本書の基本構成としては，出題傾向と対策，過去5年間の出題傾向分析表，過去問題，解答および解説を掲載しています。各自治体や教科によって掲載年数をはじめ，「チェックテスト」や「問題演習」を掲載するなど，内容が異なります。

　また原則的には一般受験を対象としております。特別選考等については対応していない場合があります。なお，実際に配布された問題の順番や構成を，編集の都合上，変更している場合があります。あらかじめご了承ください。

　最後に，この「過去問」シリーズは，「参考書」シリーズとの併用を前提に編集されております。参考書で要点整理を行い，過去問で実力試しを行う，セットでの活用をおすすめいたします。

　みなさまが，この書籍を徹底的に活用し，教員採用試験の合格を勝ち取って，教壇に立っていただければ，それはわたくしたちにとって最上の喜びです。

協同教育研究会

C O N T E N T S

第1部 福井県の教職・一般教養
　　　　　出題傾向分析 ··············3

第2部 福井県の
　　　　　教員採用試験実施問題 ···········29

▼2024年度教員採用試験実施問題 ·······················30

▼2023年度教員採用試験実施問題 ·······················69

▼2022年度教員採用試験実施問題 ·····················105

▼2021年度教員採用試験実施問題 ·····················143

▼2020年度教員採用試験実施問題 ·····················170

▼2019年度教員採用試験実施問題 ·····················232

▼2018年度教員採用試験実施問題 ·····················291

第1部

福井県の
教職・一般教養
出題傾向分析

福井県の教職・一般教養　傾向と対策

　福井県では，2020年度までは「一般教養」試験と「教職教養(教職専門)」試験とが別の試験時間に実施されてきたが，2021年度以降は「一般教養」と「教職専門」が1つの試験にまとめられ，「一般・教職」試験として実施されている。2024年度の試験時間は60分，構成は大問39問で，小問は40問，すべて択一式であった(100点満点)。なお「一般教養」は大問19問(小問20問)，配点50点，「教職教養」は大問20問で小問設定はなく問題数20問，配点50点で，教職教養と一般教養のウエイトは同等である。

1　2024年度の教職教養

　教育課程では，学習指導要領における総則，総合的な学習(探究)の時間について，2問出題されている。

　教育原理では，生徒指導で『生徒指導提要』と「いじめの防止等のための基本的な方針」，学習指導と学習理論，「特別の教科　道徳」の評価が各1問出題されている。その他，教育時事で中央教育審議会答申の「『令和の日本型学校教育』の構築を目指して」から1問出題されている。

　教育法規は3問出題されている。学校教育法，こども基本法，児童虐待の防止等に関する法律に関するものである。

　教育心理では，発達理論，教育評価，マズローの動機の階層性，乳幼児期に関する問題が，4問出題されている。

　そのほか「福井県教育振興基本計画」，「福井県不登校対策指針」に関する問題が3問，西洋教育史・日本教育史からそれぞれ1問ずつされている。

　2024年度の出題の特色として，まんべんなくバランスのよい出題がされていることが挙げられる。また3年連続で教育史が出題されなかったことを出題傾向の変化として指摘することができる。

2　教職教養の傾向と対策

　教育史を除く教職教養全般から出題され，また細かいことも問われている。他の自治体と比較すると問題数も多い。万全の対策が求められている。

　そこで，押さえるべき文書等を挙げていこう。

　学習指導要領は，ほぼ毎年出題されている。学習指導要領本文を熟読することはもちろん，特に総則に関しては学習指導要領解説を学習しておく必要があるだろう。

　また文部科学省の通知や中央教育審議会答申などの出題も多い。近年公表されたものから出題される傾向があるので，文部科学省のホームページなどをチェックし，最新の答申・通知等には目を通しておきたい。不登校やいじめ対策に関する通知からも出題されることがあるので，これを学習しておけば生徒指導分野の試験準備にもなる。なお，『生徒指導提要』は頻出なので，令和4(2022)年12月に公開された改訂版は必ず精読しておこう。

　さらに福井県では，いわゆる「ご当地問題」も頻出である。したがって，「福井県教育振興基本計画」，「福井県いじめ防止基本方針」，「福井県教育に関する大綱」，「福井県教員育成指標」なども熟読しておいてほしい。その際，その根拠となる法律や通知などを学習すると，より理解が深まり，得点につながるはずである。

　教育心理も頻出であるが，学習する際は表形式でまとめるのも一つの方法である。理論等について，いわゆる5W1Hで押さえながら丁寧に学習すると，始めは時間がかかるかもしれないが，結果的には理解も早くなると思われる。また関連事項の多い教育史も，並行して同様の形で整理していけば，対策としても十分に役立つ。

　問題の難易度はやや高いといえる。したがって，教職教養全般について深く学習することがまず大事である。注意しなければならないのは，基本的な問題で失点しないことである。このように幅広く学習しなければならない場合に，いろいろなことを習得しようとして，かえって基礎的な事項の暗記がおろそかになってしまうことがよくある。福井県のような採用人数が少ない県において，そうした基礎的な事項の問題に正解

できないと，それが命取りになって不合格になってしまうかもしれない。したがって，基礎的な事項についてしっかり習得することが他の自治体以上に重要であるといえる。

3　2024年度の一般教養

　2024年度の福井県の一般教養の出題形式は，すべて6肢択一式であった。

　出題の特徴は，社会科学・人文科学・自然科学全般が出題されるだけでなく，数的推理・判断推理・資料解釈の問題等も出題されていることである。

　以下，各分野について出題の特徴を見ていきたい。なお，古文読解のみ小問2問に分かれているが，その他は小問には分かれていない。

[社会科学]

　明治時代，日本の東西南北の端の島，物価，G7について各1問ずつ出題されている。

[人文科学]

　国語は，現代文読解，古文読解(『すらすら読める奥の細道』)，漢文読解の大問が，各1問出題されたほか，福井県出身の小説家に関する大問も1問出題された。

　英語は英文読解が大問で1問出題されている。

[自然科学]

　数学は，因数分解，空間図形(多面体)，判断推理，資料解釈が出題された。過去5年間の傾向を見ると，空間図形，数的推理・判断推理・資料解釈の問題が頻出となっている。理科は，物理から浮力，化学から空気より軽い気体，生物からエンドウの交配，地学から示準化石が，各1問出題されている。

4　一般教養の傾向と対策

　一般教養の出題分野は，2020年度までの「一般教養」試験の頃と比べて，あまり変化していない。

　国語・英語では文章読解が引き続き出題されている。1問の文章自体は1ページ未満のものがほとんどだが，試験時間を考慮すると難問と言わざるを得ない。対策としては，受験用参考書等を用いての学習だけでなく，文章を速読する力を身につけるために新聞や雑誌の斜め読みなどもしておくべきだろう。さらに，文章を読む前に各問の選択肢を読んでおく等のテクニックも必要であろう。

　数学・社会・理科に関しても，2024年度も高等学校の教科書レベルの問題が多く，「得意分野を作る」より「苦手教科をなくす」，「広く，浅く学習する」という視点で取り組むとよい。そのためには，苦手教科の学習から取り組むこと。必要であれば，中学校の教科書で基礎力を固めてから，高等学校の学習内容に取り組むといったことも検討したい。

　なお，数的推理・判断推理・資料解釈も，問題数は減ったものの2024年度も出題されている。これらは，学校で用いる教科書や大学入試用の参考書では対応できない場合が多い。そこで，この類の「考えさせる問題」に慣れるための対策が必要である。工夫して素早く効率的に計算する，与えられた条件を正しく理解し，整理して図表にまとめる，といった力が必須である。その力を身につけるためには，実績のある公務員試験の参考書や問題集を併用するのが一番効果的であろう。数学等に苦手意識を持っている人は，入門的なレベルから始めるために，中学受験の参考書・問題集等を活用してもよいかもしれない。これらの書籍には，かなり丁寧でわかりやすい解法の解説が掲載されており，数的推理等の問題の学習に有益である。数的推理等は，公立学校の学習ではなじみの薄い内容なので，中学受験のレベルから学習することを恥ずかしがることは全くない。むしろ，新鮮な目で「受験勉強」を見直すことになるかもしれない。いずれにしても，従来の教員採用試験向けの書籍では不足だと感じたらそれらに当たってみるのも一つの手である。

　問題の難易度は平均レベルといえるが，国語・英語の文章読解や数学の数的推理・判断推理の問題の解答に時間をとられると，試験時間内に最終問題までできなかったという事態になりかねない。したがって，確実に得点できる問題を選んで解答する，文章読解は後回しにする等の戦略が必要になる。このような試験時間内に解くといった準備あるいは対

策は十分に行っておくべきだろう。その対策としては，模試の活用など
が挙げられる。

　また実施年度にもよるだろうが，一般教養試験では平均点や合格点が
高いことが予想される。基礎学力を幅広く身につけること，自分に合っ
た対策を検討することで合格点に到達することは十分可能なので，計画
的に学習していきたい。

教職教養　過去5年間の出題傾向分析

①教育一般

大分類	小分類	主な出題事項	2020年度	2021年度	2022年度	2023年度	2024年度
	教育の機能・意義	教化・訓育・陶冶, 野生児など					

②教育課程と学習指導要領

大分類	小分類	主な出題事項	2020年度	2021年度	2022年度	2023年度	2024年度
教育課程	教育課程一般	教育課程の原理, カリキュラムの種類（コア・カリキュラムなど）					
	基準と編成	小学校・中学校・高校, 学校教育法施行規則52条など					
	学習指導要領	総則（教育課程編成の一般方針, 総合的な学習の時間の取扱い, 指導計画等の作成に当たって配慮すべき事項など）	●		●		●
		学習指導要領の変遷, 各年版の特徴, 新旧の比較	●				
道徳教育	学習指導要領	一般方針（総則）					
		目標（「道徳教育の目標は〜」,「道徳の時間においては〜」）					
		内容, 指導計画の作成と内容の取扱い		●	●	●	
	道徳の時間・道徳科	指導・評価・評定, 指導法, 心のノート				●	●
	その他	道徳教育の意義・歴史など	●	●			
総合的な学習の時間	学習指導要領	目標	●				
		内容					●
		指導計画の作成と内容の取扱い				●	
		目標, 各学校において定める目標及び内容				●	●
外国語活動	学習指導要領	目標, 内容, 指導計画の作成と内容の取扱い					
特別活動	学習指導要領	目標（「望ましい集団活動を通して〜」）				●	
		内容（学級（ホームルーム）活動, 児童（生徒）会活動, クラブ活動, 学校行事）					
		指導計画の作成と内容の取扱い		●			

③教育原理

大分類	小分類	主な出題事項	2020年度	2021年度	2022年度	2023年度	2024年度
教授・学習	理論	完全習得学習, 発見学習, プログラム学習, 問題解決学習, 有意味受容学習など					●
	学習指導の形態（学習集団）	一斉学習・小集団（グループ）学習, 個別学習					
	学習指導の形態（支援組織）	オープン・スクール, ティーム・ティーチング, モジュール方式					
	学習指導の形態（その他）	習熟度別学習, コース選択学習					
	学習指導の方法	バズ学習, 講義法, 全習法, 水道方式など					●
	教育機器	CAI, CMI					
生徒指導	基本理念	原理・意義・課題（「生徒指導の手引き」,「生徒指導資料」「生徒指導提要」など）	●		●	●	●
	領域	学業指導, 進路指導・キャリア教育, 保健指導, 安全指導（「学校安全緊急アピール」など）					
	方法	集団指導・個別指導					
	教育相談	意義・方法・形式など					
	具体的な指導事例	いじめ（時事問題含む）	●		●		●
		不登校, 高校中退（時事問題含む）	●			●	●
		暴力行為, 学級崩壊など（時事問題含む）					
	その他	生徒指導の関連事項, スクールカウンセラー					
人権・同和教育	歴史	法制史, 解放運動史, 事件					
	答申	「同和対策審議会答申」					
	地対協意見具申	「地域改善対策協議会意見具申」					
	関連法規	「人権擁護施策推進法」,「人権教育及び人権啓発の推進に関する法律」					
	その他	「人権教育のための国連10年行動計画」, 各都道府県の人権・同和教育方針など					
特別支援教育	目的	学校教育法72条					
	対象と障害の程度	学校教育法施行令22条の3					

大分類	小分類	主な出題事項	2020 年度	2021 年度	2022 年度	2023 年度	2024 年度
特別支援教育	定義・指導法	LD, ADHD, 高機能自閉症, PTSD, CP	●		●		
	教育機関	特別支援学校（学校教育法72・76条）, 寄宿舎（学校教育法79条）, 特別支援学級（学校教育法81条）	●				
	教育課程	学習指導要領, 教育課程（学校教育法施行規則126〜128条）, 特別の教育課程（学校教育法施行規則138・141条）, 教科書使用の特例（学校教育法施行規則139条）	●				
	指導の形態	交流教育, 通級指導, 統合教育（インテグレーション）	●				
	関連法規	発達障害者支援法, 障害者基本法				●	●
	その他	「特別支援教育の推進について」（通知）, 「障害者権利条約」, 「障害者基本計画」, 歴史など					
社会教育	定義	教育基本法1・7条, 社会教育法2条					
	その他	関連法規（社会教育法, 図書館法, 博物館法, スポーツ振興法）, 社会教育主事					
生涯学習	展開	ラングラン, リカレント教育, 各種答申（社会教育審議会, 中央教育審議会, 臨時教育審議会, 生涯学習審議会）など					
	その他	生涯学習振興法, 放送大学					
教育時事	現代の教育	情報教育（「情報化の進展に対応した教育環境の実現に向けて」, 「情報教育の実践と学校の情報化」, 学習指導要領（総則）など）			●		
		その他 （環境教育, 国際理解教育, ボランティア）					
	中央教育審議会答申	「幼稚園, 小学校, 中学校, 高等学校及び特別支援学校の学習指導要領等の改善及び必要な方策等について」	●	●			
		「新しい時代の教育や地方創生の実現に向けた学校と地域の連携・協働の在り方と今後の推進方策について」					
		「これからの学校教育を担う教員の資質能力の向上について〜学び合い, 高め合う教員育成コミュニティの構築に向けて〜」					
		「チームとしての学校の在り方と今後の改善方策について」					
		「学校安全の推進に関する計画の策定について」					
		「今後の学校におけるキャリア教育・職業教育の在り方について」					
		中央教育審議会初等中等教育分科会の「児童生徒の学習評価の在り方について（報告）」			●		
		「教育振興基本計画について ―「教育立国」の実現に向けて―」	●				

大分類	小分類	主な出題事項	2020年度	2021年度	2022年度	2023年度	2024年度
教育時事	中央教育審議会答申	「新しい時代を切り拓く生涯教育の振興方策について～知の循環型社会の構築を目指して～」					
		「子どもの心身の健康を守り，安全・安心を確保するために学校全体としての取組を進めるための方策について」					
		「教育基本法の改正を受けて緊急に必要とされる教育制度の改正について」					
		「今後の教員養成・免許制度の在り方について」					
		「新しい時代の義務教育を創造する」					
		「特別支援教育を推進するための制度の在り方について」					
		「今後の学校の管理運営の在り方について」					
		「『令和の日本型学校教育』の構築を目指して」			●		●
	教育課程審議会答申	「児童生徒の学習と教育課程の実施状況の評価の在り方について」					
	教育再生会議	第一次報告・第二次報告・いじめ問題への緊急提言					
	その他	「小学校, 中学校, 高等学校及び特別支援学校等における児童生徒の学習評価及び指導要録の改善等について」（通知）					
		「学校における携帯電話の取扱い等について」（通知）					
		「幼児期の教育と小学校教育の円滑な指導の在り方について」					
		義務教育諸学校における学校評価ガイドライン					
		「問題行動を起こす児童生徒に対する指導について」（通知）「児童生徒の問題行動対策重点プログラム」					
		「児童生徒の問題行動等生徒指導上の諸問題に関する調査」					
		教育改革のための重点行動計画					
		「キャリア教育の推進に関する総合的調査研究協力者会議報告書～児童生徒一人一人の勤労観, 職業観を育てるために～」					
		「児童生徒の問題行動対策重点プログラム」					
		「不登校児童生徒への支援の在り方について」					
		「今後の特別支援教育の在り方について」					
		「人権教育・啓発に関する基本計画」「人権教育の指導方法等の在り方について」				●	

大分類	小分類	主な出題事項	2020年度	2021年度	2022年度	2023年度	2024年度
教育時事	その他	「性同一性障害や性的指向・性自認に係る，児童生徒に対するきめ細かな対応等の実施について(教職員向け)」					
		「体罰の禁止及び児童生徒理解に基づく指導の徹底について」					
		教育統計，白書，教育界の動向					
		各都道府県の教育方針・施策	●	●	●	●	
		全国学力・学習状況調査，生徒の学習到達度調査(PISA)，国際数学・理科動向調査（TIMSS）					
		上記以外	●	●	●		

④教育法規

大分類	小分類	主な出題事項	2020年度	2021年度	2022年度	2023年度	2024年度
教育の基本理念に関する法規	日本国憲法	教育を受ける権利（26条）			●		
		その他（前文，11〜15・19・20・23・25・27・89条）					
	教育基本法	前文，1〜17条		●		●	
教育委員会に関する法規		組織（地方教育行政法3条）					
		教育委員と教育委員長（地方教育行政法4・5・12条）					
		教育長と事務局（地方教育行政法16条・17条①②・18条①・19条①②）					
		教育委員会の職務権限（地方教育行政法14条①・23条）					
		就学関係（学校法施行令1条①②・2条，学校教育法18条）					
		学校，教職員等の管理（地方教育行政法32条・33条①・34条・37条①・43条・46条，地方公務員法40条①）					
		研修（地方教育行政法45条・47条の4①，教育公務員特例法23条）					
教職員に関する法規	教職員の定義と資格	定義（教育公務員特例法2条①②③⑤，教育職員免許法2条①，義務教育標準法2条③），資格（学校教育法9条，学校法施行規則20〜23条，教育職員免許法3条）					
	教職員の身分と義務	公務員の性格（地方公務員法30条，教育基本法9条②，憲法15条②）	●				
		義務（地方公務員法31〜38条，国家公務員法102条，教育公務員特例法17・18条，地方教育行政法43条②，教育基本法8条②）	●				

大分類	小分類	主な出題事項	2020年度	2021年度	2022年度	2023年度	2024年度
教職員に関する法規	教職員の身分と義務	分限と懲戒（地方公務員法27〜29条）					
		勤務時間・条件（労働基準法）等					
	教員の任用	条件附採用・臨時的任用（地方公務員法22条,教育公務員特例法12条）					
		欠格事由・欠格条項（学校教育法9条, 地方公務員法16条）					
	教職員の任用	不適格教員（地方教育行政法47条の2）					
	教員の研修	研修（教育公務員特例法21条・22条・24条・25条・25条の2・25条の3, 地方公務員法39条）	●				
		初任者研修（教育公務員特例法23条, 地方教育行政法45条①）					
	教職員の職務と配置	校務分掌（学校法施行規則43条）					
		教職員, 主任等の職務（学校教育法37・49・60・82条, 学校法施行規則44〜47条）					
		職員会議（学校法施行規則48条）					
		教職員の配置（学校教育法7・37条など）					
	校長の職務と権限	身分（教育公務員特例法2条）, 採用と資格（学校教育法8・9条, 学校法施行規則20条・教育公務員特例法11条）					
		教職員の管理（学校教育法37条④）					
	教員免許状	教員免許状の種類, 授与, 効力（教育職員免許法）					
学校教育に関する法規	学校の設置	学校の範囲（学校教育法1条）					
		学校の名称と設置者（学校教育法2条, 教育基本法6条①）					
		設置基準（学校教育法3条）, 設置義務（学校教育法38条）					
	学校の目的・目標	小学校（体験活動の目標を含む）, 中学校, 中等教育学校, 高等学校				●	●
	学校評価及び情報提供	評価（学校教育法42条, 学校法施行規則66〜68条）, 情報提供（学校教育法43条）					
学校の管理・運営に関する法規	設備と管理	学校の管理・経費の負担（学校教育法5条）, 学校の設備（学校法施行規則1条）					
		学校図書館（学校図書館法）					

14

大分類	小分類	主な出題事項	2020年度	2021年度	2022年度	2023年度	2024年度
学校の管理・運営に関する法規	学級編制	小学校・中学校の学級編制, 学級数・児童生徒数（義務教育標準法3・4条, 学校法施行規則41条, 設置基準）					
	学年・学期・休業日等	学年（学校法施行規則59条）					
		学期（学校法施行令29条）					
		休業日（学校法施行令29条, 学校法施行規則61条）臨時休業日（学校法施行規則63条）					
		授業終始の時刻（学校法施行規則60条）					
	保健・安全・給食	学校保健（学校教育法12条, 学校保健安全法1・3・4・5条）					
		環境衛生（学校保健安全法6条）, 安全（学校保健安全法26～29条）					
		健康診断（学校保健安全法11・12・13・14・15・16条）					
		感染症による出席停止（学校保健安全法19条）感染症による臨時休業（学校保健安全法20条）					
		その他（健康増進法, 学校給食・保健・安全の関連事項）	●				
	教科書・教材	教科書の定義（教科書発行法2条, 教科用図書検定規則2条）, 使用義務（学校教育法34条①②）など					
		義務教育の無償教科書（教科書無償措置法）, 教科書使用の特例（学校法施行規則58条・73条の12）, 副教材等の届出（地方教育行政法33条）					
		著作権法（33・35条）					
	その他	学校評議員（学校法施行規則49条）, 学校運営協議会（地方教育行政法47条の5）					
児童・生徒に関する法規	就学	就学義務（学校教育法17・36条）					
		就学手続（学校法施行令2条・5条①・9条・11条・14条, 学校保健法施行令1条・4条②）					
		就学猶予（学校教育法18条, 学校法施行規則34条）					
		就学援助（学校教育法19条）					
	入学・卒業	学齢簿の編製・作成（学校法施行令1・2条, 学校法施行規則29・30条）					
		入学期日の通知と学校の指定（学校法施行令5条）					
		課程の修了・卒業の認定（学校教育法32・47・56条, 学校法施行規則57・79・104条）, 卒業証書の授与（学校法施行規則58・79・104条）					

大分類	小分類	主な出題事項	2020年度	2021年度	2022年度	2023年度	2024年度
児童・生徒に関する法規	懲戒・出席停止	懲戒と体罰（学校教育法11条）					
		懲戒の種類（学校法施行規則26条）					
		性行不良による出席停止（学校教育法35条）					
	法定表簿	表簿の種類と保存期間（学校法施行規則28条①②など）					
		指導要録（学校法施行規則24条）					
		出席簿の作成（学校法施行規則25条）					
	児童・生徒の保護	児童福祉法，児童虐待防止法			●		●
	その他	少年法，いじめ防止対策推進法			●		
		児童の権利に関する条約（子どもの権利条約），世界人権宣言					●
その他		食育基本法，個人情報保護法，読書活動推進法など				●	

⑤教育心理

大分類	小分類	主な出題事項	2020年度	2021年度	2022年度	2023年度	2024年度
教育心理学の展開		教育心理学の歴史					
カウンセリング・心理療法	カウンセリング	非指示的カウンセリング（ロジャーズ）				●	
		指示的カウンセリング（ウィリアムソン）					
		その他（カウンセリング・マインドなど）					
		精神分析療法					
	心理療法	行動療法		●			
		遊戯療法，箱庭療法					
		その他（心理劇，自律訓練法など）		●			
発達理論	発達の原理	発達の連続性，発達における一定の方向と順序，発達の個人差，分化と統合		●			
	遺伝と環境	孤立要因説（生得説，経験説），加算的寄与説，相互作用説（輻輳説）	●		●		

大分類	小分類	主な出題事項	2020年度	2021年度	2022年度	2023年度	2024年度
発達理論	発達理論	フロイトの精神分析的発達理論（リビドー理論）					●
		エリクソンの心理社会的発達理論（自我同一性）			●		
		ピアジェの発生的認識論	●			●	
		その他（ミラーやバンデューラの社会的学習説，ヴィゴツキーの認知発達説，ハーヴィガーストの発達課題，コールバーグの発達段階説）	●		●		●
	発達期の特徴	乳児期，幼児期，児童期，青年期					●
	その他	その他（インプリンティング（ローレンツ），アタッチメント，ホスピタリズムなど）					
適応機制	適応機制の具体的な種類	抑圧，逃避，退行，置き換え，転換，昇華，同一視，投射，合理化，知性視など					
人格の理論とその把握	人格理論	類型論（クレッチマー，シェルドン，ユング，シュプランガー）					
		特性論（キャッテル，ギルフォード，アイゼンク）					
		力動論（レヴィン，フロイト）					
	人格検査法	質問紙法（YG式性格検査，MMPI）					●
		投影法（ロールシャッハ・テスト，TAT，SCT，PFスタディ）					●
		作業検査法（内田クレペリン検査，ダウニー意志気質検査）					●
		描画法（バウムテスト，HTP）					
		その他（評定尺度法など）					
	欲求	マズローの欲求階層構造					●
		アンビバレンス，コンフリクト，フラストレーション					
	その他	かん黙，チックなど					
知能検査	知能の因子構造	スピアマン，ソーンダイク，サーストン，トムソン，ギルフォード					
	知能検査の種類	目的別（①一般知能検査，②診断的知能検査（ウェクスラー式））					
		実施方法別（①個別式知能検査，②集団的知能検査）					
		問題の種類別（①言語式知能検査，②非言語的知能検査，③混合式知能検査）					
	検査結果の整理・表示	精神年齢，知能指数					

大分類	小分類	主な出題事項	2020年度	2021年度	2022年度	2023年度	2024年度
検査知能	その他	知能検査の歴史（ビネーなど）					
教育評価	教育評価の種類	相対, 絶対, 個人内, 到達度, ポートフォリオ				●	
		ブルームの分類（診断的, 形成的, 総括的）	●			●	
	評価の方法	各種のテスト, 質問紙法, 面接法, 事例研究法					
	学力とその評価	学業不振児, 学業優秀児, 学習障害児					
		成就指数, 教育指数					
	教育評価のキーワード	ハロー効果				●	
		ピグマリオン効果				●	
		その他 （スリーパー効果, ホーソン効果, 中心化傾向）				●	
集団機能	学級集団の形成	学級集団の特徴, 機能, 形成過程					
	リーダーシップ	リーダーシップの型と集団の生産性					
	集団の測定	ソシオメトリック・テスト（モレノ）	●				
		ゲス・フー・テスト（ハーツホーン, メイ, マラー）					
学習	学習理論 連合説　S-R	パブロフ（条件反応と古典的条件づけ）	●	●			
		ソーンダイク （試行錯誤説と道具的条件づけ, 効果の法則）	●				
		スキナー（オペラント条件づけとプログラム学習）	●	●			
		その他（ワトソン, ガスリー）					
	学習理論 認知説　S-S	ケーラー（洞察説）		●			
		トールマン（サイン・ゲシュタルト説）		●			
	記憶と忘却（学習過程）	学習曲線（プラトー）	●	●			
		レミニッセンス, 忘却曲線（エビングハウス）	●	●			
		レディネス		●			
		動機づけ, 学習意欲, 達成意欲					

大分類	小分類	主な出題事項	2020年度	2021年度	2022年度	2023年度	2024年度
学習	記憶と忘却（学習過程）	学習の転移（正の転移，負の転移）					
	その他	関連事項（リハーサルなど）					
その他		教育心理学に関する事項（ブーメラン効果など）					

⑥西洋教育史

大分類	小分類	主な出題事項	2020年度	2021年度	2022年度	2023年度	2024年度
古代〜中世	古代	プロタゴラス，ソクラテス，プラトン，アリストテレス					
	中世	人文主義，宗教改革，コメニウス					
近代〜現代	自然主義	ルソー					●
		ペスタロッチ					
		ロック					
	系統主義	ヘルバルト，ツィラー，ライン	●				●
	革命期の教育思想家	オーエン，コンドルセ，ベル・ランカスター（モニトリアル・システム）					
	児童中心主義	フレーベル					●
		エレン・ケイ					
		モンテッソーリ					
	改革教育学（ドイツの新教育運動）	ケルシェンシュタイナー，ナトルプ，シュプランガー，ペーターゼン（イエナプラン）	●				
	進歩主義教育（アメリカの新教育運動）	デューイ，キルパトリック（プロジェクト・メソッド），ウォッシュバーン（ウィネトカ・プラン），パーカースト（ドルトン・プラン）					●
	各国の教育制度改革（第二次世界大戦後）	アメリカ，イギリス，フランス，ドイツ					
	現代の重要人物	ブルーナー，ラングラン，イリイチ					
	その他	カント，スペンサー，デュルケムなど					

⑦日本教育史

大分類	小分類	主な出題事項	2020年度	2021年度	2022年度	2023年度	2024年度
古代	奈良	大学寮, 国学, 芸亭					
古代	平安	空海（綜芸種智院）, 最澄（山家学生式）, 別曹（弘文院, 奨学院, 勧学院）					
中世	鎌倉	金沢文庫（北条実時）					
中世	室町	足利学校（上杉憲実）					
近世	学問所, 藩校	昌平坂学問所, 藩校（日新館, 明倫館など）					
近世	私塾	心学舎, 咸宜園, 古義堂, 適塾, 藤樹書院, 松下村塾					
近世	その他の教育機関	寺子屋, 郷学					
近世	思想家	安藤昌益, 大原幽学, 貝原益軒, 二宮尊徳					
近代	明治	教育法制史（学制, 教育令, 学校令, 教育勅語, 小学校令の改正）					●
近代	明治	人物（伊澤修二, 高嶺秀夫, 福沢諭吉）					
近代	大正	教育法制史（臨時教育会議, 大学令・高等学校令）					
近代	大正	大正新教育運動, 八大教育主張					
近代	大正	人物（芦田恵之助, 鈴木三重吉）					
現代	昭和（戦前）	教育法制史（国民学校令, 青年学校令）					●
現代	昭和（戦前）	生活綴方運動					
現代	昭和（戦後）	第二次世界大戦後の教育改革など					

一般教養　過去5年間の出題傾向分析

①人文科学

大分類	中分類（小分類）	主な出題事項	2020年度	2021年度	2022年度	2023年度	2024年度
国語	ことば（漢字の読み・書き）	難解漢字の読み・書き，誤字の訂正					
	ことば（同音異義語，同訓漢字）	同音異義語・同訓漢字の読み・書き					
	ことば（四字熟語）	四字熟語の読み・書き・意味					
	ことば（格言・ことわざ）	意味					
	文法（文法）	熟語の構成，対義語，部首，画数，各種品詞，修飾					
	文法（敬語）	尊敬語，謙譲語，丁寧語					
	文章読解・名作鑑賞（現代文読解）	空欄補充，内容理解，要旨，作品に対する意見論述	●	●	●	●	●
	文章読解・名作鑑賞（詩）	内容理解，作品に対する感想					
	文章読解・名作鑑賞（短歌）	表現技法，作品に対する感想					
	文章読解・名作鑑賞（俳句）	季語・季節，切れ字，内容理解					●
	文章読解・名作鑑賞（古文読解）	内容理解，文法（係り結び，副詞）	●	●	●	●	●
	文章読解・名作鑑賞（漢文）	書き下し文，意味，押韻	●		●	●	●
	文学史（日本文学）	古典（作者名，作品名，成立年代，冒頭部分）	●				
		近・現代（作者名，作品名，冒頭部分，芥川賞・直木賞）		●	●	●	●
	文学史（外国文学）	作者名，作品名					
	その他	手紙の書き方，書体，会話文の空欄補充など					
英語	単語	意味，アクセント，活用					
	英文法・構文	完了形，仮定法，関係代名詞，関係副詞，話法，不定詞，比較					
	熟語	有名な熟語					
	書き換え	同じ意味の表現への書き換え					
	ことわざ	有名なことわざ，名言					

大分類	中分類 (小分類)	主な出題事項	2020年度	2021年度	2022年度	2023年度	2024年度
英語	略語, 日本語の英語表現	政治・経済機関等の略語の意味, 英語で表された日本語					
	会話文	空欄補充, 内容理解, 作文					
	文章読解	空欄補充, 内容理解	●		●	●	●
	リスニング	空欄補充, 内容理解					
	その他	英作文, 会話実技					
音楽	音楽の基礎	音楽記号, 楽器, 楽譜の読み取り（拍子, 調）					
	日本音楽史（飛鳥〜奈良時代）	雅楽					
	日本音楽史（鎌倉〜江戸時代）	平曲, 能楽, 三味線, 箏, 尺八					
	日本音楽史（明治〜）	滝廉太郎, 山田耕筰, 宮城道雄など					
		その他（「ふるさと」「夕やけこやけ」）					
	西洋音楽史（〜18世紀）	バロック, 古典派					
	西洋音楽史（19世紀）	前期ロマン派, 後期ロマン派, 国民楽派					
	西洋音楽史（20世紀）	印象派, 現代音楽					
	その他	民族音楽, 民謡, 舞曲, 現代音楽史上の人物など					
美術	美術の基礎	表現技法, 版画, 彫刻, 色彩理論					
	日本美術史	奈良, 平安, 鎌倉, 室町, 安土桃山, 江戸, 明治, 大正					
	西洋美術史（〜14世紀）	ギリシア・ローマ, ビザンティン, ロマネスク, ゴシック					
	西洋美術史（15〜18世紀）	ルネサンス, バロック, ロココ	●				
	西洋美術史（19世紀）	古典主義, ロマン主義, 写実主義, 印象派, 後期印象派					
	西洋美術史（20世紀）	野獣派, 立体派, 超現実主義, 表現派, 抽象派					
	その他	書道作品					
保健体育	保健	応急措置, 薬の処方					
		生活習慣病, 感染症, エイズ, 喫煙, 薬物乱用					

大分類	中分類 (小分類)	主な出題事項	2020年度	2021年度	2022年度	2023年度	2024年度
保健体育	保健	その他（健康問題，死亡原因，病原菌）					
	体育	体力，運動技能の上達，トレーニング					
		スポーツの種類，ルール					
		オリンピック，各種スポーツ大会	●				
	その他						
技術・家庭	工作	げんのうの使い方					
	食物	栄養・栄養素，ビタミンの役割					
		食品，食品添加物，食品衛生，食中毒，調理法					
	被服	布・繊維の特徴（綿・毛・ポリエステル），裁縫，洗剤					
	消費者生活	3R，クレジットカード					
	その他	表示マーク（JAS, JIS, エコマーク）					

②社会科学

大分類	中分類 (小分類)	主な出題事項	2020年度	2021年度	2022年度	2023年度	2024年度
世界史	古代・中世	四大文明，古代ギリシア・ローマ，古代中国					
	ヨーロッパ（中世，近世）	封建社会，十字軍，ルネサンス，宗教改革，大航海時代					
	ヨーロッパ（近代）	清教徒革命，名誉革命，フランス革命，産業革命					
	アメリカ史（〜19世紀）	独立戦争，南北戦争					
	東洋史（〜19世紀）	唐，明，清，オスマン・トルコ					
	第一次世界大戦	辛亥革命，ロシア革命，ベルサイユ条約	●				
	第二次世界大戦	世界恐慌，大西洋憲章	●				
	現代史	冷戦，中東問題，軍縮問題，ヨーロッパ統合			●		
	その他	歴史上の人物					

大分類	中分類（小分類）	主な出題事項	2020年度	2021年度	2022年度	2023年度	2024年度
日本史	原始・古代	縄文, 弥生, 邪馬台国					
	古代（飛鳥時代）	聖徳太子, 大化の改新, 大宝律令					
	古代（奈良時代）	平城京, 荘園, 聖武天皇					
	古代（平安時代）	平安京, 摂関政治, 院政, 日宋貿易					
	中世（鎌倉時代）	御成敗式目, 元寇, 守護・地頭, 執権政治, 仏教					
	中世（室町時代）	勘合貿易, 応仁の乱, 鉄砲伝来, キリスト教伝来				●	
	近世（安土桃山）	楽市楽座, 太閤検地					
	近世（江戸時代）	鎖国, 武家諸法度, 三大改革, 元禄・化政文化, 開国	●		●		
	近代（明治時代）	明治維新, 日清・日露戦争, 条約改正	●		●		●
	近代（大正時代）	第一次世界大戦, 大正デモクラシー	●				
	現代（昭和時代）	世界恐慌, サンフランシスコ平和条約, 高度経済成長	●				
地理	地図	メルカトル図法, 等高線, 緯度・経度, 距離・面積の測定					●
	地形	山地・平野・海岸・特殊な地形・陸水・海水	●				
	気候	気候区分, 気候因子, 気候要素					
	人口	人口構成, 人口問題, 都市化					
	産業・資源（農業）	農産物の生産, 農業形態, 輸出入品, 自給率					
	産業・資源（林業）	森林分布, 森林資源, 土地利用					
	産業・資源（水産業）	漁業の形式, 水産資源					
	産業・資源（鉱工業）	鉱物資源, 石油, エネルギー					
	貿易	日本の貿易（輸出入品と輸出入相手国）, 貿易のしくみ					
	世界の地域（アジア）	自然・産業・資源などの特徴	●	●			

大分類	中分類（小分類）	主な出題事項	2020年度	2021年度	2022年度	2023年度	2024年度
地理	世界の地域（アフリカ）	自然・産業・資源などの特徴					
	世界の地域（ヨーロッパ）	自然・産業・資源などの特徴					
	世界の地域（南北アメリカ）	自然・産業・資源などの特徴	●				
	世界の地域（オセアニア・南極）	自然・産業・資源などの特徴					
	世界の地域（その他）	世界の河川・山, 首都・都市, 時差, 宗教					
	日本の自然	地形, 気候, 平野, 海岸	●				
	日本の地理	諸地域の産業・資源・都市などの特徴			●		
	その他	世界遺産				●	
政治	民主政治	選挙, 三権分立	●		●	●	
	日本国憲法	憲法の三原則, 基本的人権, 自由権, 社会権	●			●	
	国会	立法権, 二院制, 衆議院の優越, 内閣不信任の決議					
	内閣	行政権, 衆議院の解散・総辞職, 行政組織・改革					
	裁判所	司法権, 三審制, 違憲立法審査権					
	地方自治	三位一体の改革, 直接請求権, 財源	●				
	国際政治	国際連合（安全保障理事会, 専門機関）	●				
	その他	サミット, PKO, NGO, NPO, ODA, オンブズマンなど				●	●
経済	経済の仕組み	経済活動, 為替相場, 市場, 企業, 景気循環, GDP	●				●
	労働	労働三権, 労働組合, 労働争議の形態					
	金融	金融機関, 金融政策					
	財政	予算, 租税		●			
	国際経済	IMF, WTO, 国際収支, TPP, EU					
	その他	経済用語（ペイオフ, クーリングオフ, ワークシェアリングなど）					

大分類	中分類(小分類)	主な出題事項	2020年度	2021年度	2022年度	2023年度	2024年度
倫理	西洋	古代, 中世(ルネサンス)					
		近代(デカルト, カント, ルソー, ベンサムなど)		●			
		現代(ニーチェ, キルケゴール, デューイなど)					
	東洋	儒教(孔子, 孟子), 仏教, イスラム教					
	日本	古代, 中世					
		近世					
		近代, 現代					
時事	医療,福祉,社会保障,少子・高齢化	社会保険制度,少子・高齢化社会の動向, メタボリック					
	家族	育児問題, パラサイトシングル, ドメスティック・バイオレンス					
	国際社会	サミット, コソボ自治州, 中国大地震, サブプライムローン					●
	文化	ノーベル賞, 裁判員制度, ハラスメントなど				●	
	法令	時事新法(健康増進法, 国民投票法, 著作権法など)					
	ご当地問題				●		
	その他	科学技術, 教育事情, 時事用語など			●		

③自然科学

大分類	中分類(小分類)	主な出題事項	2020年度	2021年度	2022年度	2023年度	2024年度
数学	数の計算	約数と倍数, 自然数, 整数, 無理数, 進法	●			●	
	式の計算	因数分解, 式の値, 分数式					●
	方程式と不等式	一次方程式, 二次方程式, 不等式			●	●	
	関数とグラフ	一次関数	●				
		二次関数					

大分類	中分類（小分類）	主な出題事項	2020年度	2021年度	2022年度	2023年度	2024年度
数学	図形	平面図形（角の大きさ，円・辺の長さ，面積）	●				
		空間図形（表面積，体積，切り口，展開図）	●	●	●	●	●
	数列	等差数列，等比数列					
	確率と統計	場合の数，順列・組み合わせ，期待値	●				
	その他	命題，数的推理，判断推理	●		●	●	●
		証明，資料解釈，グラフの特徴など	●	●	●		●
生物	生物体の構成	細胞の構造，生物体の化学成分					
	生物体のエネルギー	代謝，呼吸，光合成，酵素			●		
	遺伝と発生	遺伝，細胞分裂，変異，進化説					●
	恒常性の維持と調節	血液，ホルモン，神経系			●		
	生態系	食物連鎖，生態系，生物濃縮					
	生物の種類	動植物の種類・特徴	●			●	
	その他	顕微鏡の取扱い，生物学に関する歴史上の人物など			●		
地学	地球	物理的性質，内部構造，造岩鉱物					
	地表の変化	地震（P波とS波，マグニチュード，初期微動，プレートテクトニクス）					
		火山（火山活動，火山岩）					
	大気と海洋	気温，湿度，気象，高・低気圧，天気図		●			
		エルニーニョ，海水，海流の種類					
	太陽系と宇宙	地球の自転・公転，太陽，月，星座	●		●		
	地層と化石	地層，地形，化石					●
物理	力	力の単位・合成，つり合い，圧力，浮力，重力	●		●		●
	運動	運動方程式，慣性					

大分類	中分類（小分類）	主な出題事項	2020年度	2021年度	2022年度	2023年度	2024年度
物理	仕事とエネルギー	仕事, 仕事率					
		熱と温度, エネルギー保存の法則					
	波動	波の性質, 音, 光				●	
	電磁気	オームの法則, 抵抗, 電力, ジュールの法則, 磁界					
	その他	物理量とその単位, 物理学に関する歴史上の人物など					
化学	物質の構造	混合物, 原子の構造, 化学結合, モル					
	物質の状態（三態）	融解, 気化, 昇華, 凝縮					
	物質の状態（気体）	ボイル・シャルルの法則					●
	物質の状態（溶液）	溶液の濃度, コロイド溶液					
	物質の変化（反応）	化学反応（物質の種類, 化学反応式, 質量保存の法則）				●	●
	物質の変化（酸塩基）	酸・塩基, 中和反応, 中和滴定		●			
	物質の変化（酸化）	酸化・還元, イオン化傾向, 電池, 電気分解					
	無機物質	元素の分類, 物質の種類			●		
	有機化合物	炭化水素の分類					
	その他	試験管・ガスバーナー・薬品の種類や取扱いなど	●				
環境	環境問題	温室効果, 酸性雨, アスベスト, オゾン層, ダイオキシン					
	環境保全	燃料電池, ごみの分別収集, パーク・アンド・ライド					
	環境に関わる条約・法律	京都議定書, ラムサール条約, 家電リサイクル法	●				
情報	情報社会	パソコン・インターネットの利用方法, 情報モラル, e-Japan戦略					●
	用語	ADSL, LAN, SPAM, URL, USB, WWW, テキストファイル, 情報リテラシーなど					

第 2 部

福井県の
教員採用試験
実施問題

2024年度　実施問題

【1】次の文章を読んで，以下の問いに答えなさい。

> 　近年の使われ方としては，「あのレストランは高級だから，我々にはちょっと敷居が高いよ」といったところかもしれない。
> 　しかし，本来は，この使い方は間違いだろう。「敷居が高い」とは，不義理をしているために，あるいは面目ない事情があるために，もともとつきあいがあったことのある家に行きにくいことを言ったのだ。
> 　だから，「借金があって敷居が高い」とか，「すっかりご無沙汰してしまっているから，敷居が高いんだ」という使い方が合っている。
> 　冒頭のような使われ方，すなわち「高級すぎる」とか「自分の身に合わない」という意味が加わったとすれば，それは，義理人情や面目よりも，見てくれや形式にばかり気をとられることが増えてしまった結果かもしれない。敷居自体もあまり意識されなくなり，バリアフリーにするなど，ただでも高い敷居は敬遠される時代だ。
>
> (倉島長正 『日本人が忘れてはいけない美しい日本の言葉』
> (青春出版社)から抜粋して作成)

　次の文章のうち，上の本文が指す「敷居が高い」の本来の使い方で

使っているものを，①～⑤の中から1つ選んで番号で答えなさい。

① 地区大会一回戦敗退の高校に，甲子園に出場しろというのは敷居が高い。
② 最近は段差の低い飲食店や旅館などが増えているが，ここは敷居が高い。
③ あの有名な俳優がたくさん出演する舞台に，僕も出演するのは敷居が高い。
④ 久しぶりにいいお肉を食べたいと思うので，敷居が高い店を予約した。
⑤ 懇意にしていたあの家は，高価な壺を割ってしまったことがあり，伺うには敷居が高い。

(☆☆☆◎◎◎)

【2】次の文章を読んで，以下の問いに答えなさい。

> 【問題文は著作権上の都合により掲載できません。】
>
> (立松和平　『すらすら読める奥の細道』(講談社文庫)から
> 抜粋，一部修正して作成)

(1) 「古例今に絶えず」とは，「昔のそのことを今に伝える行事は絶えず」という意味であるが，この「行事」とはどのようなことを指すか。適切なものを，①～⑤の中から1つ選んで番号で答えなさい。

① 草を苅ったり，重たい石を運んだりして，参詣しやすくする行事。
② あえて草を残したり，重たい石を置いたりして，参詣しづらくする行事。
③ 神前に真砂(細かい砂)を運んでくる行事。
④ 十五夜に月が出たら，酒を気比神宮に持ってお参りする行事。
⑤ 水溜まりやぬかるみを乾かして細かい砂を作り，持って行く行事。

31

(2) ☐に当てはまる俳句を，①〜⑤の中から1つ選んで番号で答え
なさい。

① 名月をとってくれろと泣く子かな
② 名月や北国日和定めなき
③ 名月や池をめぐりて夜もすがら
④ さみだれや大河を前に家二軒
⑤ 国々の八景さらに気比の月

(☆☆☆◎◎◎)

【3】次の漢詩を読んで，以下の問いに答えなさい。

【問題文は著作権上の都合により掲載できません。】
【書き下し文】 (小島憲之編　『王朝漢詩選』(岩波文庫)から抜粋して作成)

この漢詩で筆者が主張したいこととして，適切なものを，①〜⑤の
中から1つ選んで番号で答えなさい。

① 月は秋にも夏にも輝くが，晴れた空に輝いているのがよい。
② 夜の時間が長い秋の夜の月の方が，夏の夜の月に勝っている。
③ 夜の時間が短い夏の夜の月の方が，秋の夜の月に勝っている。
④ 秋の夜の月は長く，悩みごとに思いを馳せるのにはちょうどよい。
⑤ 夏の夜の月は短く，悩みごとを忘れるのにはちょうどよい。

(☆☆☆◎◎◎)

【4】小説「玩具」で芥川賞，「紅梅」で菊池寛賞を受賞した福井県出身
の作家を，①〜⑤の中から1つ選んで番号で答えなさい。

① 水上勉　　② 津村節子　　③ 加古里子　　④ 宮下奈都
⑤ 俵万智

(☆☆☆◎◎◎)

【5】次に挙げる明治時代の出来事を年代の古い順に並び替えたとき3番目に古いものを，①〜⑤の中から1つ選んで番号で答えなさい。
① 日清戦争の開始　② 日英同盟　③ 韓国併合
④ 廃藩置県　⑤ 大日本帝国憲法発布
(☆☆☆◎◎◎)

【6】日本の東西南北の最端にある島の名前の組み合わせとして正しいものを，①〜⑤の中から1つ選んで番号で答えなさい。
① 東：沖ノ鳥島　西：尖閣諸島　南：南鳥島　北：択捉島
② 東：沖ノ鳥島　西：与那国島　南：南鳥島　北：国後島
③ 東：南鳥島　西：沖ノ鳥島　南：与那国島　北：択捉島
④ 東：南鳥島　西：与那国島　南：沖ノ鳥島　北：択捉島
⑤ 東：与那国島　西：竹島　南：沖ノ鳥島　北：国後島
(☆☆☆◎◎◎)

【7】物価に関連する説明として正しいものを，①〜⑤の中から1つ選んで番号で答えなさい。
① インフレーションの下では，貨幣の価値は上昇する。
② 好景気と不景気が交互に繰り返すことを景気変動という。
③ 不況下でも物価が上昇し続けることをデフレーションという。
④ デフレスパイラルとは，景気後退と物価上昇が相互に影響し合って進行する現象をいう。
⑤ 景気を調整するための財政政策は，日本銀行が行う。
(☆☆☆◎◎◎)

【8】2023年に広島市で開かれた主要7カ国首脳会議(G7サミット)は，7カ国とヨーロッパ連合(EU)で構成されていたが，7カ国に含まれていないものを，①〜⑤の中から1つ選んで番号で答えなさい。
① フランス　② アメリカ　③ カナダ　④ イタリア

⑤　オーストラリア

(☆☆☆○○○)

【9】a，b，pを整数とするとき，$x^2+px-36$を$(x+a)(x+b)$の形に因数分
解します。全部で何通りの因数分解ができますか。正しいものを，①
〜⑤の中から1つ選んで番号で答えなさい。

①　4通り　　②　5通り　　③　8通り　　④　9通り　　⑤　10通り

(☆☆☆○○○)

【10】AさんBさんを含めた19人の生徒が，赤か白か青の帽子をかぶって
います。自分のかぶっている帽子の色は見えませんが，自分以外の人
がかぶっている帽子の色はすべて見えます。AさんとBさんがそれぞれ
自分以外の18人の帽子の色について，次のように話しています。

　　Aさん：「白の帽子の人は，赤の帽子の人の半分だよ。」

　　Bさん：「赤の帽子と青の帽子の人数は同じだよ。」

　　白の帽子の生徒の人数として正しいものを，①〜⑤の中から1つ選
んで番号で答えなさい。

①　2人　　②　3人　　③　4人　　④　5人　　⑤　6人

(☆☆☆○○○)

【11】次の図のサッカーボールは，32個の面からなる多面体を球状にふく
らませたものです。その多面体は，12個の正五角形の面と20個の正六
角形の面からなり，どの頂点にも1個の正五角形の面と2個の正六角形
の面が集まっています。この多面体の辺は何本ありますか。正しいも
のを，①〜⑤の中から1つ選んで番号で答えなさい。

① 60本　　② 90本　　③ 96本　　④ 120本　　⑤ 180本

（☆☆☆◎◎◎）

【12】ある日の映画館A，B，Cごとの利用者数を集計しました。表①は世代別に人数を集計したもの，表②は映画館A，B，Cにおけるそれぞれの利用者の割合を表したものです。

表①

（単位：人）

世代／映画館	小学生まで	中・高校生	大学生	一般	シニア（60歳以上）
A	95	300	390	220	95
B	64	256	260	140	30
C	52	200	145	⑦	55

表②

映画館	A	B	C	合計
利用者数の割合	44%	30%	26%	100%

　　表①の ⑦ に入る数字を，①〜⑤の中から1つ選んで番号で答えなさい。

① 125　　② 137　　③ 161　　④ 182　　⑤ 198

（☆☆☆◎◎◎）

【13】海面に同型の船A，Bが浮いている。BはAよりも荷物をたくさん積んでおり，図のようにAよりいくらか沈んでいた。荷物も含めたAの重さをW_A，Bの重さをW_B，Aにはたらく浮力の大きさをF_A，Bにはたらく浮力の大きさをF_Bとして，それらの大小関係について正しく表しているものを，①〜⑤の中から1つ選んで番号で答えなさい。

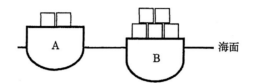

① $W_A < W_B$, $F_A = F_B$　　② $W_A < F_A$, $W_B < F_B$

③ $W_A < F_A < W_B < F_B$　　④ $W_A = F_A = W_B = F_B$

⑤ $W_A = F_A < W_B = F_B$

(☆☆☆◎◎◎)

【14】次の実験で，空気より軽い気体が発生するものを，①～⑤の中から1つ選んで番号で答えなさい。

① 二酸化マンガンにうすい過酸化水素水を加える。

② うすい水酸化ナトリウム水溶液にうすい塩酸を入れる。

③ マグネシウムをうすい塩酸に入れる。

④ 石灰石をうすい塩酸に入れる。

⑤ 炭酸水素ナトリウムを加熱する。

(☆☆☆◎◎◎)

【15】丸い種子のエンドウとしわの種子のエンドウを親として子の代を得たところ，子の代はすべて丸い種子のエンドウになった。次に子の代の種子をまいて育てたエンドウを自家受粉して孫の代を得たところ，全体のうち丸い種子は3024個だった。このとき，しわの種子はおよそ何個であると考えられるか，①～⑤の中から1つ選んで番号で答えなさい。

① 0個　　② 300個　　③ 1000個　　④ 3000個　　⑤ 9000個

(☆☆☆◎◎◎)

【16】2023年4月14日，福井県大野市内の中部縦貫自動車道工事現場から中生代後期ジュラ紀に生息していた大型アンモナイト化石2点が見つかったと発表された。この発見により，発見現場周辺に分布する地層

について，中生代後期ジュラ紀の国際対比に役立つ地層があることが明らかになったとされる。この化石のように，地層が堆積した年代を知ることができる化石を，①～⑤の中から1つ選んで番号で答えなさい。

① 示相化石　　② 生痕化石　　③ 内型化石　　④ 示準化石
⑤ 印象化石

(☆☆☆◎◎◎)

【17】次の英文を読んで，以下の問いに答えなさい。

【問題文は著作権上の都合により掲載できません。】

『Traditional English Tea losing popularity in UK』
(2023/04/27 Breaking News English Lesson)から抜粋して作成

本文の内容に適切でないものを，①～⑤の中から1つ選んで番号で答えなさい。

① Sales of traditional tea have been going down in the UK.

② British people drink tea when they talk about their problems or when they have guests.

③ Researchers interviewed over two thousand people who like tea very much.

④ According to the survey, English breakfast tea has become more popular than herbal and fruits teas.

⑤ It is traditional to drink tea for different occasions in the UK.

(☆☆☆◎◎◎)

【18】次の(ア)に適する語句を，①～⑤の中から1つ選んで番号で答えなさい。

2023年に群馬県高崎市で開かれた先進7カ国(G7)デジタル・技術相会合の閣僚宣言の内容として，「越境データ流通及び(ア)のあるデータの自由な流通の促進」がある。

(閣僚宣言　G7デジタル・技術大臣会合　2023年4月30日)
①　活用力　　②　推進力　　③　信頼性　　④　可能性
⑤　開発力

(☆☆☆○○○)

【19】次の文章は，ICT利用者のセキュリティ上の注意点について語った
ものである。注意点として誤っているものを，①～⑤から1つ選んで
番号で答えなさい。

①　安全なWebページであれば個人情報は保護されるが，中には入力
された個人情報を販売することが目的という悪質なものもあるた
め，Webページに「プライバシーポリシー」が明記されているかど
うかを確認する必要がある。

②　自分でWebページを公開している場合には，プロフィールなどで
個人を特定できるような情報を掲載することに注意する必要があ
り，写真を載せる際には顔や名前が特定できないようにして撮影す
れば，個人情報の流出を防ぐことができる。

③　電子掲示板やチャットの利用に際して，安易に個人や家族の情報
を書き込んでしまうと，不特定多数の人にその情報を悪用される可
能性があるため，個人や家族の情報を書き込まないようにする必要
がある。

④　知り合い同士で利用しているSNSでは，日常の会話の延長のよう
に安心して色々な情報を発信してしまうが，投稿された情報がどこ
まで拡散されてしまうかわからない仕組みになっているため，個人
が特定できるような情報は掲載しない方がよい。

⑤　不要になったコンピュータを廃棄する場合，コンピュータのハー
ドディスクやSSDには個人情報が記録されている危険性があり，フ
ァイルを消すだけではなく，完全にフォーマットし，物理的に破壊
してから廃棄するのがよい。

(☆☆☆○○○)

【1】 次のア～ウは教育評価としてよく用いられる検査法についての説明
である。それぞれの説明に合った検査方法の組み合わせとして適切な
ものを，以下の①～⑥の中から1つ選んで番号で答えなさい。

ア　インクのしみで描かれた図版を見せて，それが何に見えるか，ど
うしてそのように見えたのかなどを回答させる検査

イ　検査全体を踏まえて算出される総合的なIQである全検査IQに加え
て，言語理解，知覚推理，処理速度，ワーキングメモリーの4つの
指標によって被検査者の知的能力を多面的に把握することができる
知能検査

ウ　ランダムに1桁の数字が印刷されており，制限時間内で隣り合っ
た2つの数字を加算し，下1桁の数字を記入していく作業を行う検査

①　ア：矢田部・ギルフォード性格検査
　　イ：田中・ビネー式知能検査
　　ウ：PFスタディ

②　ア：矢田部・ギルフォード性格検査
　　イ：WISC－Ⅳ
　　ウ：内田・クレペリン検査

③　ア：矢田部・ギルフォード性格検査
　　イ：田中・ビネー式知能検査
　　ウ：内田・クレペリン検査

④　ア：ロールシャッハテスト
　　イ：WISC－Ⅳ
　　ウ：PFスタディ

⑤　ア：ロールシャッハテスト
　　イ：田中・ビネー式知能検査

　　　　ウ：PFスタディ
⑥　　ア：ロールシャッハテスト
　　　　イ：WISC−Ⅳ
　　　　ウ：内田・クレペリン検査

(☆☆◎◎◎)

【2】次の表は人間の発達についてまとめたものである。人物欄ア〜エに
　入る名前の組み合わせとして適切なものを，以下の①〜⑥の中から1
　つ選んで番号で答えなさい。

人　物	理　論
ア	ヒナ鳥が生後10数時間以内に刺激対象が与えられないと追従反応が生じないことを見出し，この時期を臨界期と名付けた。このように，生後間もなくの限られた時間内に生じ，再学習することが不可能になる学習現象を，刷り込みという。
イ	人間は1年早く出産しているとして，生理的早産説を唱え，胎内にいるはずの1年間を刺激に満ちた外界で過ごすことの意味を問いかけた。
ウ	生物学的な成熟は環境からの働きかけの効果を左右するものであり，成熟こそが発達における中核的な役割を果たしているとする成熟優位説を唱えた。
エ	幼児も性衝動をもっていると考え，その性衝動が満足される身体的部位が発達とともに変化するとし，口唇期，肛門期などの発達段階の考え方を唱えた。

①　　ア：ロジャーズ　　　イ：シュテルン　　　ウ：ワトソン
　　　エ：エリクソン
②　　ア：ロジャーズ　　　イ：ポルトマン　　　ウ：ゲゼル
　　　エ：フロイト
③　　ア：ロジャーズ　　　イ：シュテルン　　　ウ：ワトソン
　　　エ：フロイト
④　　ア：ロレンツ　　　　イ：ポルトマン　　　ウ：ゲゼル
　　　エ：フロイト
⑤　　ア：ロレンツ　　　　イ：シュテルン　　　ウ：ワトソン
　　　エ：エリクソン
⑥　　ア：ロレンツ　　　　イ：ポルトマン　　　ウ：ゲゼル
　　　エ：エリクソン

(☆☆◎◎◎)

【3】次の文は，マズローの動機の階層性に関して述べたものである。以下の図の空欄に入る語句の組み合わせとして適切なものを，あとの①〜⑥の中から1つ選んで番号で答えなさい。

> マズローは，動機づけを「自己実現」という概念を用いて説明し，人間の最高の目標はこの「自己実現」であると考えた。自己実現とは，成長し，本来あるべき人間存在になろうと努力する力を意味し，その力が働くことによって動機づけられ，能力，技能，感情の発達が促されるとした。そして，次の図のように，人間の欲求は，「生理的欲求」を基礎とし，下位の欲求の実現が上位の欲求の実現の基礎となるという概念的枠組みを構築した。

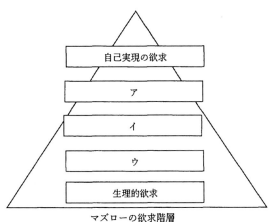

マズローの欲求階層

① ア：学習と補償の欲求　　イ：経験と成功の欲求
　 ウ：受容の欲求
② ア：学習と補償の欲求　　イ：所属と愛情の欲求
　 ウ：受容の欲求
③ ア：尊敬と承認の欲求　　イ：経験と成功の欲求
　 ウ：受容の欲求
④ ア：学習と補償の欲求　　イ：所属と愛情の欲求

　　　　ウ：安全の欲求
　⑤　ア：尊敬と承認の欲求　　イ：所属と愛情の欲求
　　　　ウ：安全の欲求
　⑥　ア：尊敬と承認の欲求　　イ：経験と成功の欲求
　　　　ウ：安全の欲求

(☆☆◎◎◎)

【4】乳幼児期に関して述べた次のア～エの文の正誤の組み合わせとして適切なものを，以下の①～⑥の中から1つ選んで番号で答えなさい。

　ア　乳児期に頭を支えて仰向けに寝かせ，急に頭の支えをはずすと，両腕を胸の前へ突き出して広げ，何かにしがみつくような動作をすることを，バビンスキー反射という。

　イ　スキャモンの示した発達曲線によると，乳幼児期はとくに神経型の発達が顕著である。

　ウ　人見知りは，生後6ヵ月頃になると始まり，見知らぬ人や物に対して示す不安や恐怖反応で，8ヵ月頃に頻繁に認められることから，スピッツはこの現象を8ヵ月不安と呼んだ。

　エ　自己主張が次第に強まり，「自分でする，自分でできる」と主張する時期は第一次反抗期と呼ばれ，5歳頃からよくみられ，自我の健全な発達にとっては望ましいことである。

　①　ア：正　　イ：正　　ウ：誤　　エ：誤
　②　ア：正　　イ：誤　　ウ：誤　　エ：正
　③　ア：正　　イ：誤　　ウ：正　　エ：正
　④　ア：誤　　イ：誤　　ウ：正　　エ：正
　⑤　ア：誤　　イ：正　　ウ：正　　エ：誤
　⑥　ア：誤　　イ：正　　ウ：誤　　エ：誤

(☆☆◎◎◎)

【5】学習指導に関して述べた次の文の空欄ア～ウに当てはまる言葉の組み合わせとして正しいものを，以下の①～⑥から1つ選んで番号で答

えなさい。

・子どもの対人関係を円滑にはぐくむために，学校現場においても
[　ア　]教育を行うことの重要性が指摘されている。一般的な進め
方としては，　教示→モデリング→リハーサル→フィードバック→
般化→アセスメント　という一連の流れで行う。

・[　イ　]は，集団内の人間関係づくりに効果的な心理教育の一技法
として開発され，学校教育の中で広く普及している。ファシリテー
ターは，学級の現状を踏まえて適切なエクササイズを実施する。

・[　ウ　]学習は，スキナーによって考案された教授法で，学習のオ
ペラント条件づけの諸理論および技法がもとになっており，最終的
な目標行動に向かって，系列的に[　ウ　]を組み，強化随伴性を調
整していくものである。

① ア：ソーシャル・スキル　　イ：構成的グループ・エンカウンター
　 ウ：プログラム
② ア：ソーシャル・スキル　　イ：ピア・サポート
　 ウ：プログラム
③ ア：ソーシャル・スキル　　イ：構成的グループ・エンカウンター
　 ウ：ジグソー
④ ア：ライフ・スキル　　　　イ：ピア・サポート
　 ウ：プログラム
⑤ ア：ライフ・スキル　　　　イ：構成的グループ・エンカウンター
　 ウ：ジグソー
⑥ ア：ライフ・スキル　　　　イ：ピア・サポート
　 ウ：ジグソー

(☆☆☆◎◎◎)

【6】次の文は，「生徒指導提要(令和4年12月改訂)」の第Ⅰ部「生徒指導
の基本的な進め方」の第1章「生徒指導の基礎」からの抜粋である。
文の空欄にあてはまる語句の組み合わせとして適切なものを，以下の
①〜⑥の中から1つ選んで番号で答えなさい。

・日常の生徒指導を基盤とする[　ア　]生徒指導と組織的・計画的な[　イ　]防止教育は, 積極的な先手型の常態的・先行的(プロアクティブ)生徒指導と言えます。
・課題の予兆的段階や初期状態における指導・援助を行う[　ウ　]対応と, 深刻な課題への切れ目のない指導・援助を行う[　エ　]対応的生徒指導は, 事後対応型の即応的・継続的(リアクティブ)生徒指導と言えます。

---

① ア：教育相談的　　イ：いじめ・事故　　ウ：課題初期
　 エ：困難課題
② ア：教育相談的　　イ：課題未然　　　　ウ：課題早期発見
　 エ：事後継続
③ ア：教育相談的　　イ：いじめ・事故　　ウ：課題初期
　 エ：事後継続
④ ア：発達支持的　　イ：課題未然　　　　ウ：課題早期発見
　 エ：困難課題
⑤ ア：発達支持的　　イ：いじめ・事故　　ウ：課題早期発見
　 エ：事後継続
⑥ ア：発達支持的　　イ：課題未然　　　　ウ：課題初期
　 エ：困難課題

(☆☆☆◎◎◎◎)

【7】次の文は,「『令和の日本型学校教育』の構築を目指して～全ての子供たちの可能性を引き出す, 個別最適な学びと, 協働的な学びの実現～(答申)(令和3年1月26日中央教育審議会)」において示された「2020年代を通じて実現すべき『令和の日本型教育』の姿」について述べたものである。文の空欄に入る語句の組み合わせとして適切なものを, 以下の①～⑥の中から1つ選んで番号で答えなさい。

・全ての子供に基礎的・基本的な知識・技能を確実に習得させ，思考力・判断力・表現力等や，自ら学習を調整しながら粘り強く学習に取り組む態度等を育成するためには，教師が支援の必要な子供により重点的な指導を行うことなどで効果的な指導を実現することや，子供一人一人の特性や学習進度，学習到達度等に応じ，指導方法・教材や学習時間等の柔軟な提供・設定を行うことなどの[　ア　]が必要である。

・基礎的・基本的な知識・技能等や，言語能力，情報活用能力，問題発見・解決能力等の学習の基盤となる資質・能力等を土台として，幼児期からの様々な場を通じての体験活動から得た子供の興味・関心・キャリア形成の方向性等に応じ，探究において課題の設定，情報の収集，整理・分析，まとめ・表現を行う等，教師が子供一人一人に応じた学習活動や学習課題に取り組む機会を提供することで，子供自身が学習が最適となるよう調整する[　イ　]も必要である。

・[　ア　]と[　イ　]を教師視点から整理した概念が「個に応じた指導」であり，この「個に応じた指導」を学習者視点から整理した概念が[　ウ　]である。

① ア：指導の個別化　　イ：学習の個性化　　ウ：個別最適な学び
② ア：指導の個別化　　イ：学習の最適化　　ウ：個別最適な学び
③ ア：指導の個別化　　イ：学習の個性化　　ウ：協働的な学び
④ ア：指導の一体化　　イ：学習の最適化　　ウ：協働的な学び
⑤ ア：指導の一体化　　イ：学習の個性化　　ウ：協働的な学び
⑥ ア：指導の一体化　　イ：学習の最適化　　ウ：個別最適な学び

(☆☆☆◎◎◎)

【8】学習理論について説明している次のア～オの文について正しいものの組み合わせを，以下の①～⑥の中から1つ選んで番号で答えなさい。

　ア　ヘルバルトが提唱した4段階教授法は，予備－提示－比較－応用

という教授の過程をパターン化することで合理的に教授する方法である。

イ　社会的学習理論(モデリング理論)とは，自身の体験だけではなく他者の行動の観察・模倣によっても学習が成立することを示した理論である。

ウ　有意味受容学習とは，学習者が主体的に問題解決活動を行い，意味を考えながら行う学習のことである。

エ　プロジェクトメソッドとは，子どもたちが自分の活動を選択し，計画し，方向づけていく問題解決的な学習過程の理論である。

オ　完全習得学習とは，目標を明確にし，それに基づいて評価を合理的に実施し適切な指導を行うならば，すべての学習者が同じ時間の中で同一の学習程度に到達できるという学習理論である。

①　ア，ウ　　②　ア，オ　　③　イ，ウ　　④　イ，エ
⑤　ウ，エ　　⑥　エ，オ

(☆☆☆○○○)

【9】「福井県教育振興基本計画(令和2年3月策定)」では，『一人一人の個性が輝く，ふくいの未来を担う人づくり〜子どもたちの「夢と希望」「ふくい愛」を育む教育の推進〜』という基本理念のもと，新たな時代にどのような人間を育てていくのか，本県の教育が目指す人間像を3つ示している。次のア〜オのうち，本県の教育が目指す3つの人間像の正しい組み合わせを以下の①〜⑥の中から1つ選んで番号で答えなさい。

ア　自らの個性を発揮し，人生を切り拓くために挑戦し続ける人
イ　責任とモラルを重んじ，健康や体力の増進に努める活力ある人
ウ　多様な人々の存在を認め，協働して新たな価値を生み出す人
エ　ふるさとや自然を愛し，いつどこにいても社会や地域に貢献する人
オ　学ぶ意欲にあふれ，心豊かでたくましく夢に向かって羽ばたく人

①　ア，イ，ウ　　②　ア，イ，オ　　③　ア，ウ，エ

46

④　イ, ウ, エ　　⑤　イ, エ, オ　　⑥　ウ, エ, オ

(☆☆☆○○○○)

【10】「福井県教育振興基本計画(令和2年3月策定)」において,「学ぶ喜び を知り,自ら進んで学ぶ意欲と力の育成」という方針のもと,確かな 学力の育成に向けての施策を挙げている。次の①〜⑤の文のうち誤っ ているものを1つ選んで番号で答えなさい。

①　福井県独自の学力調査について,採点業務の軽減と分析期間の短 縮化を図り,分析結果を速やかに授業改善に活用している。

②　遠隔授業・研修システムを活用し,学校間の合同授業や,博物 館・美術館・大学・民間の専門家との双方向型の授業を充実してい る。

③　NIE教育研究会と連携し,新聞を活用した授業や公開授業,研修 会を推進している。

④　中学1年生の学級編制基準を32人から30人に見直すことにより, 少人数学級をさらに推進している。

⑤　理数教育の推進のために「ふくい理数グランプリ」を開催してい る。

(☆☆☆○○○○)

【11】次の文は,「学校教育法(令和4年6月改正)」第2章「義務教育」の第 21条からの抜粋である。第21条の条文として誤っているものを,次の ①〜⑤の中から1つ選んで番号で答えなさい。

①　学校内外における社会的活動を促進し,自主,自律及び協同の精 神,規範意識,公正な判断力並びに公共の精神に基づき主体的に社 会の形成に参画し,その発展に寄与する態度を養うこと。

②　我が国と郷土の現状と歴史について,正しい理解に導き,伝統と 文化を尊重し,それらをはぐくんできた我が国と郷土を愛する態度 を養うとともに,進んで外国の文化の理解を通じて,他国を尊重し, 国際社会の平和と発展に寄与する態度を養うこと。

③　読書に親しませ，生活に必要な国語を正しく理解し，使用する基礎的な能力を養うこと。
④　学校教育の情報化について，デジタル教科書その他のデジタル教材を活用した学習その他の情報通信技術を活用した学習とデジタル教材以外の教材を活用した学習，体験学習等とを適切に組み合わせること等により，多様な方法による学習が推進されるよう行うこと。
⑤　職業についての基礎的な知識と技能，勤労を重んずる態度及び個性に応じて将来の進路を選択する能力を養うこと。

(☆☆☆◎◎◎)

【12】次の文は「いじめの防止等のための基本的な方針(平成29年3月最終改訂)」の第2「いじめの防止等のための対策の内容に関する事項」の3の(4)「学校におけるいじめの防止等に関する措置」からの抜粋である。文の空欄に入る語句の組み合わせとして適切なものを，以下の①～⑥の中から1つ選んで番号で答えなさい。

　　被害者に対する[　ア　]な影響を与える行為(インターネットを通じて行われるものを含む。)が止んでいる状態が[　イ　]継続していること。この[　イ　]とは，少なくとも[　ウ　]を目安とする。ただし，いじめの被害の重大性等からさらに[　エ　]が必要であると判断される場合は，この目安にかかわらず，学校の設置者又は学校いじめ対策組織の判断により，より[　エ　]を設定するものとする。

①　ア：心理的又は物理的　　イ：相当の期間　　ウ：1か月
　　エ：長期の期間
②　ア：心理的又は物理的　　イ：長期の期間　　ウ：1か月
　　エ：相当の期間
③　ア：心理的又は物理的　　イ：相当の期間　　ウ：3か月
　　エ：長期の期間
④　ア：精神的又は肉体的　　イ：長期の期間　　ウ：3か月

48

エ：相当の期間
⑤　ア：精神的又は肉体的　　イ：相当の期間　　ウ：3か月
　　エ：長期の期間
⑥　ア：精神的又は肉体的　　イ：長期の期間　　ウ：1か月
　　エ：相当の期間

(☆☆☆○○○○)

【13】次の文は，「児童虐待の防止等に関する法律(令和元年6月改正)」に
おける学校や教職員に求められる役割について述べたものである。次
の①〜⑤の中で，誤っているものを1つ選んで番号で答えなさい。
①　児童虐待を発見しやすい立場にあることを自覚し，児童虐待の早
期発見に努めなければならない。
②　児童虐待の予防その他の児童虐待の防止並びに児童虐待を受けた
児童の保護及び自立の支援に関する国及び地方公共団体の施策に協
力するよう努めなければならない。
③　児童虐待を受けたと思われる児童を発見したら，保護者と十分に
連携し，速やかに福祉事務所若しくは児童相談所に通告しなければ
ならない。
④　正当な理由がなく，その職務に関して知り得た児童虐待を受けた
と思われる児童に関する秘密を漏らしてはならない。
⑤　児童及び保護者に対して，児童虐待の防止のための教育又は啓発
に努めなければならない。

(☆☆☆○○○)

【14】次の文は，「こども基本法(令和4年6月公布)の第3条「基本理念」に
ついて述べたものの一部である。文の空欄に入る語句の組み合わせと
して適切なものを，以下の①〜⑥の中から1つ選んで番号で答えなさ
い。

　一　全てのこどもについて，個人として尊重され，その基本的
　　人権が保障されるとともに，[　ア　]的取扱いを受けることが
　　ないようにすること。

　二　全てのこどもについて，適切に[　イ　]されること，その生
　　活を保障されること，愛され保護されること，その健やかな
　　成長及び発達並びにその自立が図られることその他の福祉に
　　係る権利が等しく保障されるとともに，教育基本法(平成18年
　　法律第120号)の精神にのっとり教育を受ける機会が等しく与
　　えられること。

　三　全てのこどもについて，その年齢及び発達の程度に応じて，
　　[　ウ　]に直接関係する全ての事項に関して意見を表明する機
　　会及び多様な社会的活動に参画する機会が確保されること。

　四　全てのこどもについて，その年齢及び発達の程度に応じて，
　　その意見が尊重され，その[　エ　]が優先して考慮されること。

---

①　ア：虐待　　イ：監督　　ウ：社会　　エ：公共の福祉
②　ア：虐待　　イ：養育　　ウ：自己　　エ：最善の利益
③　ア：虐待　　イ：監督　　ウ：自己　　エ：公共の福祉
④　ア：差別　　イ：養育　　ウ：社会　　エ：最善の利益
⑤　ア：差別　　イ：監督　　ウ：社会　　エ：公共の福祉
⑥　ア：差別　　イ：養育　　ウ：自己　　エ：最善の利益

(☆☆☆◎◎◎)

【15】次の文は，「中学校学習指導要領(平成29年3月告示)」の第1章「総
　　則」の第4「生徒の発達の支援」からの抜粋である。文の空欄に入る
　　語句の組み合わせとして適切なものを，以下の①〜⑥の中から1つ選
　　んで番号で答えなさい。

> 生徒が，学ぶことと自己の将来とのつながりを見通しながら，[　ア　]自立に向けて必要な基盤となる資質・能力を身に付けていくことができるよう，[　イ　]を要としつつ各教科等の特質に応じて，[　ウ　]の充実を図ること。その中で，生徒が自らの生き方を考え主体的に進路を選択することができるよう，学校の教育活動全体を通じ，組織的かつ計画的な[　エ　]を行うこと。

①　ア：社会的・職業的　　　　　　　　イ：特別活動
　　ウ：キャリア教育　　　　　　　　　エ：進路指導
②　ア：社会的・職業的　　　　　　　　イ：道徳
　　ウ：カリキュラム・マネジメント　　エ：職場体験活動
③　ア：社会的・職業的　　　　　　　　イ：特別活動
　　ウ：カリキュラム・マネジメント　　エ：進路指導
④　ア：個人的・経済的　　　　　　　　イ：道徳
　　ウ：キャリア教育　　　　　　　　　エ：職場体験活動
⑤　ア：個人的・経済的　　　　　　　　イ：特別活動
　　ウ：キャリア教育　　　　　　　　　エ：進路指導
⑥　ア：個人的・経済的　　　　　　　　イ：道徳
　　ウ：カリキュラム・マネジメント　　エ：職場体験活動

(☆☆☆◎◎◎)

【16】あなたは，福井県内のある小学校に赴任した担任教諭であるとする。不登校の「未然防止」の観点から，自分のクラスの児童への働きかけを考えた。次の①～⑤の働きかけの中で，不登校の「未然防止」の取組みではないものを1つ選んで番号で答えなさい。
①　どの児童にも分かる授業を目指して，学習内容の習熟の程度に応じた指導をしたり，児童の興味・関心等に応じた課題学習を設定したりする。
②　児童の継続的な頑張りを認めたり，浮かない表情の児童に声かけをしたりするために，日頃から児童の様子を注意深く観察する。

③　自分のクラスの児童の心身の不調を早期に把握するため，養護教諭と密に連携をとる。

④　「間違えるのが嫌だから発表したくない」と話す児童を生まないために，安心して授業や学校生活が送れる学級風土を育む声かけや支援をする。

⑤　本格的な不登校に移行させないために，欠席日数が累積5日になった時点で不登校状況シートを作成し，校内で当該児童の情報共有を行い，チームとして対応していく。

(☆☆☆◎◎◎)

【17】あなたは，ある中学校の担任となり，「特別の教科　道徳」の評価をすることになったとする。次のア〜エの文は，道徳科における生徒の学習状況及び成長の様子についての評価について考えたものである。ア〜エの文の正誤の組み合わせとして適切なものを，以下の①〜⑥の中から1つ選んで番号で答えなさい。

> ア　道徳的な判断力，心情，実践意欲と態度のそれぞれについて，観点別に評価をする。
> イ　年間や学期といった一定の時間的なまとまりの中で，生徒の学習状況や道徳性に係る成長の様子を把握する必要がある。
> ウ　発言が多くない生徒や考えたことを文章に記述することが苦手な生徒には，生徒一人一人の状況を踏まえて評価することも重要である。
> エ　個人内の成長の過程は，生徒が書いたワークシートや感想などの具体的な記録物のみで評価する。

① ア：正　イ：正　ウ：誤　エ：誤
② ア：正　イ：誤　ウ：誤　エ：正
③ ア：正　イ：誤　ウ：正　エ：誤
④ ア：誤　イ：誤　ウ：正　エ：正
⑤ ア：誤　イ：正　ウ：正　エ：誤

⑥　ア：誤　イ：正　ウ：誤　エ：正

(☆☆☆◎◎◎)

【18】次の文は，「高等学校学習指導要領(平成30年告示)解説　総合的な探究の時間編(平成30年7月)」の第6章「高等学校における総合的な探究の時間の意義」の第1節「高等学校における総合的な探究の時間」からの抜粋である。文の空欄に入る語句の組み合わせとして適切なものを，以下の①〜⑥の中から1つ選んで番号で答えなさい。

> 　総合的な探究の時間は，高等学校の教育課程において，自然や社会との深いつながりや質・量ともに豊かな体験を意図的，[　ア　]に提供し，そこで出会う教育的に価値ある諸課題の探究に，各教科・科目等で学んだ知識や技能をも活用しながら，主体的，[　イ　]に取り組む機会を得られることからも極めて重要な意義を有する。これにより，生徒には，人間としての在り方を理念的に希求し，それを将来の進路実現や社会の一員としての生き方の中に具現すべく模索するとともに，学校での学習を自己の在り方生き方との関わりにおいて[　ウ　]することが期待されている。

①　ア：計画的，組織的　　　イ：創造的，協働的　　　ウ：発展，多様化
②　ア：計画的，組織的　　　イ：創造的，協働的　　　ウ：深化，総合化
③　ア：計画的，組織的　　　イ：対話的，系統的　　　ウ：深化，総合化
④　ア：自主的，実践的　　　イ：創造的，協働的　　　ウ：発展，多様化
⑤　ア：自主的，実践的　　　イ：対話的，系統的　　　ウ：発展，多様化
⑥　ア：自主的，実践的　　　イ：対話的，系統的　　　ウ：深化，総合化

(☆☆☆◎◎◎)

【19】次の文と人物の正しい組み合わせを，以下の①〜⑥の中から1つ選んで番号で答えなさい。

　ア　啓蒙思想家で,「人間による教育」「事物による教育」「自然による教育」に合致させる消極教育を提唱した。主著に「エミール」がある。

　イ　すべての子どもは神性を宿し, これを啓発するのが教育であると説いた。子どもは労作・遊戯を通して神を知り, 神に近づくとした。国民教育制度の一環として, 世界で初めて幼稚園を創設した。主著に「人間の教育」がある。

　ウ　道具主義・実験主義を唱え, 学習を「環境との相互作用における経験の不断の再構成」と定義。また, 人は「なすことによって学ぶ」ものだから, 学習は児童の自発的活動を中心になされるべきとした。主著に「学校と社会」がある。

① ア：カント　　イ：フレーベル　　ウ：デューイ
② ア：カント　　イ：ペスタロッチ　ウ：ヘルバルト
③ ア：カント　　イ：フレーベル　　ウ：ヘルバルト
④ ア：ルソー　　イ：ペスタロッチ　ウ：デューイ
⑤ ア：ルソー　　イ：フレーベル　　ウ：デューイ
⑥ ア：ルソー　　イ：ペスタロッチ　ウ：ヘルバルト

(☆☆☆◎◎◎)

【20】次の法令等を年代の古い順に並べ替えたとき【　ア　】～【　ウ　】に入る正しい組み合わせを, 以下の①～⑥の中から1つ選んで番号で答えなさい。

(古い)　【　ア　】→【　　　】→【　イ　】→【　　　】→【　ウ　】
　　　→【　　　】　(新しい)

　〔法令等〕
　　・教育勅語　　・小学校令　　・教育令　　・教育基本法
　　・学制　　　　・国民学校令

① ア：学制　　イ：教育勅語　　ウ：教育基本法

②　ア：学制　　　イ：小学校令　　　ウ：国民学校令
③　ア：学制　　　イ：国民学校令　　ウ：教育勅語
④　ア：教育令　　イ：教育勅語　　　ウ：教育基本法
⑤　ア：教育令　　イ：小学校令　　　ウ：国民学校令
⑥　ア：教育令　　イ：国民学校令　　ウ：教育勅語

(☆☆☆◎◎◎)

解答・解説

■一般教養■

【1】⑤

〈解説〉「敷居が高い」は，本来は「不義理をしている」「面目ない事情がある」という意味である。そうした意味で用いられている文章は⑤。①，③，④は「自分の身に合わない」という意味で用いられている。30代以下の世代では，後者の意味で用いる人が多くなっている。②は，「段差が高い」という意味で用いられているが，この場合は，「敷居が高い」ではなく「段差が高い」というべき使い方といえる。

【2】(1)　③　　(2)　②

〈解説〉(1)　本文から情景を想像し，適切な選択肢を選ぶ。　(2)　①は小林一茶，②，③，⑤は松尾芭蕉，④は与謝蕪村の作品。それぞれ情景を思い描いて，空欄にふさわしいものを探そう。

【3】③

〈解説〉漢詩は一読では意味が分かりにくいので，一行一行を丁寧に読み解いて選択肢と照らし合わせよう。

【4】②

〈解説〉①～④はいずれも福井県出身の作家。水上勉の作品は『雁の寺』，『五番町夕霧楼』，『飢餓海峡』など。加古里子(さとし)の作品は『かこさとしおはなしの本』シリーズ，『だるまちゃん』シリーズなど。宮下奈都の作品は『羊と鋼の森』，『よろこびの歌』など。⑤の俵万智は大阪府出身で，作品は歌集『サラダ記念日』などがある。

【5】①

〈解説〉①　日清戦争は，朝鮮の支配権をめぐって1894～1895年に行われた。　②　日英同盟は，ロシアのアジア進出の牽制を目的として1902年に結ばれた。　③　韓国併合条約が締結されたのは，1910年のことである。　④　明治新政府が中央集権化を図るため廃藩置県を行ったのは，1871年のことである。　⑤　大日本帝国憲法が発布されたのは，1889年2月11日のことである。　年代の古い順に並べると，④→⑤→①→②→③となる。

【6】④

〈解説〉日本の最東端は東経153度59分の南鳥島(東京都)，最西端は東経122度56分の与那国島(沖縄県)，最南端は北緯20度25分の沖ノ鳥島(東京都)，最北端は北緯45度33分の択捉島(北海道)である。

【7】②

〈解説〉①　インフレーションとは，ものやサービスの価格が上がり，貨幣の価値が相対的に下がる状態を指す。ものの価格が上がるということは，同じ金額で買える量が少なくなることであり，お金の価値が下がったということになる。　③　不況下でも物価が上昇し続けることを，スタグフレーションという。デフレーションとは，ものやサービスの価格が下がり，お金の価値が相対的に上がる状態を指す。④　デフレスパイラルとは，物価下落と経済の縮小とが相乗作用を起こして，景気がどんどん下降していくことである。　⑤　財政政策を

行うのは，日本銀行ではなく政府である。日本銀行は金融政策を行う。

【8】⑤

〈解説〉G7(主要7カ国)とは，日本・アメリカ・イギリス・ドイツ・フランス・カナダ・イタリアの7カ国及び欧州連合が参加する枠組みのことである。令和5(2023)年に開催されたG7広島サミットでは，オーストラリア，ブラジル，インド，韓国などを招待して行われた。

【9】④

〈解説〉$x^2+px-36$が$(x+a)(x+b)$の形に因数分解できるとき，$x^2+px-36=(x+a)(x+b)=x^2+(a+b)x+ab$より，$p=a+b\cdots$①，$ab=-36\cdots$②これより，$a$，$b$，$p$が整数のとき，①と②を満たす$a$，$b$，$p$の値の組は$(a, b, p)=(1, -36, -35)$，$(2, -18, -16)$，$(3, -12, -9)$，$(4, -9, -5)$，$(6, -6, 0)$，$(-1, 36, 35)$，$(-2, 18, 16)$，$(-3, 12, 9)$，$(-4, 9, 5)$の9通りある。

【10】③

〈解説〉白，赤，青の帽子をかぶった生徒の人数をそれぞれx人，y人，z人とすると，$x+y+z=19\cdots$①　が成り立つ。また，Aさん，Bさんがかぶっている帽子の色の組合せは(Aさん，Bさん)＝(赤，赤)，(赤，白)，(赤，青)，(白，赤)，(白，白)，(白，青)，(青，赤)，(青，白)，(青，青)の9通りが考えられる。例えば，(Aさん，Bさん)＝(赤，赤)の場合，Aさんの発言より，$2x=y-1\cdots$②　，Bさんの発言より，$y-1=z\cdots$③であることがわかる。連立方程式①，②，③を解いて，$x=\dfrac{18}{5}$　xが整数とならないから不適である。同様に，他の場合も考えると，(Aさん，Bさん)＝(青，赤)の場合のときだけ，Aさんの発言より，$2x=y\cdots$④　，Bさんの発言より，$y-1=z\cdots$⑤　連立方程式①，④，⑤を解いて，$x=4$　xが整数となり，適する。以上より，白の帽子の生徒の人数は4人である。

【11】②

〈解説〉この多面体を構成する12個の正五角形の面と20個の正六角形の面
がそれぞれ離れているとき，辺は$5×12+6×20=180$〔本〕ある。12
個の正五角形の面と20個の正六角形の面がそれぞれくっついて，この
多面体となるとき，2本の辺がくっついて1本の辺になるから，この多
面体の辺は$\frac{180}{2}=90$〔本〕ある。

【12】⑤

〈解説〉映画館Aの利用者数の合計は表①より，$95+300+390+220+$
$95=1100$〔人〕だから，映画館Cの利用者数の合計は表②より，
$1100×\frac{26}{44}=650$〔人〕である。これより，⑦$=650-(52+200+145+$
$55)=198$

【13】⑤

〈解説〉船は浮かんでいる状態でつりあっているので，それぞれの船で重
力と浮力は釣り合っており，$W_A=F_A$，$W_B=F_B$となっている。重さはB
の方が大きく，浮力もBの方が水中部分の体積が大きいためBの方が大
きい。よって力の大小関係は，$W_A=F_A<W_B=F_B$となる。

【14】③

〈解説〉①では酸素，③では水素，④と⑤では二酸化炭素が発生する。②
は中和反応で水と塩化ナトリウムができ，気体は発生しない。水素は
空気より軽く，酸素，二酸化炭素は空気より重い。

【15】③

〈解説〉親の代の丸い種子のエンドウが持つ遺伝子をAA，しわの種子の
エンドウが持つ遺伝子をaaとすると，子の代が持つ遺伝子はすべてAa
となり丸い種子となる。このエンドウを自家受粉して得られる孫の代
のエンドウが持つ遺伝子の種類と比は，AA：Aa：aa＝1：2：1となる。
AAとAaは丸い種子でaaはしわの種子なので，丸い種子としわの種子

の比は3：1となる。よって，しわの種子は丸い種子の3分の1となる。丸い種子が3024個だったから，その3分の1はおよそ1000個である。

【16】④

〈解説〉地層が堆積した年代の手掛かりとなる化石を示準化石という。なお示相化石は地層が堆積した環境の手掛かりとなる化石，生痕化石は足跡や巣穴などが化石となったもの，印象化石は古生物の体の形が地層中に鋳型として保存された化石，内型化石は貝などの内側だけが残された化石である。

【17】④

〈解説〉本文の内容についての正誤問題。「適切でないもの」を選ぶ点に注意する。また，一つを除くすべての選択肢が本文の内容に則しているということであるから，本文の前にこれらの選択肢をあらかじめ読んでおくことによって，本文の内容を推測したり，読む際の要点を押さえておいたりすることができる。

【18】③

〈解説〉令和5(2023)年4月に群馬県で開催された「先進7カ国(G7)デジタル・技術大臣会合」は，同年5月に行われたG7広島サミットの関係閣僚会合の一つとして開催された。そこでは，「越境データ流通と信頼性のある自由なデータ流通(DFFT)の推進」，「安全で強靱性のあるデジタルインフラ」，「自由でオープンなインターネットの維持・推進」，「経済社会のイノベーションと新興技術の推進」，「責任あるAIとAIガバナンスの推進」，「デジタル市場における競争政策」の6つのテーマについて議論が行われ，本会合の成果として，「G7デジタル・技術閣僚宣言」が採択されている。

【19】②

〈解説〉Webページに写真を掲載する場合には，細心の注意が必要である。

顔や名前を特定できないように撮影したつもりでも，バックにある鏡やガラスに顔が写り込んでいたり，写真の隅に写っていたハガキなどに書かれた住所が見えてしまったりしていることが多々あり，写真から本名や住所，電話番号などの個人情報が漏洩する可能性がある。また，周辺の景色や看板から自宅の住所が特定されることもある。

■教職教養■

【1】⑥

〈解説〉ア　インクのしみで描かれた図版を用いる心理検査は，スイスの精神科医ロールシャッハにより考案された投影法のロールシャッハテストである。矢田部・ギルフォード性格検査は質問紙法による心理検査である。　イ　全検査IQと言語理解，知覚推理，処理速度，ワーキングメモリーの4つの指標で知的能力を把握できる知能検査は，アメリカの心理学者ウェクスラーが開発したWISC(ウィスク)である。現在は，その第四版のWISC-IV(ウィスク4)が用いられている。田中・ビネー式知能検査は，認識能力や全体能力を測定する個別式の知能検査である。　ウ　制限時間内に連続して足し算をさせ，下一桁の数字を記入するという内田・クレペリン検査は，作業検査法に分類され，計算能力や集中力，注意力などを測るための検査である。PFスタディは，欲求不満場面のイラストの吹き出しにセリフを書かせて，性格傾向を検査するものである。

【2】④

〈解説〉ア　「刷り込み」現象を発見したのは，オーストリアの動物行動学者ローレンツである。ロジャーズはアメリカの心理学者で，来談者(クライエント)中心療法を創始した。　イ　「生理的早産説」を唱えたのは，スイスの動物学者ポルトマンである。シュテルンはドイツ出身のアメリカの心理学者で，知能指数IQの概念や発達の輻輳説を提唱した。　ウ　教育や訓練は，心身の適切な成熟によって成立するという「成熟優位説」を，双子の階段登り実験をもとに提唱したのは，アメ

リカの心理学者ゲゼルである。ワトソンは行動主義心理学を提唱したアメリカの心理学者で，遺伝的要因ではなく経験による学習や環境によって発達するという環境優位説を唱えた。　エ　幼児も性衝動を持ち，「その性衝動が満足される身体部位が発達とともに変化する」という発達段階説を唱えたのは，オーストリアの精神科医フロイトである。エリクソンはドイツ出身のアメリカの心理学者で，アイデンティティという概念や8段階の心理社会的発達理論を提唱した。

【3】⑤

〈解説〉マズローの欲求階層説は，「人間の欲求は，『生理的欲求』を基礎とし，下位の欲求の実現が上位の欲求の実現の基礎となる」という考え方で成り立っている。食べたり寝たりという生理的欲求が満たされると，次いで個体として安全に生存したいという「安全の欲求」(ウ)が生じる。これら二つの生物としての人間に関する欲求を基礎として，その次に社会的存在としての人間に関する欲求が生じてくる。先ずは孤立するのではなく社会の一員となり他者から愛されたいという「所属と愛情の欲求」(イ)が生じ，それが実現されると次に，その社会で認められたいという「尊敬と承認の欲求」(ア)が生じる。以上の4段階が欠乏欲求である。それが満たされると，自分のもつ能力や可能性を最大限に発揮したいという「自己実現の欲求」へ移行する。この欲求は，成長欲求である。

【4】⑤

〈解説〉ア　問題文で説明されている原始反射はモロー反射である。バビンスキー反射は，乳幼児の足の裏を刺激すると足の親指を足の甲の方に曲げる(このとき，他の四指が開くこともある)という原始反射である。　エ　第一次反抗期が見られるのは，5歳頃からではなく，大体2〜3歳頃である。

【5】①

〈解説〉ア　ソーシャル・スキルトレーニングは，様々なプログラムを通して対人関係など社会生活に必要なスキルを学ぶ方法のことである。イ　構成的グループ・エンカウンターとは，リーダーの指示した課題をグループで行い，そのときの気持ちを率直に語り合う「心と心のキャッチボール」を通して，徐々にエンカウンター体験を深めていくものである。ピアサポートは，仲間同士で支えあうことをいう。ウ　プログラム学習は，アメリカの心理学者スキナーによって開発された学習法である。報酬に対応して行動が強化され，行動の頻度を増やすようになることを「オペラント条件付け」と言い，プログラム学習はこのオペラント条件付けの理論を人間の教育に応用したものである。ジグソー学習は，ある課題についてグループで役割分担をして調べ学習を行い，調べた内容をグループで共有して課題を考えるという学習法である。

【6】④

〈解説〉生徒指導提要は，生徒指導に関する学校・教職員向けの基本書として，平成22(2010)年に作成され，令和4(2022)年12月に改訂された。生徒指導については，児童生徒への課題への対応を時間軸や対象，課題性の高低という観点から，2軸3類4層の構造に分類されている。2軸構造は，児童生徒への課題への対応の時間軸に着目して，常態的・先行的(プロアクティブ)生徒指導と，即応的・継続的(リアクティブ)生徒指導に分類したものである。前者は課題未然防止教育に軸を置く指導で，後者は実際に問題行動が起こった場合，つまり事後対応型の生徒指導と理解すると分かりやすい。

【7】①

〈解説〉中央教育審議会「『令和の日本型学校教育』の構築を目指して(答申)」(令和3年)では，「一人一人の子供を主語」にし，「全ての子供たちの可能性を引き出す，個別最適な学びと，協働的な学び」の充実を

通じて，「主体的・対話的で深い学び」を実現するという学校教育の
目指すべき姿を示している。この「主体的・対話的で深い学び」を実
現するためにはロールモデルが必要であり，その第一が子供たちの目
の前にいる主体的に学び続ける教師の姿である。そのため，中央教育
審議会「『令和の日本型学校教育』を担う教師の養成・採用・研修等
の在り方について～『新たな教師の学びの姿』の実現と，多様な専門
性を有する質の高い教職員集団の形成～(答申)」(令和4年)では，「令和
の日本型学校教育」を実現するためには，子供たちの学びの転換とと
もに，教師自身の学び(研修観)の転換を図る必要があるとしている。
この答申も出題の可能性が高いので，学習しておきたい。

【8】④
〈解説〉ア　ヘルバルトの4段階教授法は，明瞭－連合－系統－方法とい
　　う教授の過程である。ヘルバルト学派のラインは，予備－提示－比
　　較－概括－応用の5段階教授法を提唱している。　ウ　有意味受容学
　　習はオーズベルによって提唱された理論で，これから学ぶ総括的な学
　　習内容を事前に学習者に与え(先行オーガナイザー)，その知識と学習
　　内容を関連付けて学習する(有意味学習)という2つの段階で構成され
　　る。　オ　完全習得学習は，アメリカの教育学者であるブルームが提
　　唱したもので，個々の子供に，教科ごとに学習に合わせた適切な時間
　　があるという考え方である。

【9】③
〈解説〉「福井県教育振興基本計画(令和2(2020)年3月策定)」は，教育基本
　　法第17条第2項に基づく福井県の「教育の振興のための施策に関する
　　基本的な計画」である。令和元(2019)年に策定された「教育に関する
　　大綱」に掲げる「一人一人の個性が輝く，ふくいの未来を担う人づく
　　り」という基本理念のもと，8つの基本的な方針に沿って教育施策を
　　進めていくとしている。なお計画年度は，令和2～6(2020～2024)年度
　　である。

【10】④

〈解説〉「福井県教育振興基本計画(令和2(2020)年3月策定」「(方針1)学ぶ
喜びを知り，自ら進んで学ぶ意欲と力の育成」「〔主な施策〕1　確か
な学力の育成　(1)　基礎・基本の定着」においては「中学校の学級編
制基準を見直すことにより(中学1年生：30人→32人)，担任以外の教員
配置を拡充し，習熟度別指導などを充実」と記述されている。なお，
小学校については「小学校の学級編制基準を見直し，小学5・6年生に
おいて少人数学級をさらに推進(小学5・6年生：36人→35人)」と記述
されている。

【11】④

〈解説〉義務教育として行われる普通教育の目的を定めた教育基本法第5
条第2項を踏まえ，学校教育法第21条は，義務教育として行われる普
通教育について10の目標を定めている。　④は，令和元(2019)年6月に
施行された「学校教育の情報化の推進に関する法律」第3条で定める
基本理念の一つとして，規定されているものである。

【12】③

〈解説〉問題文は，「(4)　学校におけるいじめの防止等に関する措置」「iii
いじめに対する措置」の中の「いじめに係る行為が止んでいること」
についての記述である。学校の教職員は，相当の期間が経過するまで
は，被害・加害児童生徒の様子を含め状況を注視し，期間が経過した
段階で判断を行う。行為が止んでいない場合は，改めて，相当の期間
を設定して状況を注視する必要がある。「いじめ防止等のための基本
的な方針(平成29年3月14日最終改定)」は，いじめ防止対策推進法第11
条第1項の規定「文部科学大臣は，関係行政機関の長と連携協力して，
いじめの防止等のための対策を総合的かつ効果的に推進するための基
本的な方針を定めるものとする」に基づき策定されたものである。福
井県でも，「いじめ防止対策推進法」第12条に基づき平成26(2014)年に
策定された「福井県いじめ防止基本方針」が平成31(2019)年に改正さ

れているので，学習しておきたい。

【13】③

〈解説〉学校や教職員は「児童虐待の防止等に関する法律」第6条により，虐待を受けたと思われる子供について，市町村(虐待対応担当課)や児童相談所等へ通告する義務がある。ただし，「保護者と十分に連携し」とは規定されていない。また，「学校・教育委員会等向け虐待対応の手引き(令和2年6月改訂版)では，学校・教職員の役割の中で，「保護者から情報元(虐待を認知するに至った端緒や経緯)に関する開示の求めがあった場合は，情報元を保護者に伝えないこととするとともに，児童相談所等と連携しながら対応する必要があります」と記述されている。

【14】⑥

〈解説〉令和5(2023)年4月に施行されたこども基本法は，こども施策を社会全体で総合的かつ強力に推進していくための包括的な基本法で，所管はこども家庭庁である。基本理念を定めた同法第3条の第1号から第4号においては，「児童の権利に関する条約」のいわゆる4原則，「差別の禁止」，「生命，生存及び発達に対する権利」，「児童の意見の尊重」，「児童の最善の利益」の趣旨を踏まえ，規定されている。なお後半においては，こどもの養育を担う大人や社会環境に係る規定として，第5号ではこどもの養育について，第6号では子育てについて定められている。

【15】①

〈解説〉中学校学習指導要領(平成29年告示)総則「第4　生徒の発達の支援」における，キャリア発達を促す「キャリア教育の充実」に関する事項からの出題である。キャリア教育と職業教育を区別して覚えたい。キャリア教育については，中央教育審議会「今後の学校におけるキャリア教育・職業教育の在り方について(答申)」(平成23年1月)の中で，

「一人一人の社会的・職業的自立に向け，必要な基盤となる能力や態度を育てることを通して，キャリア発達を促す教育」と定義され，小・中学校においては特別活動の学級活動を要として学校教育全体で行われる。一方，職業教育は同答申の中で，「一定又は特定の職業に従事するために必要な知識，技能，能力や態度を育てる教育」と定義される。なお「カリキュラム・マネジメント」は，「学校教育に関わる様々な取組を，教育課程を中心に据えながら組織的かつ計画的に実施し，教育活動の質の向上につなげていくこと」である。

【16】⑤

〈解説〉福井県教育委員会は「不登校はだれにでも起こりうる」という認識に立ち，総合的かつ効果的に対策を講じることが必要との認識の下，未然防止，初期対応，自立支援を柱とする「福井県不登校対応指針」を作成し，不登校対策に取り組んでいる。⑤は「未然防止」ではなく，「初期対応」の取組である。

【17】⑤

〈解説〉ア・エ　中学校学習指導要領解説特別の教科道徳編(平成29年7月)「第5章　道徳科の評価」「第2節　道徳科における生徒の学習状況及び成長の様子についての評価」において，「道徳性の諸様相である道徳的な判断力，心情，実践意欲と態度のそれぞれについて分節し，学習状況を分析的に捉える観点別評価を通じて見取ろうとすることは，生徒の人格そのものに働きかけ，道徳性を養うことを目標とする道徳科の評価としては妥当ではない」と記述されている。また，学習状況や道徳性に係る成長の様子を把握する際の評価に当たっては，「記録物や実演自体を評価するのではなく，学習過程を通じていかに道徳的価値の理解を深めようとしていたか，自分との関わりで考えたかなどの成長の様子を見取るためのものであることに留意が必要である」と，記述されている。

【18】②

〈解説〉平成30年改訂の高等学校学習指導要領において，高等学校におい
ては，名称が従前の「総合的な学習の時間」から「総合的な探究の時
間」に変更されている。高等学校の総合的な探究の時間は，自然や社
会とのつながりの中で人間としての在り方を真摯に希求することをそ
の基底に据えている。そして，そのような理想的，理念的な在り方が，
職業選択や進路実現に関わる模索や横断的・総合的な課題を解決しよ
うとする取組を通して個人的な生き方として，あるいは社会の一員と
しての生き方として具現化されていくことを目指している。さらに，
学校での各教科・科目等の学習を社会とのつながりにおいて深化，総
合化することで，学ぶ意義を実感し，高校生としての今をより充実さ
せることも目指している。

【19】⑤

〈解説〉ア 『エミール』を著したのは，フランスの思想家ルソーである。
カントは近代哲学を代表するドイツの哲学者で，教育に関して「人間
は教育されなければならない唯一の被造物である」，「人間は教育によ
ってはじめて人になることができる」という有名な言葉を残した。
イ 『人間の教育』を著したのは，ドイツの教育者フレーベルである。
ペスタロッチはスイスの教育家で，ルソーの影響を受け，孤児の教育
や児童教育に生涯をささげた。 ウ プラグマティズムの大成者とし
て実験主義を唱え，『学校と社会』や『民主主義と教育』などを著し
たのは，アメリカの哲学者デューイである。ヘルバルトはドイツの哲
学者で，教育の目的を倫理におき，方法を心理学に求め，4段階教授
法を提唱した。

【20】②

〈解説〉近代公教育制度の起点となる学制(ア)の制定は，1872年である。
教育令は，学制に代わる教育に関する総合的基本法制として，1879年
に公布された。それまでの教育令が廃止され，1886年，森有礼文部大

臣のもとで小学校令(イ)などの学校令が公布された。教育勅語は，明
治天皇の名のもとに教育の基本理念を示した勅語のことで，1890年に
発布された。初等普通教育機関としての従来の小学校を，国民学校に
改めた国民学校令(ウ)の公布は，1941年のことである。教育基本法は，
日本国憲法の精神に基づいて，日本の教育の基本的な在り方を明示し
た法律で，1947年に制定された。

2023年度　実施問題

【1】次の文章を読んで，以下の問いに答えなさい。

> 【問題文は著作権上の都合により掲載できません。】
>
> 　　　　　内田樹『態度が悪くてすみません』(角川書店)

(1) 〈　A　〉に入る語句として最も適切なものを，①〜⑤の中から1つ選んで番号で答えなさい。

①　なぜ　　　　②　なんで　　　　③　いつ　　　　④　どうやって

⑤　どこへ

(2) ＝線部「一を聞いて十を知る」とは，どういうことか。最も適切なものを，①〜⑤の中から1つ選んで番号で答えなさい。

① 問いかけを語義的な水準で判定するということ

② 適切な文脈で言語的メッセージを理解するということ

③ 言語的メッセージの読み方を特定することなく解釈できること

④ 非言語的シグナルを適切に用いて発信するということ

⑤ 暗号解読表を活用して暗号を解読するということ

(☆☆☆◎◎◎)

【2】福井県出身の小説家「宮下奈都」の代表作を，①〜⑤の中から1つ
選んで番号で答えなさい。
　①　サラダ記念日
　②　そして，バトンは渡された
　③　流浪の月
　④　かがみの孤城
　⑤　羊と鋼の森

(☆☆☆◎◎◎)

【3】次の文章を読んで，以下の問いに答えなさい。

> 【問題文は著作権上の都合により掲載できません。】
>
> 　　　　　　　　『花月草紙』五の巻　(国民図書)

　＝線部の主語は「やんごとなき人」であるが，なぜこのように思っ
たのか。最も適切なものを，①〜⑤の中から1つ選んで番号で答えな
さい。
　①　急病に際して他の医者を仲間にしようとしていては治せるはずが
　　ないから。
　②　難しい病気の治療法を一人の医者だけで考えることは難しいか
　　ら。
　③　医者の腕前を比べるのは両者のプライドを傷つけることになるか
　　ら。
　④　未知の病気の治療法を誰かに相談しても分かるはずがないから。
　⑤　わざわざ医者に相談しなくても自然に治ることが分かっていたか
　　ら。

(☆☆☆◎◎◎)

【4】次の文章を読んで，以下の問いに答えなさい。

客有下リテ教二ヘテ燕王一ニ為ス不レ死之道一者上ヲ。王
使二ムシテ人学一レ之ヲ。所レ使ムルノ学者未レダ及バレ学ニシテ而
客死ス。王大イニ怒リテ誅レセントセ之ヲ。王不レシテ知レ客之
欺クヲ己ヲ而誅ムニ学者之晩キヲおそキ一也。夫レ信レジテ不レ然ル
之物ヲ一而誅ニムレ無レ罪之臣ヲ一。不レ察セ之ルノ患ヒレ
也。且ツ人ノ所レ急ニスルニ無レ如二クハ其身一。不レ能三シテ自ヲ
使二ルレテ其身ヲ一無レ死、安ンゾ能クノメンヤ使二王長二生一セ哉。

『韓非子』韓非子翼毳第十一外儲説左上第三十(冨山房)

※燕王…春秋戦国時代，中国の北方にあった国。
※不死の道を為す…不死の方法を教える。
※誅む…責める。
※晩き…遅い。
※患…災い。
※急にする所…切迫した問題。
※其の身に如くは無し…自分自身におよぶものはない。

　―線部「其の身」が指す内容として最も適切なものを，①～⑤の中から1つ選んで番号で答えなさい。
① 「臣」に不死の道を学ばせていた「燕王」
② 「臣」から不死の道を学んでいた「燕王」

③ 「燕王」の「臣」に不死の道を教えていた「客」

④ 「燕王」の「臣」から不死の道を学んでいた「客」

⑤ 「燕王」の指示で「客」から不死の道を学んでいた「臣」

(☆☆☆○○○)

【5】日本の選挙制度と選挙の基本原則に関する記述として誤っているものを，①～⑤の中から1つ選んで番号で答えなさい。

① 小選挙区制とは，1つの選挙区から1人の議員を選出する制度である。

② 比例代表制とは，各政党が獲得した票数に応じて議席が配分される制度である。

③ 有権者が投票内容を他人に知られずに投票できるとする考え方は，選挙の基本原則の1つである。

④ 不在者投票制度とは，仕事や旅行などの理由で当日投票できない場合，選挙期日前に投票できることである。

⑤ 参議院の定数は，245人である。

(☆☆☆○○○)

【6】次の分国法の(ア)に適する語句を，①～⑤の中から1つ選んで番号で答えなさい。

一 朝倉が館の外，国内に城郭をかまえさせましく候。惣別分限あらん者，(ア)へ引越，郷村には代官ばかり置かるべき事。

(朝倉孝景条々)

---

① 府中　② 吉崎　③ 平泉　④ 若狭　⑤ 一乗谷

(☆☆☆○○○)

【7】 次にあげる基本的人権の保障に関する出来事を，年代の古い順に並べたとき，最も古いものを，①～⑤の中から1つ選んで番号で答えなさい。

① 国連総会で「世界人権宣言」が採択された。

② イギリスでは，「権利章典」が制定され，国民の請願権や議会における言論の自由が保障された。

③ フランスの「フランス人権宣言」では，自由・安全および圧制への抵抗が自然権とされた。

④ ドイツの「ワイマール憲法」では，社会権が保障され，生存権や労働基本権が定められた。

⑤ アメリカの「アメリカ独立宣言」では，生命・自由・幸福追求を天から与えられた権利とした。

(☆☆☆◎◎◎)

【8】 ウクライナの世界遺産として正しいものを，①～⑤の中から1つ選んで番号で答えなさい。

① サンクト・ペテルブルク歴史地区と関連建造物群

② リヴィウ歴史地区

③ アウシュヴィッツ・ビルケナウ　ナチスドイツの強制絶滅収容所

④ モン・サン・ミシェルとその湾

⑤ アントニ・ガウディ作品群

(☆☆☆◎◎◎)

【9】 aを正の数，bを負の数とする。a，b，$a+b$，$a-b$，$a-2b$，$b-a$の6つの数を左から大きい順に並べたとき，大きい方から数えて3番目の数を，①～⑥の中から1つ選んで番号で答えなさい。

① a　　② b　　③ $a+b$　　④ $a-b$　　⑤ $a-2b$

⑥ $b-a$

(☆☆☆◎◎◎)

【10】ランナーA，B，C，D，E，Fの6人がマラソンを行いました。途中
経過は次のようでした。
・AさんとCさんの間には，2人のランナーがいます。
・Fさんは，この時点で4位です。
・Bさんのすぐ前にEさんがいます。
　その後，Aさんが3人を追い抜いてゴールしました。他の順位変動は
ありません。
　3位でゴールしたランナーとして正しいものを，①〜⑥の中から1つ
選んで番号で答えなさい。
① A　　② B　　③ C　　④ D　　⑤ E　　⑥ F

（☆☆☆◎◎◎）

【11】次の図のような底面の半径が4cm，母線の長さが16cmの円錐があり
ます。底面の円周上の1点から側面に沿って1周するように糸をかけま
す。
　かける糸の長さが最も短くなるときの糸の長さとして正しいもの
を，①〜⑥の中から1つ選んで番号で答えなさい。

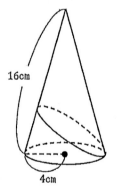

① 　8cm　　② 　16cm　　③ 　$8\sqrt{2}$ cm　　④ 　$16\sqrt{2}$ cm
⑤ 　8π cm　　⑥ 　16π cm

（☆☆☆◎◎◎）

【12】 Aホテルでは，資料①のように宿泊料金を設定している。ただし，資料②のような規定がある。

資料①

【宿泊料金】

	一泊食事なし	一泊朝食付き	一泊二食付き
大人1名	8,000 円	9,000 円	12,000 円
子供1名	4,000 円	5,000 円	8,000 円

資料②

＜規定＞
■8月および年末年始は料金が20％割増となる。
■キャンセル料は，宿泊日の7日前までは無料，6～2日前までは宿泊料の30％，前日は50％，当日は100％。

　資料① の【宿泊料金】と 資料② の＜規定＞の内容に一致するものを，①～⑤の中から1つ選んで番号で答えなさい。
① 5月に大人2名と子供1名で一泊朝食付きを予約したが，3日前にキャンセルした場合，キャンセル料は合計11,500円である。
② 5月に大人2名と子供1名で一泊食事なしを予約したが，8日前にキャンセルした場合，キャンセル料は合計6,000円である。
③ 8月に大人2名で一泊二食付きにする場合，料金は合計で24,000円である。
④ 年末年始に大人2名と子供2名で一泊二食付きを予約したが2日前にキャンセルした場合，キャンセル料は合計14,400円である。
⑤ 年末年始に大人2名と子供1名で一泊朝食付きを予約したが，当日にキャンセルした場合，キャンセル料は合計23,000円である。

(☆☆☆◎◎◎)

【13】 次のA～Cのように，糸の材質や張る力は同じで，糸の長さや太さを変えた糸電話がある。同じ力で糸をはじいたとき，高い音が聞こえるものから順に並べたものとして正しいものを，①～⑤の中から1つ

選んで番号で答えなさい。

A　長くて太い糸　

B　短くて細い糸　

C　短くて太い糸　

① A, B, C　　② B, A, C　　③ B, C, A　　④ C, B, A

⑤ C, A, B

(☆☆☆◎◎◎)

【14】FCVの動力源は燃料電池です。燃料電池の化学反応式として，正しいものを，①～⑤の中から1つ選んで番号で答えなさい。

① $2H_2+O_2→2H_2O$　　　　② $2H_2O→2H_2+O_2$

③ $CH_4+2O_2→CO_2+2H_2O$　　④ $Zn+2HCl→ZnCl_2+H_2$

⑤ $6H_2O+6CO_2→C_6H_{12}O_6+6O_2$

(☆☆☆◎◎◎)

【14】福井県の花スイセンについて，誤っているものを，①～⑤の中から1つ選んで番号で答えなさい。

① スイセンはヒガンバナ科である。

② スイセンは被子植物である。

③ スイセンは単子葉類である。

④ スイセンは一年草である。

⑤ スイセンには球根ができる。

(☆☆☆◎◎◎)

【15】ノーベル賞を受賞した日本人科学者について，誤っているものを，①～⑤の中から1つ選んで番号で答えなさい。

① 1949年，日本人で初めてノーベル賞を受賞したのは，中間子論を発表した湯川秀樹である。

② 2002年，宇宙ニュートリノの検出に成功した小柴昌俊は物理学賞を受賞した。

③ 2008年，免疫機構の解明が認められ医学賞を受賞したのは南部陽一郎である。

④ 2012年，山中伸弥はiPS細胞生成技術の開発により，生理学・医学賞を受賞した。

⑤ 2021年，真鍋淑郎は地球温暖化を確実に予測する気候モデルの開発により物理学賞を受賞した。

(☆☆☆◎◎◎)

【16】次の英文を読んで，以下の問いに答えなさい。

【問題文は著作権上の都合により掲載できません。】

『Sleeping with a light on can harm our health 』
(2022/03/24　Breaking News English Lesson) から抜粋して作成

(1) 睡眠に悪い影響を与えるものとして適切でないものを，①〜⑤の中から1つ選んで番号で答えなさい。
　　① a television　　② alarm clock
　　③ artificial light　　④ a lot of outdoor light at night
　　⑤ sugar

(2) Dr.Phyllis Zeeは，彼女の行った研究をふまえて，病気のリスク低減策を3つ述べている。それは何か，日本語で答えなさい。

(☆☆☆◎◎◎)

【17】民法の改正により，2022年4月に成年年齢が20歳から18歳に引き下げられた。引き下げられたことにより，18歳(成年)になったらできるようになったことを，1つ答えなさい。

(☆☆☆◎◎◎)

教職
教養

【1】福井県教育振興基本計画(令和2年3月)では，今後5年間で特に重点的に推進する必要があるものを4つの重点施策として位置づけている。次のア～エの文の中で正しいものの組み合わせを，①～⑥の中から1つ選んで番号で答えなさい。

ア　「問い」を発する子どもを育成する「主体的な学びを促す教育」の推進

イ　子どもの主体性を大切にし，「個性を引き出す」教育の推進

ウ　地域に貢献しようとする心を育む「ふるさと教育」の推進

エ　多様な人々と協働して新たな価値を生み出す「グローバル教育」の推進

① ア・イ　　② ア・ウ　　③ ア・エ　　④ イ・ウ
⑤ イ・エ　　⑥ ウ・エ

(☆☆☆◎◎◎)

【2】平成30年度に「福井県不登校対策指針」が改訂され，対応の柱が次のように示されている。

> ＜対応の柱＞
> Ⅰ　「未然防止」は，魅力ある学校づくりから
> Ⅱ　「初期対応」では，早期発見とチーム対応を
> Ⅲ　専門スタッフや関係機関と連携した「自立支援」

(1)　「未然防止」の基盤づくりとして「居場所づくり」，「絆づくり」がある。「絆づくり」についての説明として，次のア～エの中で正しいものの組み合わせを，①～⑥の中から1つ選んで番号で答えなさい。

ア　互いに認め合える場　　　イ　安心してすごせる場

78

　　ウ　安らぎを感じられる場　　エ　互いに励まし，支え合える場
①　ア・イ　　②　ア・ウ　　③　ア・エ　　④　イ・ウ
⑤　イ・エ　　⑥　ウ・エ

(2)　学校としての「初期対応」について説明している次の文について
　　誤っているものを，①～⑤の中から1つ選んで番号で答えなさい。
①　予兆をいち早くキャッチし，情報の共有，面談や家庭訪問を実
　　施する。
②　スクールカウンセラー，スクールソーシャルワーカーによる見
　　立てと担任等への助言・援助を行う。
③　支援チームを組織する。
④　児童生徒が安心して学校生活を送っているか意識調査を行う。
⑤　児童生徒の個人状況・学校対応状況シートを作成する。

(☆☆☆◎◎◎)

【3】次の文は，「生徒指導提要」(平成22年3月　文部科学省)で述べられ
　　ている第5章「教育相談」第3節「教育相談の進め方」2「学級担任・
　　ホームルーム担任が行う教育相談」からの抜粋である。文の空欄に入
　　る語句の組み合わせとして適切なものを，①～⑥の中から1つ選んで
　　番号で答えなさい。

　　　児童生徒の不適応問題は，①心理環境的原因が背後にあるもの，
　②[　ア　]的原因が背後にあるもの，③その両者が交じり合ったも
　の，の三つに分けられます。気になる不適応問題がこれらのどこに
　起因するものなのか，検討します。
　　　心理環境的原因とは，親子関係や家庭の人間関係の不安定さ，
　教員との人間関係や学級内での[　イ　]など心理的原因と，家庭環
　境の急変化など環境的原因からなります。いずれも心理的なメカニ
　ズムによって問題が生じる場合です。
　　　心理環境的原因は，[　ウ　]，家庭状況の把握，親子関係や兄弟
　姉妹関係の把握,生育歴の検討などによって調べることができます。

79

① ア：特別支援　　イ：不適応　　ウ：個人面談
② ア：特別支援　　イ：いじめ　　ウ：個人面談
③ ア：特別支援　　イ：不適応　　ウ：行動観察
④ ア：発達障害　　イ：不適応　　ウ：行動観察
⑤ ア：発達障害　　イ：いじめ　　ウ：個人面談
⑥ ア：発達障害　　イ：いじめ　　ウ：行動観察

(☆☆☆◎◎◎)

【4】次の文章は，「人権教育の指導方法等の在り方について[第三次とりまとめ]－指導等の在り方編－(平成20年3月　文部科学省)」からの抜粋である。空欄[　ア　]～[　エ　]のいずれにも当てはまらないものを，①～⑤の中から1つ選んで番号で答えなさい。

　学校における人権教育を進めていく上では，まず，教職員が人権尊重の理念について十分理解し，児童生徒が自らの[　ア　]を認められていることを実感できるような環境づくりに努める必要がある。

　もとより，教職員は，児童生徒に直接ふれあいながら指導を行うことで，その心身の成長発達を促進し，支援するという役割を担っている。「教師が変われば子どもも変わる」と言われるように，教職員の[　イ　]は，日々の教育活動の中で児童生徒の心身の発達や人間形成に大きな影響を及ぼし，豊かな[　ウ　]を育成する上でもきわめて重要な意味を持つ。

　また，とりわけ人権教育においては，個々の児童生徒の[　ア　]を強く自覚し，一人の人間として接するという教職員の姿勢そのものが，指導の重要要素となる。教職員の人権尊重の態度によって，児童生徒に安心感や[　エ　]を生むことにもなる。

① 自信　　② 言動　　③ 大切さ　　④ 人間性　　⑤ 存在

(☆☆☆◎◎◎)

【5】子どもの発達について，次の問いに答えなさい。

ピアジェの具体的操作期について説明しているものを，①～⑤の中から1つ選んで番号で答えな

さい。

① 一定の場面では物事の一つの側面しか注意を向けることができず他の側面を無視する傾向(中心化)があるため，保存課題への正答が難しかったり，自分の立場からの見方・考え方・感じ方にとらわれる傾向(自己中心性)が強かったりする。

② 母性的人物が時間的，空間的に永続し，多少予測できる動きを示す対象として考えられるようになる。

③ 目の前に具体的な場面や課題対象を提示された場合に，見かけに左右されない論理的思考が可能となる。

④ 現実の具体的な内容や時間的な流れにとらわれるのではなく，現実を可能性のなかの一つとして位置づけて論理的に思考を行うことができる。

⑤ 生得的な反射の行使から，循環反応を通して目的と手段の関係づけを理解したり，行動する前に予測したりするなどの認知発達が進む。

(☆☆◎◎◎)

【6】教育評価について，次の問いに答えなさい。

(1) 次のア～ウは評価を阻害する要因についての説明である。それぞれ何と呼ばれるかその組み合わせとして適切なものを，①～⑥の中から1つ選んで答えなさい。

ア 本来2つの特性はお互いに関連性はないが，個人の過去の経験によって2つの特性を結びつけてしまう傾向のこと

イ その人が何か好ましい特性をもっていると，他の特性に対しても好ましいと判断する傾向のこと

ウ 好意をもっている他人をより肯定的に評価する傾向のこと

① ア：中心的傾向 　イ：ハロー効果 　ウ：寛容効果

② 　ア：中心的傾向　　　イ：ピグマリオン効果　　　ウ：期末誤差

③ 　ア：中心的傾向　　　イ：ハロー効果　　　　　　ウ：期末誤差

④ 　ア：論理的誤謬　　　イ：ピグマリオン効果　　　ウ：寛容効果

⑤ 　ア：論理的誤謬　　　イ：ハロー効果　　　　　　ウ：寛容効果

⑥ 　ア：論理的誤謬　　　イ：ピグマリオン効果　　　ウ：期末誤差

(2) 　評価の種類について誤っているものを，①～⑤の中から1つ選んで番号で答えなさい。

① 　自己の思考を追跡し評価し改善するメタ認知的反省力を育てるうえで効果的な評価をポートフォリオ評価という。

② 　学習者がすでにどれくらいのことを知っているのか，できるのかを診断するために行う評価を総括的評価という。

③ 　教えている途中で行い，それに基づいて指導方法を変えたり，教える内容の難易度を変更したりするなどの軌道修正に用いるための評価を形成的評価という。

④ 　学習者個人の目標への到達度を評価する方法を絶対評価という。

⑤ 　過去と現在を比較してどの程度その個人が進歩，あるいは停滞，退歩しているかを判断する方法を縦断的個人内評価という。

(☆☆◎◎◎)

【7】次の文は，心理療法に関して述べたものである。[　　]に入る語句の組み合わせとして適切なものを，①～⑥の中から1つ選んで番号で答えなさい。

> 　ロジャーズが提唱したクライアント中心療法では，クライアント自身が自ら成長していく力を有していることを信じており，非指示的なかかわりをするという特徴がある。クライアント中心療法におけるカウンセラーの条件としては，[　　]があげられる。

① 　ラポール，傾聴，純粋性

② 　ラポール，受容，純粋性

③ ラポール，傾聴，アプローチ
④ 共感的理解，受容，アプローチ
⑤ 共感的理解，受容，純粋性
⑥ 共感的理解，傾聴，アプローチ

(☆☆◎◎◎)

【8】次の文は「教育基本法(平成18年12月改正)」第1章「教育の目的及び理念」からの抜粋である。文の空欄に入る語句の組み合わせとして適切なものを，①～⑥の中から1つ選んで番号で答えなさい。

第2条〔教育の目標〕
　教育は，その目的を実現するため，学問の自由を尊重しつつ，次に掲げる目標を達成するよう行われるものとする。
一　幅広い知識と教養を身に付け，真理を求める態度を養い，豊かな情操と道徳心を培うとともに，健やかな身体を養うこと。
二　個人の[　ア　]して，その能力を伸ばし，創造性を培い，自主及び自立の精神を養うとともに，職業及び生活との関連を重視し，勤労を重んずる態度を養うこと。
三　正義と責任，男女の平等，自他の敬愛と協力を重んずるとともに，公共の精神に基づき，主体的に[　イ　]し，その発展に寄与する態度を養うこと。
四　生命を尊び，自然を大切にし，環境の保全に寄与する態度を養うこと。
五　伝統と文化を尊重し，それらをはぐくんできた我が国と郷土を愛するとともに，他国を尊重し，国際社会の[　ウ　]に寄与する態度を養うこと。

① ア：資質を育成　　イ：文化を継承　　　　ウ：平和と発展
② ア：資質を育成　　イ：文化を継承　　　　ウ：理解と協働
③ ア：資質を育成　　イ：社会の形成に参画　ウ：平和と発展
④ ア：価値を尊重　　イ：文化を継承　　　　ウ：理解と協働

⑤　ア：価値を尊重　　イ：社会の形成に参画　　ウ：平和と発展
⑥　ア：価値を尊重　　イ：社会の形成に参画　　ウ：理解と協働

(☆☆☆◯◯◯)

【9】次の文は,「学校教育法(令和元年5月改正)」からの抜粋である。空欄に入る語句の組み合わせとして適切なものを,①～⑥の中から1つ選んで番号で答えなさい。

・第3章　幼稚園(第23条二)

　　集団生活を通じて,喜んでこれに[　ア　]態度を養うとともに家族や身近な人への信頼感を深め,自主,自律及び協同の精神並びに規範意識の芽生えを養うこと。

・第6章　高等学校(第51条三)

　　個性の確立に努めるとともに,社会について,広く深い理解と健全な[　イ　]を養い,社会の発展に寄与する態度を養うこと。

・第8章　特別支援教育(第72条)

　　特別支援学校は,視覚障害者,聴覚障害者,知的障害者,肢体不自由者又は病弱者(身体虚弱者を含む。以下同じ。)に対して,幼稚園,小学校,中学校又は高等学校に準ずる教育を施すとともに,障害による学習上又は生活上の困難を克服し[　ウ　]を図るために必要な知識技能を授けることを目的とする。

①　ア：協働する　　イ：適応力　　ウ：向上
②　ア：協働する　　イ：批判力　　ウ：自立
③　ア：協働する　　イ：適応力　　ウ：自立
④　ア：参加する　　イ：批判力　　ウ：自立
⑤　ア：参加する　　イ：適応力　　ウ：向上
⑥　ア：参加する　　イ：批判力　　ウ：向上

(☆☆☆◯◯◯)

【10】次の条文は,「青少年が安全に安心してインターネットを利用できる環境の整備等に関する法律(平成30年2月改正)」第1章「総則」の基

本理念第3条である。[　ア　]～[　ウ　]の空欄に入る語句の組み合わせとして適切なものを，①～⑥の中から1つ選んで番号で答えなさい。

第3条

　青少年が安全に安心してインターネットを利用できるようにするための施策は，青少年自らが，[　ア　]情報通信機器を使い，インターネットにおいて流通する情報を適切に[　イ　]して利用するとともに，適切にインターネットによる情報[　ウ　]を行う能力(以下「インターネットを適切に活用する能力」という。)を習得することを旨として行われなければならない。

---

① ア：リスクの恐れなく　　イ：取捨選択　　ウ：収集
② ア：リスクの恐れなく　　イ：最適化　　　ウ：収集
③ ア：リスクの恐れなく　　イ：最適化　　　ウ：発信
④ ア：主体的に　　　　　　イ：取捨選択　　ウ：発信
⑤ ア：主体的に　　　　　　イ：取捨選択　　ウ：収集
⑥ ア：主体的に　　　　　　イ：最適化　　　ウ：発信

(☆☆☆◎◎◎)

【11】次の文は，「障害を理由とする差別の解消の推進に関する法律(平成25年)」第1章「総則」からの抜粋である。空欄に入る語句の組み合わせとして適切なものを，①～⑥の中から1つ選んで番号で答えなさい。

第1条

　「この法律は，障害者基本法(昭和45年法律第84号)の基本的な理念にのっとり，全ての障害者が，障害者でない者と等しく，基本的人権を享有する個人としてその尊厳が重んぜられ，その尊厳にふさわしい生活を保障される権利を有することを踏まえ，障害を理由とする差別の解消の推進に関する基本的な事項，行政機関等及び事業者における障害を理由とする差別を解消するための措置等を定めることにより，障害を理由とする差別の解消を推進し，

もって全ての国民が，障害の有無によって[　ア　]ことなく，相互に[　イ　]し合いながら[　ウ　]に資することを目的とする。

①　ア：分け隔てられる　　　イ：人格と個性を尊重
　　ウ：合理的な配慮
②　ア：分け隔てられる　　　イ：人格と個性を尊重
　　ウ：共生する社会の実現
③　ア：分け隔てられる　　　イ：心理的障壁を排除
　　ウ：共生する社会の実現
④　ア：権利を侵害される　　イ：人格と個性を尊重
　　ウ：合理的な配慮
⑤　ア：権利を侵害される　　イ：心理的障壁を排除
　　ウ：合理的な配慮
⑥　ア：権利を侵害される　　イ：心理的障壁を排除
　　ウ：共生する社会の実現

(☆☆☆◎◎◎)

【12】次の文は，「男女共同参画社会基本法(平成11年12月改正)」第1章「総則」からの抜粋である。文の空欄に入る語句の組み合わせとして適切なものを，①〜⑥の中から1つ選んで番号で答えなさい。

第4条
　男女共同参画社会の形成に当たっては，社会における[　ア　]が，性別による固定的な[　イ　]等を反映して，男女の社会における活動の選択に対して中立でない影響を及ぼすことにより，男女共同参画社会の形成を阻害する要因となるおそれがあることにかんがみ，社会における[　ア　]が男女の社会における活動の選択に対して及ぼす影響をできる限り中立なものとするように配慮されなければならない。

> 第6条
> 男女共同参画社会の形成は，家族を構成する男女が，相互の協力と社会の支援の下に，[　ウ　]その他の家庭生活における活動について家族の一員としての役割を円滑に果たし，かつ，当該活動以外の活動を行うことができるようにすることを旨として，行われなければならない。

① ア：権利又は責務　　イ：役割分担　　ウ：子の養育，家族の介護
② ア：権利又は責務　　イ：特性　　ウ：性別に応じた家事
③ ア：権利又は責務　　イ：役割分担　　ウ：性別に応じた家事
④ ア：制度又は慣行　　イ：特性　　ウ：子の養育，家族の介護
⑤ ア：制度又は慣行　　イ：役割分担　　ウ：子の養育，家族の介護
⑥ ア：制度又は慣行　　イ：特性　　ウ：性別に応じた家事

(☆☆☆◎◎◎)

【13】「高等学校学習指導要領(平成30年3月告示)」の第1章「総則」の第7「道徳教育に関する配慮事項」について述べた内容として誤っているものを，①〜⑤の中から1つ選んで番号で答えなさい。

①　道徳教育の全体計画の作成に当たっては，生徒や学校の実態に応じ，指導の方針や重点を明らかにして，各教科・科目等との関係を明らかにすること。

②　公民科の「公共」及び「倫理」並びに特別活動が，人間としての在り方生き方に関する中核的な指導の場面であることに配慮すること。

③　道徳教育の指導が，生徒の日常生活に生かされるようにし，いじめの防止や安全の確保等にも資することとなるよう留意すること。

④　学校の道徳教育の全体計画や道徳教育に関する諸活動などの情報を積極的に公表したり，道徳教育の充実のために家庭や地域の人々の積極的な参加や協力を得たりするなど，家庭や地域社会との共通理解を深めること。

⑤　各学校においては，道徳教育の全体計画を作成し，道徳教育推進教師の方針の下に，全教師が協力して道徳教育を展開すること。

(☆☆☆◎◎)

【14】「中学校学習指導要領解説　特別活動編(平成29年7月)」からの抜粋である。

(1)　次の文は，第2章「特別活動の目標」第1節「特別活動の目標」について述べたものである。文の空欄に入る語句の組み合わせとして適切なものを，①～⑥の中から1つ選んで番号で答えなさい。

　集団や社会の形成者としての見方・考え方を働かせ，様々な集団活動に[　ア　]に取り組み，互いのよさや可能性を発揮しながら集団や自己の生活上の課題を解決することを通して，次のとおり資質・能力を育成することを目指す。

(1)　多様な他者と協働する様々な集団活動の意義や活動を行う上で必要となることについて理解し，行動の仕方を身に付けるようにする。

(2)　集団や自己の生活，人間関係の課題を見いだし，解決するために話し合い，[　イ　]を図ったり，[　ウ　]したりすることができるようにする。

(3)　[　ア　]な集団活動を通して身に付けたことを生かして，集団や社会における生活及び人間関係をよりよく形成するとともに，人間としての生き方についての考えを深め，[　エ　]を図ろうとする態度を養う。

---

①　ア：自発的，自治的　　イ：同意形成　　ウ：行動選択
　　エ：自己啓発

②　ア：自発的，自治的　　イ：合意形成　　ウ：意思決定
　　エ：自己啓発

③　ア：自発的，自治的　　イ：同意形成　　ウ：意思決定
　　エ：自己実現

④　ア：自主的，実践的　　イ：合意形成　　ウ：意思決定
　　エ：自己実現

⑤　ア：自主的，実践的　　イ：同意形成　　ウ：行動選択
　　エ：自己実現

⑥　ア：自主的，実践的　　イ：合意形成　　ウ：行動選択
　　エ：自己啓発

(2)　次の文は，第1章「総説」2「特別活動改訂の趣旨及び要点」について述べたものである。誤っているものを，①～④の中から1つ選んで番号で答えなさい。

①　自然体験やボランティア活動などの社会体験，ものづくり，生産活動などの体験活動，観察・実験，見学や調査，発表や討論などの学習活動を積極的に取り入れることとした。

②　小学校・中学校ともに，学級活動における児童生徒の自発的，自治的な活動を中心として，各活動と学校行事を相互に関連付けながら，学級経営の充実を図ることとした。

③　いじめの未然防止等を含めた生徒指導との関連を図ること，学校生活への適応や人間関係の形成などについて，主に集団の場面で必要な指導や援助を行うガイダンスと，個々の児童生徒の多様な実態を踏まえ一人一人が抱える課題に個別に対応した指導を行うカウンセリングの双方の趣旨を踏まえて指導を行うことを示した。

④　異年齢集団による交流を重視するとともに，障害のある幼児児童生徒との交流及び共同学習など多様な他者との交流や対話について充実することを示した。

(☆☆☆◎◎◎)

【15】次の文は，「学習指導要領の一部改正に伴う小学校，中学校及び特別支援学校小学部・中学部における児童生徒の学習評価及び指導要録の改善等について(通知)(平成28年7月29日　文部科学省)」の1「道徳科の学習評価に関する基本的な考え方について」である。次の文(一部抜

粋)の空欄に入る語句の組み合わせとして適切なものを，①〜⑤の中から1つ選んで番号で答えなさい。

　道徳科の評価を行うに当たっては，(中略)具体的には以下の点に留意し，学習活動における児童生徒の「学習状況や道徳性に係る成長の様子」を，観点別評価ではなく[　ア　]として丁寧に見取り，記述で表現することが適切である。

(1)　児童生徒の[　イ　]そのものに働きかけ，道徳性を養うことを目標とする道徳科の評価としては，育むべき[　ウ　]を観点別に分節し，学習状況を分析的に捉えることは妥当ではないこと。

(2)　このため，道徳科については，「道徳的諸価値についての理解を基に，自己を見つめ，物事を(広い視野から)[　エ　]に考え，自己(人間として)の生き方についての考えを深める」という学習活動における児童生徒の具体的な取組状況を，一定のまとまりの中で，児童生徒が学習の見通しをもって振り返る場面を適切に設定しつつ見取ることが求められること。

---

①　ア：個人内評価　　イ：人格　　　ウ：資質・能力
　　エ：多面的・多角的

②　ア：個人内評価　　イ：性格　　　ウ：素質・価値
　　エ：多面的・多角的

③　ア：個人内評価　　イ：人格　　　ウ：資質・能力
　　エ：客観的・倫理的

④　ア：絶対評価　　　イ：性格　　　ウ：素質・価値
　　エ：客観的・倫理的

⑤　ア：絶対評価　　　イ：人格　　　ウ：資質・能力
　　エ：多面的・多角的

(☆☆☆◎◎◎)

【16】「小学校学習指導要領解説　総合的な学習の時間編(平成29年7月)」第4章　第2節「内容の取扱いについての配慮事項」にあるプログラミングを体験しながら論理的思考力を身に付けるための学習活動について述べた内容として誤っているものを，①〜⑤の中から1つ選んで番号で答えなさい

①　総合的な学習の時間のみならず，算数科や理科をはじめとして各教科等の特質に応じて体験し，その意義を理解することが求められている。

②　どの教科等において実施するかということについては，各学校が教育課程全体を見渡し，プログラミングを体験する単元を位置付ける学年や教科等を決定していく必要がある。

③　時代を超えて普遍的に求められる力としての「プログラミング的思考」の育成を目指しており，そのためにプログラミングのための言語を用いて記述する方法(コーディング)を覚え習得することが望ましい。

④　情報に関する課題について探究的に学習する過程において，自分たちの暮らしとプログラミングとの関係を考え，プログラミングを体験しながらそのよさや課題に気付き，現在や将来の自分の生活や生き方と繋げて考えることが必要である。

⑤　全ての学習活動においてコンピュータを用いてプログラミングを行わなければならないということではない。

(☆☆☆◎◎◎)

【17】「高等学校学習指導要領解説　総合的な探究の時間編(平成30年7月)」第3章　第2節「目標の趣旨」には，4段階の探究のプロセスが明示された。この探究のプロセスについて正しい組み合わせとして適切なものを，①〜⑥の中から1つ選んで番号で答えなさい。

①　計画を立てる　　計画を実行　　行動を評価　　改善し次に反映
②　計画を立てる　　情報の収集　　行動を評価　　まとめ・表現
③　計画を立てる　　計画を実行　　整理・分析　　改善し次に反映

④　課題の設定　　　情報の収集　　　整理・分析　　　まとめ・表現
⑤　課題の設定　　　計画を実行　　　行動を評価　　　まとめ・表現
⑥　課題の設定　　　情報の収集　　　整理・分析　　　改善し次に反映

(☆☆☆○○○)

解答・解説

■一般教養■

【1】(1)　②　　　(2)　②

〈解説〉(1)　「なぜ」と「なんで」はほぼ同じ意味。文脈に合わせて適切な方を選ぶ。　　(2)　「一を聞いて十を知る」は，物事の一端を聞いただけで全体を理解すること。非常に賢く理解力があることを意味する。

【2】⑤

〈解説〉①の『サラダ記念日』は俵万智，②の『そして，バトンは渡された』は瀬尾まいこ，③の『流浪の月』は凪良ゆう，④の『かがみの孤城』は辻村深月の作品。

【3】①

〈解説〉花月草子は，老中として寛政の改革を主導した松平定信による随筆集である。本文全体をよく読みこんで内容を理解し，最も適切な選択肢を選ぶ。

【4】③

〈解説〉「不死の方法を教えるという客がいたので，燕王は臣下にそれを習わせた。しかし習い終えないうちに客が死に，燕王は怒って臣下を殺した。燕王は客に騙されたことに気づかなかった。不合理なことを信じて無実の臣下を殺すとは愚かなことだ。誰でも一番大切なのは自

分の体のはずなのに，自分が死を免れないで他人を不死にするなど不可能だ」が本文の大意。

【5】④

〈解説〉③は秘密選挙といい，普通選挙・平等選挙・直接選挙と共に選挙の原則である。④の不在者投票制度とは，出張中の人は滞在先の選挙管理委員会で投票，入院中の人や施設にいる人は施設内で投票できるという制度である。説明文は，期日前投票制度に関するものであるので，誤り。⑤に関して，2018年の公職選挙法の改正により，参議院議員の定数は2019年の通常選挙から245人となった。本自治体の試験実施(2022年7月3日・4日)後，2022年7月10日の第26回参議院議員通常選挙から，さらに3人増えて248人となっているので注意されたい。

【6】⑤

〈解説〉『朝倉孝景条々』は，戦国時代に越前を支配した戦国大名朝倉氏の分国法である。史料には，『朝倉館のほか，国内に城を構えてはならない。全て有力な家臣は，一乗谷に引っ越し，村には代官を置くこと。』と記されている。一乗谷は朝倉氏の城下町である。

【7】②

〈解説〉①「世界人権宣言」の採択は1948年，②「権利章典」の制定は1689年，③「フランス人権宣言」の採択は1789年，④「ワイマール憲法」の制定は1919年，⑤「アメリカ独立宣言」が出されたのは1776年のことである。

【8】②

〈解説〉現在のリヴィウのあるウクライナ西部地域は，5世紀半ばごろからスラブ人の交易拠点として栄え，13世紀には都市が建設され「リヴィウ」と命名された。その後，リヴィウはポーランドやスウェーデン，オスマン帝国，ソ連など次々と大国の支配を受けたため，様々な芸術

様式が混在する街並みが残り，旧市街は1998年に歴史地区群として世界遺産に登録された。①はロシア，③はポーランド，④はフランス，⑤はスペインの世界遺産である。

【9】①

〈解説〉例えば，$a=1$，$b=-1$のとき，$a+b=1+(-1)=0$，$a-b=1-(-1)=2$，$a-2b=1-2\times(-1)=3$，$b-a=-1-1=-2$だから，$a-2b>a-b>a>a+b>b>b-a\cdots⑦$　と予想できる。ここで，$(a-2b)-(a-b)=a-2b-a+b=-b>0$より，$a-2b>a-b$　$(a-b)-a=a-b-a=-b>0$より，$a-b>a$　$a-(a+b)=a-a-b=-b>0$より，$a>a+b$　$(a+b)-b=a+b-b=a>0$より，$a+b>b$　$b-(b-a)=b-b+a=a>0$より，$b>b-a$　以上より，⑦の予想は正しいことが示されたから，大きい方から数えて3番目の数はaである。

【10】①

〈解説〉矢印の右側を進行方向として表すと，途中経過「AさんとCさんの間には，2人のランナーがいます。」より，A→○→○→C…⑦，または，C→○→○→A…①　であることがわかる。途中経過「Fさんは，この時点で4位です。」より，○→○→F→○→○→○…⑰であることがわかる。途中経過「Bさんのすぐ前にEさんがいます。」より，B→E…㋤であることがわかる。①，⑰，㋤より，途中経過はC→D→F→A→B→Eと決まるが，「その後，『Aさんが3人を追い抜いて』ゴールしました。他の順位変動はありません。」…㋘が成り立たないから，①は不適である。⑦，⑰，㋤より，途中経過はA→D→F→C→B→Eと決まり，さらに㋘より，最終順位はD→F→C→A→B→Eとなり，3位でゴールしたランナーはAであることがわかる。

【11】④

〈解説〉問題の円錐を展開したときの側面のおうぎ形の中心角は$360〔°〕\times\dfrac{底面の半径}{母線の長さ}=360〔°〕\times\dfrac{16〔cm〕}{4〔cm〕}=90〔°〕$　円錐の頂点をOとし，

底面の円周上の1点Aから側面に沿って，かける糸の長さが最も短くなるようにして1周するように糸をかけるとき，側面の展開図は図のようになる。そして，このときの糸の長さは線分AA′に等しく，△OAA′は直角二等辺三角形で，3辺の比は$1:1:\sqrt{2}$だから，AA′＝OA×$\sqrt{2}$＝$16\sqrt{2}$〔cm〕

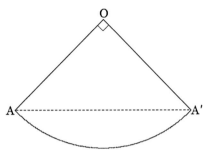

【12】④

〈解説〉① 宿泊料金の割増はないが，3日前のキャンセルであるので宿泊料の30%のキャンセル料がかかる。よって，キャンセル料の合計は(9,000〔円〕×2〔名〕＋5,000〔円〕)×$\frac{30}{100}$＝6,900〔円〕である。これは内容に一致しない。 ② 割増はない。また，宿泊日の7日前まではキャンセル料は無料であるから，8日前にキャンセルした場合は無料である。これは内容に一致しない。 ③ 8月は宿泊料金が20%割増であるので，料金の合計は12,000〔円〕×2〔名〕×$\left(1+\frac{20}{100}\right)$＝28,800〔円〕である。これは内容に一致しない。 ④ 宿泊料金が20%割増で，キャンセル料は30%であるので，キャンセル料の合計は(12,000〔円〕×2〔名〕＋8,000〔円〕×2〔名〕)×$\left(1+\frac{20}{100}\right)\times\frac{30}{100}$＝14,400〔円〕である。これは内容に一致する。 ⑤ 年末年始であるから宿泊料金は20%割増で，当日キャンセルであるからキャンセル料は100%。よって，キャンセル料の合計は(9,000〔円〕×2〔名〕＋5,000〔円〕)×$\left(1+\frac{20}{100}\right)\times\frac{100}{100}$＝27,600〔円〕である。これは内容に一致しない。

【13】③

〈解説〉糸の長さが長いほど，太さが太いほど，伝わる音の波長が長くなり，振動数が少なくなり，低音になる。よって，高音の順に，短く細い糸，短く太い糸，長く太い糸となる。

【14】①

〈解説〉燃料電池は，燃料の水素と空気中の酸素を化学反応させて発電し動力を取り出す。水を電気分解して水素と酸素を取り出すことの逆の反応を利用しているため，反応式は$2H_2+O_2\rightarrow 2H_2O$となる。

【14】④

〈解説〉スイセンは，地中海東部沿岸地域原産の多年草で，西アジアからヨーロッパにかけて分布する。開花時期が12月〜3月であることから，「雪中花」の別名を持つ。福井県の県花であるニホンズイセンは，中国大陸を経て渡来した帰化植物。

【15】③

〈解説〉免疫の働きを抑えるブレーキ役となる物質を発見し，がんに対して免疫が働くようにする新たな治療薬の開発などに貢献したことが認められノーベル医学・生理学賞を受賞したのは本庶佑京都大学特別教授で，2018年のことである。南部陽一郎は素粒子物理学と核物理学における自発的対称性の破れの発見により，2008年にノーベル物理学賞を受賞した。

【16】(1)　⑤　　(2)　・電気を消す。　　・白や青い光のもとで，眠らない。　　・遮光カーテンを使う，もしくは，アイマスクをつける。

〈解説〉英文は非公開であるが，そのタイトルSleeping with a light on can harm our health「電気をつけたまま寝ると健康に害を及ぼすことがある」から，ある程度内容を推測できる。　(1)　適切でないものを選ぶ点に注意する。①，③，④は，本文の主題から睡眠に悪影響を与えると主

張しているのは明らかである。　(2)　眠る時に光が目に入らないようにする工夫を，本文に則して記述する。

【17】・親の同意がなくても契約できる(携帯電話の契約／ローンを組む／クレジットカードを作る／一人暮らしの部屋を借りる)　・10年有効のパスポートを取得することができる。　・公認会計士，司法書士，医師免許，薬剤師免許などの国家資格をとることができる。・結婚することができる(女性の結婚可能年齢が16歳から18歳に引き上げられ，男女とも18歳に)。　・性同一性障害の人が性別の取扱いの変更審判を受けることができる。　から1つ

〈解説〉民法の成年年齢には，一人で有効な契約をすることができる年齢という意味と，父母の親権に服さなくなる年齢という意味がある。成年年齢の引き下げによって，18歳に達すれば解答例のようなことが可能になった。ただし，成年年齢が18歳に引き下げられても，健康被害への懸念やギャンブル依存症対策などの観点から，お酒やたばこ，公営競技(競馬，競輪，オートレース，モーターボート競走)の年齢制限については，20歳のまま維持される。

■教職教養■

【1】④

〈解説〉福井県教育振興基本計画は，教育基本法第17条第2項に基づく福井県の「教育の振興のための施策に関する基本的な計画」であり，令和2(2020)年3月に「第3期福井県教育振興基本計画(計画期間：令和2〜令和6年度)」が策定された。本計画は，「一人一人の個性が輝く，ふくいの未来を担う人づくり〜子どもたちの『夢と希望』，『ふくい愛』を育む教育の推進〜」という基本理念のもと教育施策が進められており，4つの重点施策として「子どもの主体性を大切にし，『個性を引き出す』教育の推進」，「子どもが知的好奇心や探究心を持ち，『学びを楽しむ』教育の推進」，「地域に貢献しようとする心を育む『ふるさと教育』の推進」，「『教職員が輝く』働き方改革の推進」が挙げられている。

【2】(1)　③　　(2)　④

〈解説〉(1)　福井県では，平成22(2010)年に「福井県不登校対策指針」を策定して以降，不登校者数の少ない状況が続いていたが，中学校は平成27年度から，小学校と高等学校は平成28年度から増加傾向が見られたため，現状に合わせて指針が見直された。　(2)　「初期対応」では，予兆をいち早くキャッチし，情報の共有，面談や家庭訪問の実施，「児童生徒の個人状況・学校対応状況シート」の作成など，対応基準を設けて全教職員で共通実践することが重要とされる。不登校の要因や背景は多様であるため，スクールカウンセラーやスクールソーシャルワーカー等を活用して，「チーム学校」による組織的・計画的な支援を行うことが求められている。

【3】⑥

〈解説〉『生徒指導提要』は，生徒指導の実践に際し教員間や学校間で共通理解を図り，小学校段階から高等学校段階までの組織的・体系的な生徒指導を進めることができるよう作成された，生徒指導に関する学校・教職員向けの基本書である。令和4(2022)年12月に改訂版が公開されているので，早めに文部科学省のウェブサイト等で入手されたい。なお，発達障害は，発達障害者支援法第2条で「自閉症，アスペルガー症候群その他の広汎性発達障害，学習障害，注意欠陥多動性障害その他これに類する脳機能の障害であってその症状が通常低年齢において発現するものとして政令で定めるものをいう」と定義されている。

【4】⑤

〈解説〉平成16(2004)年の「人権教育の指導方法等の在り方について[第一次とりまとめ]」は，「人権感覚」について「自分の大切さとともに他の人の大切さを認めること」とわかりやすく定義した。その後さらに指導方法等の工夫・改善方策などについて主として理論的な観点からの検討を進め，平成18年1月には，[第二次とりまとめ]が公表されてい

る。また，全国の学校関係者等が[第二次とりまとめ]の示した考え方
への理解を深め，実践につなげていけるよう，さらなる検討を進め，
掲載事例等の充実を図るとともに，これを「指導等の在り方編」と
「実践編」の2編に再編成し，出題の[第三次とりまとめ]が平成20年に
出された。また，「人権教育を取り巻く諸情勢について～人権教育の
指導方法等の在り方について[第三次とりまとめ]策定以降の補足資料
～」が令和3(2021)年3月に作成されているので目を通しておきたい。

【5】③

〈解説〉具体的操作期の「見かけに左右されない論理的思考」の例として，
算数の問題を，目の前に置かれたいくつかの「おはじき」を使いなが
ら解くと正解に達することができること等が挙げられる。なお，①は
前操作期，②はピアジェの認知発達理論ではなく，ボウルビィの愛着
理論についての記述である。ボウルビィの「母親的人物の永続性」と
ピアジェの「物の永続性」を混同しないように注意する。④は形式的
操作期，⑤は感覚運動期である。

【6】(1) ⑤　　(2) ②

〈解説〉ア　論理的誤謬とは，例えば本来関連性がない「責任感が強い」
という特性と「校則(規則)を守る」という特性を評価者の過去の経験
で結び付けて，「この子は学級委員としての責任感が強いから，校則
もきちんと守っているはずだ」と評価してしまう傾向である。誤肢で
ある中心的傾向は，評価者が，例えば5段階評価であれば3といった評
価尺度の中心付近の値を評価に際して多用してしまう傾向である。
イ　ハロー効果は，例えば「文字を丁寧に書く生徒の国語の学力を高
いと評価してしまう」のように，「文字を丁寧に書く」という顕著な
特徴が「国語の学力評価」にも好ましい影響を及ぼしてしまう傾向で
ある。誤肢であるピグマリオン効果は教師期待効果ともいわれ，教師
がある生徒に期待をかけると当該の生徒がその方向に変化していく傾
向である。　ウ　寛容効果は，例えば，評価者が好意をもっている生

徒が成績は良いが授業中騒がしい場合に，その生徒に対して「成績はクラスで一番よく，授業中も活発である」など，好意を抱いている他者が持つ好ましい特性を過大に評価し，他方好ましくない評価を過小に評価してしまう傾向である。誤肢である期末誤差は，中間試験ではよい成績であったのに期末試験の成績が悪かった時，期末試験の結果のみに過大な注意を払って学年通年の成績を評価してしまう傾向である。　(2)　総括的評価は，学期末や単元の終了時期に，学習目標の達成度や学習指導の効果を診断するために行う評価である。②の，学期はじめや単元の開始時に学習指導に先立ち，「学習者がすでにどれくらいのことを知っているのか，できるのかを診断するために行う評価」とは，診断的評価のこと。

【7】⑤

〈解説〉共感的理解は，クライアントの抱える問題を自分の問題であるかのように理解することである。「自分の問題として理解する」のではなく，ある程度の距離感が重要であることに注意する。受容は無条件の受容とも言い，何ら条件を付けずにクライアントを受け入れることである。条件付きの受容とは，例えば「あなた(クライアント)が私(カウンセラー)の言うことに従うならば，あなたを受け入れる」というような受容のこと。純粋性はカウンセラーが自己一致の状態である，つまりこころの問題を抱えていない状態であることをいう。以下，誤肢についてであるが，ラポールはカウンセラーとクライアントの間に形成された信頼関係のこと。傾聴は積極的傾聴ともいい，カウンセラーがクライアントの話を確かに聴いているというメッセージを発しながら聴くことである。アプローチはカウンセリングのやり方・仕方である。感情的アプローチ，行動的アプローチ，認知的アプローチ及び折衷的アプローチに大別され，クライエント中心療法は，感情的アプローチとして位置付けられる。

【8】⑤

〈解説〉教育基本法は，教育を受ける権利を国民に保障した日本国憲法に
　基づき，日本の公教育の在り方を全般的に規定する法律で，法の基調
　をなしている主義と理想とを宣言する前文と，18の条文から構成され
　ている。前文を含めた全体からの出題の可能性が高いので，読み込ん
　でおきたい。

【9】④

〈解説〉学校教育法は日本の学校制度の根幹について定める法律で，第23
　条は幼稚園教育の目標，第51条は高等学校教育の目標，第72条は特別
　支援学校の目的を定めている。この学校教育法第72条の規定を受け，
　特別支援学校では障害による学習上又は生活上の困難を克服し自立を
　図るために必要な知識技能を授ける自立活動の指導が行われている。

【10】④

〈解説〉「青少年が安全に安心してインターネットを利用できる環境の整
　備等に関する法律」は，平成20(2008)年に制定された法律である。そ
　の後の社会変化に対応するため，与えられた条件に基づいて信号やデ
　ータなどを選別・加工・排除するフィルタリングの利用の促進を図る
　ための法改正が行われ，平成30年2月1日に施行された。同法第2条で
　「この法律において『青少年』とは，18歳に満たない者をいう」と定
　義され，同法第3条ではその基本理念が定められている。

【11】②

〈解説〉すべての国民が，障害の有無によって分け隔てられることなく，
　相互に人格と個性を尊重し合いながら共生する社会の実現に向け，障
　害を理由とする差別の解消を推進することを目的として，平成25
　(2013)年6月に「障害を理由とする差別の解消の推進に関する法律」
　(「障害者差別解消法」)が制定され，平成28年4月1日から施行された。
　本法律は，「障害者の権利に関する条約」の締結に向けた国内法制度

の整備の一環として定められたものである。また，この法律等により「合理的配慮」の考えが導入されたことを併せて覚えておきたい。「合理的配慮」とは，障害者の権利に関する条約第2条で，「障害者が他の者と平等にすべての人権及び基本的自由を享有し，又は行使することを確保するための必要かつ適当な変更及び調整であって，特定の場合において必要とされるものであり，かつ，均衡を失した又は過度の負担を課さないものをいう」と定義されている。

【12】⑤

〈解説〉男女共同参画社会基本法は，男女が互い自分に人権を尊重しつつ，能力を十分に発揮できる男女共同参画社会の実現のために平成11(1999)年に制定された法律であり，同法第4条は「社会における制度又は慣行についての配慮」，第6条は「家庭生活における活動と他の活動の両立」について定めている。男女共同参画は学校教育においても，喫緊かつ重要な課題の一つである。

【13】⑤

〈解説〉平成30(2018)年の高等学校学習指導要領改訂において，「第7款 道徳教育に関する配慮事項」は大きく加筆された。その中で「道徳教育は，学校の教育活動全体で行うことから，全体計画の作成においては，『校長』の方針の下に，道徳教育推進教師を中心に，全教師が協力して道徳教育を展開すること」とされている。道徳教育推進教師は，今回の改訂で「道徳教育の推進を主に担当する教師」として記載されたもので，人間としての在り方・生き方に関する教育を学校の教育活動全体を通じて推進する上での中心となり，全教師の参画，分担，協力の下に，その充実が図られるよう働きかけていくことが望まれている。

【14】(1)　④　　(2)　①

〈解説〉(1)　平成29(2017)年の中学校学習指導要領改訂において，特別活動では，様々な集団での活動を通して自治的能力や主権者として積極

的に社会参画する力を重視するため，学校や学級の課題を見いだし，よりよく解決するため，話し合って合意形成し実践することや，主体的に組織をつくり役割分担して協力し合うことの重要性が明確化された。　(2)　①は，「特別活動」ではなく「総合的な学習の時間」の配慮事項である。

【15】①

〈解説〉学習指導要領において，従来の「道徳の時間」が新たに「特別の教科　道徳」(「道徳科」)として位置づけられたことを受け，文部科学省は，学習評価に当たっての配慮事項，指導要録への記載事項及び指導要録作成に当たっての配慮事項等を取りまとめ，「学習指導要領の一部改正に伴う小学校，中学校及び特別支援学校小学部・中学部における児童生徒の学習評価及び指導要録の改善等について(通知)」として，平成28(2016)年に各県教育委員会等に通知した。その中にある「個人内評価」とは，児童生徒ごとのよい点や可能性，進歩の状況などを積極的に評価しようとするもので，他の児童生徒との比較による評価ではなく，児童生徒がいかに成長したかを積極的に受け止めて認め，励ますものとして記述式で行うことが求められている。

【16】③

〈解説〉「小学校学習指導要領解説　総合的な学習の時間編」(平成29年7月)では，「プログラミングを体験しながら論理的思考力を身に付けるための学習活動とは，子供たちが将来どのような職業に就くとしても，時代を超えて普遍的に求められる力としての『プログラミング的思考』の育成を目指すものであり，プログラミングのための言語を用いて記述する方法(コーディング)を覚え習得することが目的ではない」とされている。なお「プログラミング的思考」とは，「自分が意図する一連の活動を実現するために，どのような動きの組み合わせが必要か，どのように改善していけばより意図した活動に近づくのかということを論理的に考えていく力」の一つである。

【17】④

〈解説〉「高等学校学習指導要領解説　総合的な探究の時間編」(平成30年
7月)は，4段階の探究のプロセスのうち，「課題の設定」を丁寧に指導
することが大切だとしている。「『課題の設定においては，生徒が自分
で課題を発見する過程を重視』とあるが，課題の設定において，教師
は必要に応じて適切に指導・助言するのは言うまでもない。自分で課
題を発見する過程は，生徒にとっても重要な学習場面であり，教師に
とっては重要な指導対象となる。したがって，教師には適切な指導を
行うことが求められるとともに，課題を設定するための知識や技能を
生徒に身に付けさせ，自分自身で探究を進めることができるよう十分
な時間をかけて指導することが重要である」と解説している。

2022年度 実施問題

【1】次の文章を読んで，以下の問いに答えなさい。

　さらに言えば，私たちが生きるこの世界も，ことばで成立しています。私たちが生きることとこの世界そのものの存立が，ことばという根源的な基盤において不可分な仕方で成り立っているのです。哲学では「世界」という表現で，地球上の全地域という地理的な意味ではなく，私たちが生きている全地平を意味します。私たちが生きていく営みとは，世界をことばで捉え，そのあり方をことばで作り上げていくことです。学校や大学という場についても，研究も人を育てることも，そういったすべてがことばによって成り立っています。この場面から，もう一度考えなければなりません。

　当然ですが，社会，つまり，人と人との間はことばで成り立っています。もちろん身振りもあれば，ボディ・コンタクトもありますが，基本的にことばとことばが交わされる場で私たちは一緒に生きています。

　文化のあり方も，ほとんどことばそのものです。特に歴史，つまり，長い時間を超えて何かを受け継ぐのはことばを通じた営みであり，私たちが大学で読んでいるような古い文献資料はことばで残されています。一言でいうと，文化や伝統は書き継がれてきたことばです。それを，時間を超えて読み解いていくことで，現代を超える視野が手に入ると信じています。教育と

は，そのようにことばで伝承されてきた文化や伝統を，私たち自身の血肉にしていく営みです。先ほど言ったように，人のあり方そのものがことばなのですから，ことばが人を作ることになるわけです。ことばの教育は，[　ア　]そのものです。

　美というのも，実はことばでできています。美がそのままある，ことばを離れて美という存在があるのではなくて，これを「美しい」とか，「きれいだ」とか，さまざまなニュアンスに満ちたことばで表現することによって，私たちは美という存在に出会っているのです。つまり，美を創造しているのはことばです。美しいとは，けっして，多くの人が思っているように心の中にある主観的な感情に尽きるものではなく，この世界のあり方，その[　イ　]がことばという形において表出したものだからです。

納富信留『ことばの危機』(集英社)

(1)　[　ア　]に入る最も適切なものを，①～⑤の中から1つ選んで番号で答えなさい。

①　文化や伝統　　②　人間の教育　　③　私たち自身

④　世界や社会　　⑤　人のあり方

(2)　[　イ　]に入る最も適切なものを，①～⑤の中から1つ選んで番号で答えなさい。

①　根源　　②　伝承　　③　歴史　　④　感情　　⑤　時間

(☆☆☆○○○○○)

【2】「だるまちゃん」シリーズや「かがくの本」シリーズなどを出版した，福井県出身の絵本作家を，①～⑤の中から一人選んで番号で答えなさい。

①　水上勉　　　②　加古里子　　③　山本和夫

④　津村節子　　⑤　高見順

(☆☆☆○○○)

【3】次の文章を読んで，以下の問いに答えなさい。

> 一年之計、莫如樹穀、
> 十年之計、莫如樹木、
> 終身之計、莫如樹人。
> 一樹一穫者穀也。一樹
> 十穫者木也。一樹百穫
> 者人也。我苟種之、如
> 神用之。
>
> 『管子』巻第一

傍線部「之」が指す，多大な収穫が得られるものはどれか。最も適切なものを，①〜⑤の中から1つ選んで番号で答えなさい。

① 穀　② 樹　③ 木　④ 人　⑤ 神

(☆☆☆◎◎◎◎◎)

【4】次の文章を読んで，以下の問いに答えなさい。

> 何事にも入立たぬさまましたるぞよき。
> よき人は、知りたることとて、さのみしたり顔にや言ふ。片ゐ中よりさし出でたる人こそ、よろづの道に心得たるよしのさしいらへはすれ。さればよと恥づかしき方もあれど、身づからもいみじと思へるけしき、頑なり。
> よく弁へたる道には、必ず口重く、問はぬ限りは言はぬこそいみじけれ。
>
> （注）したり顔…得意顔
> 　片ゐ中…片田舎
> 　さしいらへ…返答はするものである
> 　頑なり…ひとりよがりで愚かしい
>
> 『徒然草』第七十九段

107

　この文章の「よき人」とはどのような人か。最も適切なものを，①
〜⑤の中から1つ選んで番号で答えなさい。
①　知っていることを得意顔で言う人
②　自信をもって答えることができる人
③　何事にも深く立ち入らない態度の人
④　恥ずかしくても間違いを正せる人
⑤　いつも口が重くあまり話さない人

(☆☆☆○○○○○)

【5】日本とアメリカの選挙に関する次の文のうち，正しいものを，①〜
⑤の中から1つ選んで番号で答えなさい。
①　日本の衆議院議員の選挙は，小選挙区制のみが採られている。
②　日本の参議院議員の選挙は，比例代表制で行われ，4年ごとに定
　数の半分ずつが改選される。
③　2020年9月，有権者による直接選挙の結果，第99代内閣総理大臣
　に自由民主党の菅義偉が選ばれた。
④　アメリカの大統領制では，有権者が連邦議会の議員と大統領を
　別々に選挙する。
⑤　アメリカの大統領選挙では，必ず総得票数が多い方が次期大統領
　に選ばれる。

(☆☆☆○○○)

【6】日本の医学に関する次の文のうち，誤っているものを，①〜⑤の中
から1つ選んで番号で答えなさい。
①　高峰譲吉が初めてタカジアスターゼを創製した。
②　杉田玄白は前野良沢らとオランダ語の人体解剖書を翻訳した。
③　オランダ商館の医者シーボルトは医学塾「鳴滝塾」を開いた。
④　北里柴三郎が初めて破傷風の血清療法を発見した。
⑤　野口英世が初めて赤痢菌を発見した。

(☆☆☆○○○)

【7】次にあげる第二次世界大戦後に起こった出来事を，年代の古い順に
並べ替えたとき，3番目に古いものを，①〜⑤の中から1つ選んで番号
で答えなさい。
① ベトナム戦争が激化
② 北大西洋条約機構成立
③ アメリカ同時多発テロの発生
④ 東西ドイツの統一
⑤ 国際連合の発足

(☆☆☆◎◎◎)

【8】北陸新幹線が通る県として，誤っているものを，①〜⑤の中から1
つ選んで番号で答えなさい。
① 岐阜県　　② 石川県　　③ 群馬県　　④ 新潟県
⑤ 富山県

(☆☆☆◎◎◎)

【9】3つの正の整数x, y, zについて，次のことがわかっている。
$x \times y = 252$
$y \times z = 180$
$z \times x = 315$
このとき，整数xとして正しいものを，①〜⑤の中から1つ選んで番
号で答えなさい。
① 9　　② 12　　③ 15　　④ 18　　⑤ 21

(☆☆☆◎◎◎)

【10】A中学校の第1学年は，1組から5組まで5クラスある。体育祭に向け
て，赤，白，青，黄，緑の5色をそれぞれのクラスに次のような方針
で割り当てた。
1組は，青にする。
2組は，赤以外にする。

3組は，黄か緑にする。

4組は，赤にも白にもしない。

このとき，5組に割り当てられた色として正しいものを，①～⑤の中から1つ選んで番号で答えなさい。

① 赤　② 白　③ 青　④ 黄　⑤ 緑

(☆☆☆◎◎◎)

【11】 次の図のような台形を，直線ℓを軸として回転させてできる立体の体積として正しいものを，①～⑤の中から1つ選んで番号で答えなさい。

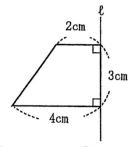

① 12π cm³　② 16π cm³　③ 28π cm³　④ 32π cm³

⑤ 36π cm³

(☆☆☆◎◎◎)

【12】 次の表は，A市の年代別人口の推移を2010年の人口を100とした指数で示したものである。また，円グラフは2010年におけるA市の年代別人口の割合を示したものである。表と円グラフからいえる正しいものを，①～⑤の中から1つ選んで番号で答えなさい。

年代別人口の推移

	2010年	2015年	2020年
0～19歳	100	88	95
20～39歳	100	94	85
40～59歳	100	102	97
60歳以上	100	107	110

2010年 年代別人口の割合

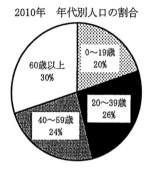

① 0~19歳の年代の人口は，毎年減少し続けている。

② 2020年の20~39歳の年代の人口は，同年の0~19歳の年代の人口より少ない。

③ 2020年の40~59歳の年代の人口は，同年のA市の総人口の97％である。

④ 2020年の60歳以上の年代の人口は，2015年の60歳以上の年代の人口の110％である。

⑤ 2020年のA市の総人口は，2010年のA市の総人口より減っている。

(☆☆☆◎◎◎)

【13】 次の図のように，水の入った水槽に球体A~Dを入れると，AとCは浮き，BとDは沈んだ。直径はAとBが7.0cm，CとDが10.0cmである。重さはAとCが1.0N，BとDが8.0Nである。球体にはたらく浮力が1番大きいものと，2番目に大きいものはどれか。組み合わせとして正しいものを，①~⑤の中から1つ選んで番号で答えなさい。

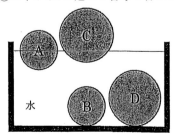

① 1番大きい…A，2番目に大きい…C
② 1番大きい…C，2番目に大きい…A
③ 1番大きい…B，2番目に大きい…D
④ 1番大きい…D，2番目に大きい…B
⑤ 1番大きい…C，2番目に大きい…B

(☆☆☆◯◯◯)

【14】オリンピックのメダルには，金・銀・銅が使用されている。金・銀・銅について，誤っているものを，①～⑤の中から1つ選んで番号で答えなさい。
① 金・銀・銅のような金属原子は，分子をつくらず原子が集まって存在している。
② 元素記号はAu(金)，Ag(銀)，Cu(銅)である。
③ 金や銀は貴金属と呼ばれ，空気中でも酸化しにくい。
④ 現代の日本の硬貨のうち，1円硬貨以外は主に銅が使用されている。
⑤ 金・銀・銅は，元素周期表で横に並んでおり，性質がよく似ている。

(☆☆☆◯◯◯)

【15】『改訂版　福井県の絶滅のおそれのある野生動植物2016』に掲載され，保全対象となっている県の固有種は，次のうちどれか。正しいものを，①～⑤の中から1つ選んで番号で答えなさい。
① アライグマ　　② ウシガエル　　③ ヤシャゲンロウ
④ アレチウリ　　⑤ ボタンウキクサ

(☆☆☆◯◯◯)

【16】現在，地球の地軸は，公転面に対して垂直な方向から23.4°傾いている。もし，地軸が現在の公転面に対して垂直だったとしたら，どのような現象が見られるか。正しいものを，①～⑤の中から1つ選んで

番号で答えなさい。

① 昼と夜の長さは，年間を通して変化する。

② 太陽の南中高度は，年間を通して一定である。

③ 北極星は，こぐま座の α 星になる。

④ 日の出，日の入りの位置は，年間を通して変化する。

⑤ 南極点では，白夜と極夜を繰り返す。

(☆☆☆◎◎)

【17】次の英文は，日本で英語を教えている著者が書いたエッセイである。読んで，以下の問いに答えなさい。

I like the Japanese language. Sure, it's one of the more difficult ones for native English speakers to learn, but there are things about it that are pretty efficient.

For example, the workplace greeting "*Otsukaresama desu*" doesn't exist in English, but it's a nice way to acknowledge the hard work someone has put in. However, as useful as many Japanese expressions are, sometimes my students get too focused on how to translate them directly into English. And it's this reliance on direct translation that can make life difficult for people trying to learn another language.

My students often give me good examples of why direct translation doesn't work. One day, a student was trying to explain a word to me by saying "fall ball" repeatedly. I can usually work out what my students are trying to say but this time I was stumped. A fall ball? Like, a formal social dance party during autumn?

Eventually, I figured out he was trying to explain [A], which literally sounds like "fall ball." Instead of directly translating it, he should have tried to associate the Japanese word [A] with easy English words like "money," "New Year's Day," "give" "or" "children." That would have led to the English translation "New Year's money." They were incredulous. "What?! That's so easy!" they all cried.

You don't have to translate each word directly. If you think of when and how the words are used, you can explain them in easy English. I recommend this way to my students.

(注) stumped　困って　　　incredulous　懐疑的な

『Word Association (2018 / 01 /12 The Japan Times ST)』

から　抜粋・一部修正して作成

(1)　[　A　]に入る最も適切な語を，①～⑤の中から1つ選んで番号で答えなさい。

①　*hanetsuki*　　②　*otoshidama*　　③　*sugoroku*

④　*kendama*　　⑤　*mochitsuki*

(2)　最後に，この著者は，自分の生徒にどんなことを勧めているか。その内容を日本語で答えなさい。

(☆☆☆◎◎◎◎)

【1】次の問いに答えなさい。

(1)　「『GIGAスクール構想』について(令和2年7月7日　文部科学省)」の中で，GIGAスクール構想について説明している次の文の空欄に入る語句の組み合わせとして適切なものを，①～⑥の中から1つ選んで番号で答えなさい。

・1人1台端末と，[　ア　]の通信ネットワークを一体的に整備することで，特別な支援を必要とする子供を含め，多様な子供たち一人一人に個別[　イ　]され，資質・能力が一層確実に育成できる

教育ICT環境を実現する

・これまでの我が国の[　ウ　]と最先端のICTのベストミックスを図り，教師・児童生徒の力を最大限に引き出す

① ア：短距離無線　　イ：細分化　　ウ：教育課程
② ア：短距離無線　　イ：最適化　　ウ：教育課程
③ ア：短距離無線　　イ：細分化　　ウ：教育実践
④ ア：高速大容量　　イ：細分化　　ウ：教育実践
⑤ ア：高速大容量　　イ：最適化　　ウ：教育課程
⑥ ア：高速大容量　　イ：最適化　　ウ：教育実践

(2) 「教育の情報化に関する手引(追補版)(令和2年6月　文部科学省)」によると，平成29年及び30年の学習指導要領改訂により，次のように小・中・高等学校段階におけるプログラミング教育の充実が図られたとのことである。空欄に入る語句の組み合わせとして適切なものを，①〜⑥の中から1つ選んで番号で答えなさい。

(小学校)
　・総則において，各教科等の特質に応じて，「プログラミングを体験しながら，コンピュータに意図した処理を行わせるために必要な論理的思考力を身に付けるための学習活動」を計画的に実施することを新たに明記
　・[　ア　]，理科，総合的な学習の時間において，プログラミングを行う学習場面を例示

(中学校)
　・技術・家庭科技術分野において，プログラミングに関する内容を充実(「計測・制御のプログラミング」に加え，「ネットワークを利用した[　イ　]のあるコンテンツのプログラミング」について学ぶ)

(高等学校)
　・全ての生徒が必ず履修する科目(共通必履修科目)「情報Ⅰ」を新設し，全ての生徒が，プログラミングのほか，ネッ

> トワーク([　ウ　]を含む)やデータベースの基礎等について学ぶ
> ・「情報Ⅱ」(選択科目)では，プログラミング等について更に発展的に学ぶ

① ア：算数　イ：双方向性　ウ：情報モラル
② ア：算数　イ：音声動画　ウ：情報セキュリティ
③ ア：算数　イ：双方向性　ウ：情報セキュリティ
④ ア：社会　イ：音声動画　ウ：情報セキュリティ
⑤ ア：社会　イ：双方向性　ウ：情報モラル
⑥ ア：社会　イ：音声動画　ウ：情報モラル

(☆☆○○○○)

【2】「児童生徒の学習評価の在り方について(報告)(平成31年1月21日　中央教育審議会初等中等教育分科会教育課程部会)」より，次の問いに答えなさい。

(1) 児童生徒の学習評価の在り方について述べている次のア～エの文の正誤の組み合わせとして適切なものを，①～⑥の中から1つ選んで番号で答えなさい。

　ア　障害のある児童生徒に係る学習評価については，一人一人の児童生徒の障害の状態等に応じた指導と配慮及び評価を適切に行うことが必要である。

　イ　児童生徒にどのような方針によって評価を行うのかを事前に示し，共有しておくことは，各教科等において身に付けるべき資質・能力の具体的なイメージをもたせる観点からも不可欠である。

　ウ　学習評価を進めていく上では，通常の授業で教師が自ら行う評価が重要であり，外部試験等の結果は，教師が自らの評価を補完したり，必要に応じて修正したりすることに活用すべきではない。

エ　観点別学習状況の評価や評定には示しきれない児童生徒一人一人のよい点や可能性，進歩の状況については，個人内評価として実施する。

① ア：正　　イ：正　　ウ：誤　　エ：誤
② ア：正　　イ：正　　ウ：誤　　エ：正
③ ア：正　　イ：誤　　ウ：正　　エ：誤
④ ア：誤　　イ：正　　ウ：正　　エ：正
⑤ ア：誤　　イ：誤　　ウ：誤　　エ：正
⑥ ア：正　　イ：正　　ウ：正　　エ：誤

(2)　次の文は，観点別学習状況の評価の「主体的に学習に取り組む態度」の評価の基本的な考え方を述べた文である。空欄に入る語句の組み合わせとして適切なものを，①〜⑥の中から1つ選んで番号で答えなさい。

> 　「主体的に学習に取り組む態度」の評価に際しては，単に継続的な行動や積極的な発言等を行うなど，性格や行動面の傾向を評価するということではなく，各教科等の「主体的に学習に取り組む態度」に係る評価の観点の趣旨に照らして，知識及び[　ア　]を獲得したり，思考力，[　イ　]，表現力等を身に付けたりするために，自らの学習状況を把握し，学習の進め方について試行錯誤するなど自らの学習を[　ウ　]しながら，学ぼうとしているかどうかという意思的な側面を評価することが重要である。

① ア：技能　　イ：判断力　　ウ：俯瞰
② ア：技能　　イ：活用力　　ウ：調整
③ ア：技能　　イ：判断力　　ウ：調整
④ ア：技量　　イ：活用力　　ウ：俯瞰
⑤ ア：技量　　イ：判断力　　ウ：俯瞰
⑥ ア：技量　　イ：活用力　　ウ：調整

(☆☆○○○○)

【3】福井県の教育が目指すべき人間像について，福井県「教育に関する
大綱(令和元年10月)」に，次のように示されている。

<目指す人間像>
1　自らの個性を発揮し，人生を切り拓くために挑戦し続ける人
2　多様な人々の存在を認め，協働して新たな価値を生み出す人
3　ふるさとや自然を愛し，いつどこにいても社会や地域に貢献
する人

「1　自らの個性を発揮し，人生を切り拓くために挑戦し続ける人」
を実現するための基本的な施策の方向性として，次のア～エの文の中
で正しいものの組み合わせを，①～⑥の中から1つ選んで番号で答え
なさい。

ア　海外留学や姉妹校提携，外国人留学生の受け入れ等を通じた国際
交流を拡大するなど，海外の子どもたちと実際にふれあいながら国
際理解を図る機会を充実させる。

イ　小学校と中学校，中学校と高等学校との連携・接続の強化に加え，
生涯にわたる人格形成の基礎を培う幼児教育を充実させ，小学校教
育への円滑な接続を図る。

ウ　教職員が一方的に教えるのではなく，子どもが本来持っている
「知らないものを知りたいと思う心」に火をつけ，驚きや疑問，感
動に出会い，問題意識が子どもたち自身に生まれるような探究的な
学習を推進する。

エ　専門家や関係機関，地域・家庭と連携しつつ，いじめの未然防止
と早期発見・早期対応や，不登校対策などの生徒指導上の課題に学
校を挙げて組織的に取り組む。

①　ア・イ　　②　ア・ウ　　③　ア・エ　　④　イ・ウ
⑤　イ・エ　　⑥　ウ・エ

(☆☆☆☆◎◎)

【4】「生徒指導提要(平成22年3月　文部科学省)」の内容について，次の
問いに答えなさい。

(1) 生徒指導と教育相談についての説明として，次のア〜エの文の中
で正しいものの組み合わせを，①〜⑥の中から1つ選んで番号で答
えなさい。

ア　生徒指導は，将来において社会的に自己実現ができるような資
質・態度を形成していくための指導・援助であり，個々の児童生
徒の自己指導能力の育成を目指すものである。

イ　生徒指導は，教育課程の特別活動の領域においてのみ機能する
ことが求められている。

ウ　学校における教育相談は，すべての教員があらゆる機会をとら
えて行うものである。

エ　教育相談の場面では，なるべく結論を出そう，納得させよう，
約束させようとすることが大切である。

①　ア・イ　　②　ア・ウ　　③　ア・エ　　④　イ・ウ
⑤　イ・エ　　⑥　ウ・エ

(2) スクールカウンセラー，スクールソーシャルワーカー，専門機関
等について説明している次の文について誤っているものを，①〜⑤
の中から1つ選んで番号で答えなさい。

①　スクールカウンセラーの主な職務には，児童生徒へのアセスメ
ント活動，児童生徒や保護者へのカウンセリング活動，学校内に
おけるチーム体制の支援，保護者や教職員に対する支援・相談・
情報提供，関係機関等の紹介，教職員などへの研修活動などがあ
る。

②　スクールカウンセラーは社会福祉の専門家として，公立の小学
校，中学校，高等学校等に配置されている。

③　スクールソーシャルワーカーの活用方法等について，教育委員
会がそれぞれの実情に応じて，「活動方針等に関する指針」(ビジ
ョン)を策定し公表することが重要である。

④　不登校児童生徒が学校外の公的機関や民間施設において相談・

指導を受けている場合に，校長の判断で指導要録上の出席扱いとすることができるようになっている。

⑤　都道府県での非行防止活動は，都道府県警察本部(少年サポートセンター)や警察署等が担っている。

(☆○○○○○)

【5】発達障害に関する次の問いに答えなさい。

(1)　次の文は，「発達障害者支援法(平成28年改正)」第2条からの抜粋である。文の空欄に入る語句を，①～⑥の中から1つ選んで番号で答えなさい。

> この法律において「発達障害」とは，自閉症，アスペルガー症候群その他の広汎性発達障害，学習障害，注意欠陥多動性障害その他これに類する[　　]の障害であってその症状が通常低年齢において発現するものとして政令で定めるものをいう。

①　脳機能　　②　神経機能　　③　心理機能
④　行動機能　　⑤　適応機能　　⑥　情緒機能

(2)　発達障害に関して述べた次のア～エの文の正誤の組み合わせとして適切なものを，①～⑥の中から1つ選んで番号で答えなさい。

ア　広汎性発達障害(PDD)は，一般に自閉症及び自閉症に近似した特徴を示す発達障害の総称として用いられる障害概念であり，自閉症スペクトラム障害(ASD)という用語が使われることもある。

イ　注意欠陥多動性障害(ADHD)とは，年齢あるいは発達に不釣り合いな注意力，及び／又は衝動性，多動性を特徴とする行動の障害であり，3歳位までに現れる。

ウ　学習障害は，その原因として，中枢神経系に何らかの機能障害があると推定されるが，視覚障害，聴覚障害，知的障害，情緒障害などの障害や，環境的な要因が直接の原因となる場合もある。

エ　突然の予定変更が苦手な自閉症の特性のある児童生徒は，先の

見通しを持たせる，何をすればよいか具体的に指示する，予定変更の可能性がある場合にはあらかじめ伝えておくなどの対応が大切である。

① ア：正　　イ：正　　ウ：誤　　エ：誤
② ア：正　　イ：誤　　ウ：誤　　エ：正
③ ア：正　　イ：誤　　ウ：正　　エ：正
④ ア：誤　　イ：誤　　ウ：正　　エ：正
⑤ ア：誤　　イ：正　　ウ：正　　エ：誤
⑥ ア：誤　　イ：誤　　ウ：誤　　エ：誤

(☆☆○○○○)

【6】発達の理論について空欄に入る語句の組み合わせとして適切なものを，①～⑥の中から1つ選んで番号で答えなさい。

人　物	理　　論
［ア］	人生を6つの段階に分けて、それぞれの段階において達成するべき課題を設定した。
ヴィゴツキー	子どもが一人ではできないが、周囲の助けがあればできる水準のことを発達の［イ］と呼んだ。
［ウ］	発達が遺伝的要因と環境的要因の足し算によって決定されるという「輻輳説」を提唱した。
エリクソン	発達段階を8つ提示し、［エ］を確立することを青年期の発達課題とした。

① ア：ハヴィガースト　　イ：最接近領域　　ウ：ガスリー
　　エ：勤勉性
② ア：ハヴィガースト　　イ：最近接領域　　ウ：シュテルン
　　エ：同一性
③ ア：ハヴィガースト　　イ：最接近領域　　ウ：ガスリー
　　エ：同一性
④ ア：ソーンダイク　　イ：最近接領域　　ウ：シュテルン
　　エ：勤勉性
⑤ ア：ソーンダイク　　イ：最近接領域　　ウ：ガスリー
　　エ：勤勉性

⑥　ア：ソーンダイク　　　イ：最近接領域　　ウ：シュテルン
　　エ：同一性

(☆○○○○○)

【7】「公立の義務教育諸学校等の教育職員の給与等に関する特別措置法の一部を改正する法律」が令和元年12月に公布され，「公立学校の教師の勤務時間の上限に関するガイドライン(平成31年1月策定)」を法的根拠のある「指針」とした。このガイドラインについて，次の問いに答えなさい。

(1)　次の文の空欄に入る数字として適切なものを，①～⑤の中から1つ選んで番号で答えなさい。

> 　1か月の在校等時間の総時間から条例等で定められた勤務時間の総時間を減じた時間が，[　　]時間を超えないようにすること。

①　15　　②　30　　③　45　　④　80　　⑤　100

(2)　次のア～オの文の中でこのガイドラインの内容として誤っているものの組み合わせを，①～⑤の中から1つ選んで番号で答えなさい。

　ア　教師の業務負担の軽減を図り，限られた時間の中で，教師の専門性を生かしつつ，授業改善のための時間や児童生徒等に接する時間を十分確保し，効果的な教育活動を持続的に行うことをできる状況を作り出すことを目指す。

　イ　勤務時間外に校内において自らの判断に基づいて自らの力量を高めるために行う自己研鑽の時間その他業務外の時間については，自己申告に基づき，勤務時間から除くものとする。

　ウ　校外での勤務について，職務として行う研修への参加や児童生徒等の引率等の職務に従事している時間については，時間外勤務命令に基づくもの以外も含めて，勤務時間の対象外とする。

　エ　在校時間は，業務の特性上，ICTの活用やタイムカード等により客観的に計測することは難しいため，本人の報告とする。

122

　　オ　勤務時間の上限の目安時間の遵守を形式的に行うことが目的化
　　　し，真に必要な教育活動をおろそかにしたり，実際より短い虚偽
　　　の時間を記録に残す，又は残させたりすることがあってはならな
　　　い。

　　①　ア・イ　　　②　ウ・エ　　　③　ア・オ　　　④　イ・ウ
　　⑤　エ・オ

(☆☆○○○○)

【8】次の各法律について答えなさい。

(1)　次の「日本国憲法」の条文の空欄に入る語句の組み合わせとして
　　適切なものを，①〜⑥の中から1つ選んで番号で答えなさい。

第26条
1　すべて国民は，法律の定めるところにより，その[　ア　]
　に応じて，ひとしく教育を受ける[　イ　]を有する。
2　すべて国民は，法律の定めるところにより，その保護する
　子女に普通教育を受けさせる[　ウ　]を負ふ。義務教育は，
　これを無償とする。

---

　　①　ア：能力　　　イ：権利　　　ウ：義務
　　②　ア：個　　　　イ：義務　　　ウ：責任
　　③　ア：能力　　　イ：権利　　　ウ：責任
　　④　ア：個　　　　イ：義務　　　ウ：義務
　　⑤　ア：能力　　　イ：義務　　　ウ：責任
　　⑥　ア：個　　　　イ：権利　　　ウ：義務

(2)　次の「児童福祉法(令和2年改正)」の条文の空欄に入る語句の組み
　　合わせとして適切なものを，①〜⑥の中から1つ選んで番号で答えな
　　さい。

123

第2条
　全て国民は，児童が良好な環境において生まれ，かつ，社会のあらゆる分野において，児童の年齢及び発達の程度に応じて，その[　ア　]が尊重され，その最善の利益が優先して考慮され，心身ともに健やかに育成されるよう努めなければならない。
第4条
　この法律で，児童とは，満[　イ　]歳に満たない者をいい，(以下省略)

① ア：生命　イ：12　　② ア：生命　イ：15
③ ア：生命　イ：18　　④ ア：意見　イ：12
⑤ ア：意見　イ：15　　⑥ ア：意見　イ：18

(3) 「いじめ防止対策推進法(令和元年改正)」の内容について述べた次のア～エの文の正誤の組み合わせとして適切なものを，①～⑥の中から1つ選んで番号で答えなさい。

ア　この法律において「いじめ」とは，心理的又は物理的な影響を与える行為であって，インターネットを通じて行われるものは含まない。

イ　いじめの防止等のための対策は，いじめが一部の児童等に関係する問題であることに鑑み，児童等が安心して学習その他の活動に取り組むことができるよう，学校の内外を問わずいじめが行われなくなるようにすることを旨として行わなければならない。

ウ　学校の教職員は，関係者との連携を図りつつ，学校全体でいじめの防止及び早期発見に取り組むとともに，児童等がいじめを受けていると思われるときは，適切かつ迅速にこれに対処する責務を有する。

エ　保護者は，子の教育について第一義的責任を有するものであって，その保護する児童等がいじめを行うことのないよう，当該児童等に対し，規範意識を養うための指導その他の必要な指導を行

うよう努めるものとする。

① ア：正　　イ：正　　ウ：誤　　エ：誤
② ア：正　　イ：正　　ウ：誤　　エ：正
③ ア：正　　イ：誤　　ウ：正　　エ：正
④ ア：誤　　イ：誤　　ウ：正　　エ：誤
⑤ ア：誤　　イ：誤　　ウ：正　　エ：正
⑥ ア：誤　　イ：正　　ウ：正　　エ：誤

(☆○○○○○)

【9】「小学校学習指導要領(平成29年3月告示)」の第1章「総則」の第3「教育課程の実施と学習評価」の1「主体的・対話的で深い学びの実現に向けた授業改善」について述べた内容として誤っているものを，①〜⑤の中から1つ選んで番号で答えなさい。

① 児童が自ら学習課題や学習活動を選択する機会を設けるなど，児童の興味・関心を生かした自主的，自発的な学習が促されるよう工夫すること。

② 情報活用能力の育成を図るため，各学校において，コンピュータや情報通信ネットワークなどの情報手段を活用するために必要な環境を整え，これらを適切に活用した学習活動の充実を図ること。

③ 児童が学習の見通しを立てたり学習したことを振り返ったりする活動を，計画的に取り入れるように工夫すること。

④ 児童が生命の有限性や自然の大切さ，主体的に挑戦してみることや多様な他者と協働することの重要性などを実感しながら理解することができるよう，各教科等の特質に応じた体験活動を重視し，家庭や地域社会と連携しつつ体系的・継続的に実施できるよう工夫すること。

⑤ 児童が各教科等の特質に応じた見方・考え方を働かせながら，知識を相互に関連付けてより深く理解したり，情報を精査して考えを形成したり，問題を見いだして解決策を考えたり，思いや考えを基に創造したりするなどの活動を通して，結果を最大限に重視した学

習の充実を図ること。

(☆○○○○○)

【10】「『令和の日本型学校教育』の構築を目指して(答申)(令和3年1月26日
中央教育審議会)」について，次の問いに答えなさい。

(1)　変化する社会の中で日本の学校教育が直面している課題について
述べた次の文の空欄に入る語句の組み合わせとして適切なものを，
①～⑥の中から1つ選んで番号で答えなさい。

・日本の経済発展を支えるために，「みんなと同じことができる」
「言われたことを言われたとおりにできる」上質で均質な労働者
の育成が高度経済成長期までの社会の要請として学校教育に求め
られてきた中で，「[　ア　]」の比重が大きくなり，「自ら課題を
見つけ，それを解決する力」を育成するため，他者と協働し，自
ら考え抜く学びが十分なされていないのではないかということ。

・特別支援学校や小・中学校の特別支援学級に在籍する児童生徒は
増加し続けており，小・中・高等学校の通常の学級においても，
通級による指導を受けている児童生徒が増加するとともに，さら
に小・中学校の通常の学級に6.5％程度の割合で発達障害の可能
性のある特別な教育的支援を必要とする児童生徒が在籍している
という推計もあり，外国人児童生徒，日本語指導を必要とする児
童生徒も増加しているなど，子供たちが[　イ　]していること。

・学校では「みんなで同じことを，同じように」を過度に要求する
面が見られ，学校生活においても「[　ウ　]圧力」を感じる子供が
増えていったという指摘もある。(中略)このことが結果としていじ
めなどの問題や生きづらさをもたらし，非合理的な精神論や努力
主義，詰め込み教育等との間で負の循環が生じかねないというこ
とや，保護者や教師も[　ウ　]圧力の下にあるという指摘もある。

①　ア：一斉指導　　　　　イ：個別化　　　ウ：同調
②　ア：一斉指導　　　　　イ：個別化　　　ウ：強制
③　ア：一斉指導　　　　　イ：多様化　　　ウ：同調

④　ア：正解(知識)の暗記　　イ：個別化　　ウ：強制
⑤　ア：正解(知識)の暗記　　イ：多様化　　ウ：同調
⑥　ア：正解(知識)の暗記　　イ：多様化　　ウ：強制

(2)　Society5.0時代における教師及び教職員組織の在り方について述べた次の文の空欄に入る語句の組み合わせとして適切なものを，①〜⑥の中から1つ選んで番号で答えなさい。

> ・教師に求められる資質・能力は，例えば，使命感や責任感，教育的愛情，教科や教職に関する専門的知識，実践的指導力，総合的人間力，コミュニケーション能力，[　ア　]能力などが挙げられている。
>
> ・時代の変化に対応して求められる資質・能力として，近年では，AIやロボティクス，ビッグデータ，IoTといった技術が発展したSociety5.0時代の到来による[　イ　]能力等が挙げられ，特に，学習履歴(スタディ・ログ)の利活用など，教師のデータリテラシーの向上が一層必要となってくると考えられる。
>
> ・教師が，時代の変化に対応して求められる資質・能力を身に付けるためには，個々の教師が養成段階に身に付けた知識・技能だけで教職生涯を過ごすのではなく，求められる知識・技能が[　ウ　]ことを意識して，継続的に新しい知識・技能を学び続けていくことが必要である。これにより，子供一人一人の学びを最大限に[　エ　]質の高い指導が可能となることに加え，教師自身も一層やりがいを感じ，教職生涯がより充実したものとなることも見込まれる。

①　ア：プログラミング　　　イ：マネジメント
　　ウ：変わっていく　　　　エ：引き出す
②　ア：プログラミング　　　イ：情報活用
　　ウ：専門化する　　　　　エ：引き出す
③　ア：プログラミング　　　イ：マネジメント

　　　　ウ：専門化する　　　　　エ：定着させる
　④　ア：ファシリテーション　　イ：情報活用
　　　ウ：変わっていく　　　　　エ：引き出す
　⑤　ア：ファシリテーション　　イ：マネジメント
　　　ウ：専門化する　　　　　　エ：定着させる
　⑥　ア：ファシリテーション　　イ：情報活用
　　　ウ：変わっていく　　　　　エ：定着させる

(☆☆☆◎◎◎)

【11】次の文は「中学校学習指導要領解説　特別の教科　道徳編(平成29
年7月)」の第4章第2節「道徳科の指導」1「指導の基本方針」からの抜
粋である。文の空欄に入る語句の組み合わせとして適切なものを，①
〜⑥の中から1つ選んで番号で答えなさい。

　実際の生活においては，複数の[　ア　]が対立し，葛藤が生じる場
面が数多く存在する。その際，一つの答えのみが存在するのではなく，
生徒は時と場合，場所などに応じて，複数の[　ア　]の中からどの価
値を優先するかの判断を迫られることになる。こうした問題や課題に
ついて，[　イ　]に考察し，[　ウ　]に判断し，よりよく生きていくた
めの資質・能力を養うことが大切である。このためには，[　エ　]な
学習が重要である。
　①　ア：心情的価値　　イ：客観的・倫理的　　ウ：主体的
　　　エ：教科横断的
　②　ア：心情的価値　　イ：多面的・多角的　　ウ：自律的
　　　エ：教科横断的
　③　ア：心情的価値　　イ：客観的・倫理的　　ウ：自律的
　　　エ：問題解決的
　④　ア：道徳的価値　　イ：多面的・多角的　　ウ：主体的
　　　エ：問題解決的
　⑤　ア：道徳的価値　　イ：客観的・倫理的　　ウ：主体的
　　　エ：教科横断的

⑥　ア：道徳的価値　　イ：多面的・多角的　　ウ：自律的
　　エ：問題解決的

(☆☆○○○○)

【12】「高等学校学習指導要領解説　総合的な探究の時間編(平成30年7月)」
　　第4章には，各学校において目標を定めることを求めている理由につ
　　いて述べられている。次の文の空欄に入る語句の組み合わせとして適
　　切なものを，①～⑥の中から1つ選んで番号で答えなさい。

> 　各学校において目標を定めることを求めているのは，①各学
> 校が創意工夫を生かした[　ア　]や横断的・総合的な学習を実施
> することが期待されているからである。それには，地域や学校，
> 生徒の[　イ　]を考慮した目標を，各学校が主体的に判断して定
> めることが不可欠である。また，②各学校における[　ウ　]を踏
> まえ，育成を目指す資質・能力を明確に示すことが望まれてい
> るからである。これにより，総合的な探究の時間が各学校の
> [　エ　]の中核になることが今まで以上に明らかとなった。

①　ア：探究　　　　イ：学びや支援　　ウ：情報環境
　　エ：カリキュラム・マネジメント
②　ア：探究　　　　イ：実態や特性　　ウ：教育目標
　　エ：社会に開かれた教育課程
③　ア：探究　　　　イ：実態や特性　　ウ：教育目標
　　エ：カリキュラム・マネジメント
④　ア：問題解決　　イ：学びや支援　　ウ：情報環境
　　エ：社会に開かれた教育課程
⑤　ア：問題解決　　イ：学びや支援　　ウ：教育目標
　　エ：カリキュラム・マネジメント
⑥　ア：問題解決　　イ：実態や特性　　ウ：情報環境
　　エ：社会に開かれた教育課程

(☆☆☆○○○)

【13】SDGs(持続可能な開発目標)の17の目標の中には，「質の高い教育を
　みんなに」がある。その目標を達成するためには，どのような取り組
　みが考えられるか。具体例をあげて書きなさい。

(☆☆☆◎◎◎)

解答・解説

■一般教養■

【1】(1)　②　　(2)　①

〈解説〉(1)　空欄の前にある「人のあり方そのものがことばなのですか
　ら，ことばが人を作ることになるわけです」がヒントになる。この文
　から筆者は「人＝ことば」と考えていることがわかるので，「ことば
　の教育＝人の教育」と置き換えることができる。　(2)　美を「ことば
　で表現することによって，私たちは美という存在に出会う」，「主観的
　な感情」ではなく，「世界のあり方」という記述がヒントとなる。

【2】②

〈解説〉作家の名前を問う問題はあまり見かけないが，作家に限らず受験
　する県が輩出した有名な歴史上の人物や出来事などは覚えておいた方

がよい。　①　水上勉は，福井県出身の小説家で，『飢餓海峡』，『雁の寺』，『一休』などで知られる。　②　加古里子(かこさとし)は，福井県出身の絵本作家，児童文学者で，代表作は『だるまちゃん』シリーズ，『からすのパンやさん』シリーズなど。　③　山本和夫は福井県出身の児童文学作家，詩人で，『燃える湖』，『海と少年』などが代表作。　④　津村節子は福井県出身の小説家で，『玩具』，『流星雨』，『智恵子飛ぶ』などが有名。　⑤　高見順は福井県出身の小説家，詩人で，『故旧忘れ得べき』，『如何なる星の下に』，『いやな感じ』などが有名。

【3】④

〈解説〉一樹百穫という四字熟語の由来となった文。「1つから100を生み出すのは人であり，よって人材を育てることは大きな利益をもたらすことのたとえとなる。大きなことを成し遂げるには，人材を育成しなければいけない。人材育成は一朝一夕でできるものではなく，じっくり時間をかけて行う必要がある」という内容が書かれている。問題文では「一樹百穫なる者は人なり。我いやしくもこれを種うれば」の「これ」という指示語が指す内容を問われている。次の現代語訳を参照されたい。〈現代語訳〉一年の計画として，穀物を植えるのに及ぶものはない。十年の計画として，樹木を植えるのに及ぶものはない。終身の計画として，人を植えるのに及ぶものはない。一を植えて一の収穫があるのは穀物であり，一を植えて十の収穫があるのは木であり，一を植えて百の収穫があるのは人である。私は足りない者ながらも人の育成をしており，神様がそれを用いてくださっているかのようだ。

【4】③

〈解説〉「何事も入立たぬさましたるぞよき」と最初の文に書かれていて，「よき人」はこれを指しているので，選択肢の中で「何事(に対して)も入立たぬ(出しゃばらない)さましたる(様子でいる)」に合致するものを選ぶ。次の現代語訳を参照されたい。〈現代語訳〉何事も深く知らな

い様子をしているのがよい。立派な人は，知っている事でも，そのように知ったふうな顔で言うであろうか。言わない。片田舎から出てきた人が，あらゆる道に心得たふうの受け答えをするのである。そうすれば，聞いているほうが非常に恥ずかしくなるような所も時にはあるが，言っている本人も自分のことを立派だと思っている様子が，みっともない。よく知っている道については，必ず口を重くして，質問しない限り言わないのがよいのだ。

【5】④

〈解説〉① 日本の衆議院議員選挙は，1994年の政治改革により，小選挙区比例代表並立制が採られている。　② 日本の参議院議員選挙は，原則都道府県単位の選挙区制と全国単位の比例代表制が採られている。3年ごとに定数の半分ずつが改選される。　③ 日本の内閣総理大臣は，公選制を採っていないので，有権者による直接選挙では選ばれない。国会議員の中から国会の指名により選ばれ，天皇が任命する。　⑤ アメリカの大統領選挙は，大統領選挙人を選ぶ間接選挙である。大統領選挙人は，州ごとに人数が決まっており，各州の得票数で共和党か民主党のどちらがその州をとるかが決まる。選挙人の獲得数で大統領が決まるので，必ず総得票数が多い方が次期大統領に選ばれる訳ではない。

【6】⑤

〈解説〉赤痢菌を発見したのは，野口英世ではなく志賀潔である。野口英世は，黄熱病の研究で知られる。

【7】①

〈解説〉① ベトナム戦争は1964年に始まり，1973年に和平協定が結ばれた。　② 北大西洋条約機構の成立は，1949年のことである。　③ アメリカ同時多発テロの発生は，2001年のことである。　④ 東西ドイツの統一は，1990年のことである。　⑤ 国際連合の発足は，

1945年のことである。

【8】①

〈解説〉岐阜県を通っているのは，北陸新幹線ではなく東海道新幹線である。北陸新幹線は，現在東京から金沢まで運行しており，群馬県・長野県・新潟県・富山県・石川県を通っている。

【9】⑤

〈解説〉
$$\begin{cases} x \times y = 252 & \cdots ① \\ y \times z = 180 & \cdots ② \\ z \times x = 315 & \cdots ③ \end{cases}$$

③をzについて解いて，$z = \dfrac{315}{x}$　これを②に代入して，$y \times \dfrac{315}{x} = 180$

これをyについて解いて，$y = 180 \times \dfrac{x}{315} = \dfrac{4}{7}x$　これを①に代入して，

$x \times \dfrac{4}{7}x = 252$　$x^2 = 441$　$x > 0$より，$x = \sqrt{441} = 21$

【10】①

〈解説〉問題の条件より表のことがわかる。これより，5組に割り当てられた色は赤である。

	赤	白	青	黄	緑
1組	×	×	○	×	×
2組	×		×		
3組	×	×	×		
4組	×	×	×		
5組			×		

【11】③

〈解説〉直線ABと直線ℓとの交点をOとする。OD＝x〔cm〕とおくと，AD//BCだから，平行線と線分の比についての定理より，OD：OC＝AD：BC＝2：4　x：$(x+3)$＝2：4　これを解いて，x＝3　OC＝OD＋DC＝3＋3＝6〔cm〕　これより，求める立体の体積は，底面の円の半径が4cm，高さが6cmの円錐の体積から，底面の円の半径が2cm，高さが3cmの円錐の体積を引いたものだから，$\frac{1}{3}×π×4^2×6−\frac{1}{3}×π×2^2×3＝28π$〔cm³〕

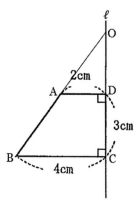

【12】⑤

〈解説〉①　0〜19歳の年代の人口は，2015年に対して2020年は増加している。よって，正しくない。　②　2020年の20〜39歳の年代の人口$100×\frac{26}{100}×\frac{85}{100}＝\frac{2210}{100}$は，同年の0〜19歳の年代の人口$100×\frac{20}{100}×\frac{95}{100}＝\frac{1900}{100}$より多い。よって，正しくない。　③　2020年の40〜59歳の年代の人口$100×\frac{24}{100}×\frac{97}{100}＝\frac{2328}{100}$は，同年のA市の総人口の23.3…％である。よって，正しくない。　④　2020年の60歳以上の年代の人口は，2015年の60歳以上の年代の人口の，110÷107×100＝102.8…％である。よって，正しくない。　⑤　2010年のA市の総人口を

$20＋26＋24＋30＝100$とすると，2020年のA市の総人口は$20×\dfrac{95}{100}＋$
$26×\dfrac{85}{100}＋24×\dfrac{97}{100}＋30×\dfrac{110}{100}＝\dfrac{9738}{100}＝97.38$である。よって，正しい。

【13】④

〈解説〉水に物体が入ると，水から浮力を受ける。物体が押しのけた体積に相当する水の重さが浮力になるので，水より密度が大きい物体は沈み，小さい物体は浮かぶことになる。水に浮かんでいる場合，その物体の重さと水につかっている部分の体積に相当する水の重さがつり合っていることになる。つまり水につかっている体積が大きいものほど浮力は大きい。明らかにDが一番水中体積が大きく，Cは小さい。AとBは同じ大きさの球体でAはつり合い，Bは沈んでいる。Aは1.0Nの重さで，半分水につかっている。Aの浮力はつりあっているので1.0Nである。半分の体積の水の重さが1.0N相当なので，全部つかっているBに相当する体積の水の重さは2.0Nになる。2番目に浮力が大きいのはBである。

【14】⑤

〈解説〉金，銀，銅は，元素周期表では横ではなく縦に並んでいる。

【15】③

〈解説〉ヤシャゲンゴロウは，福井県南条郡南越前町の夜叉ヶ池のみで分布が確認されている固有種である。誤肢であるアライグマ，ウシガエル，アレチウリ，ボタンウキクサはいずれも外来種である。

【16】②

〈解説〉地球の地軸が公転面に対して垂直な方向から23.4°傾いていることは，季節により太陽の高度が変化する現象を生んでいる。夏至の時，太陽は北半球の上で真上になり(北回帰線)，春分・秋分では赤道の真

上の軌道になる。冬至の時には南半球の上で真上になり(南回帰線),これを年々繰り返している。もし地軸が公転面に対して垂直だったら,年間を通して常に赤道上に太陽の軌道があるので,太陽の軌道や高度は,季節を問わず常に一定となる。

【17】(1)　②　　(2)　それぞれの言葉を直訳する必要はなく,もし,その言葉がいつどのように使われているかを考えれば,簡単な英語で説明することができること。

〈解説〉(1)　空欄補充問題では,本文の全体を読まなくても空欄の前後さえ読めば解答できる場合がほとんどである。ここでは日本人の生徒が何度もfall ballと言ってきたがその意図するところが理解できなかった,という文脈なので,fall ballに直訳として当てはまりそうな日本語の単語を選ぶ。fall「落ちる,こける」,ball「ボール,玉,球」という意味がある。　　(2)　文章の中で一番大切な部分は,通常は文の一番初めと最後に書かれている。従って,ここでは最後の段落の内容を要約して日本語で書けばよい。

■教職教養■

【1】(1)　⑥　　(2)　③

〈解説〉(1)　GIGAスクール構想は文部科学省が2019年12月に打ち出した政策で,全国の学校に高速大容量の通信ネットワークを整備するなどの取組のこと。「GIGA」はGlobal and Innovation Gateway for Allの略。他の自治体でも出題箇所の出題例があり,今後も出題される可能性があるので,必ずおさえておきたい。　　(2)　出題された内容は,「第3章　プログラミング教育の推進」の「第1節　プログラミング教育の必要性及びその充実　2　プログラミング教育の充実　(2)　学習指導要領におけるプログラミング教育」の一部である。学習指導要領の内容で,プログラミング教育に関係することが簡潔に説明されているので一読されたい。なお,「教育の情報化に関する手引(追補版)」からは「第2章　情報活用能力の育成」や「第4章　教科等の指導におけるICTの活

用」の第1節～第2節が出題される傾向があるので，内容を把握してお
きたい。

【2】(1)　②　　(2)　③
〈解説〉(1)「3　学習評価の基本的な枠組みと改善の方向性　(9)　外部
　　試験や検定等の学習評価への利用について」の項より，ウは「学習評
　　価を進めていく上では，通常の授業で教師が自ら行う評価だけでなく，
　　全国学力・学習状況調査や高校生のための学びの基礎診断の認定を受
　　けた試験等，その他外部試験等の結果についても，児童生徒の学習状
　　況を把握するために用いることで，教師が自らの評価を補完したり，
　　必要に応じて修正したりしていくことは重要である」となるのが正し
　　い。　(2)「3　学習評価の基本的な枠組みと改善の方向性　(2)　観点
　　別学習状況の評価の改善について」からの出題である。この「主体的
　　に学習に取り組む態度」の評価について「知識及び技能を獲得したり，
　　思考力，判断力，表現力等を身に付けたりすることに向けた粘り強い
　　取組を行おうとする側面」と，その「粘り強い取組を行う中で，自ら
　　の学習を調整しようとする側面」の2つを評価することが求められる
　　意味をしっかり理解したい。

【3】④
〈解説〉「教育に関する大綱」は，福井県の教育，学術および文化の振興
　　に関する施策の基本方針で，この方針に基づき，施策のアクションプ
　　ランとして教育振興基本計画が策定される。策定の趣旨や基本理念に
　　ついて理解を深めておくこと。アとエは，福井県「教育に関する大綱」
　　に示された〈目指す人間像〉の「2　多様な人々の存在を認め，協働
　　して新たな価値を生み出す人」を実現するための基本的な施策の方向
　　性である。

【4】(1)　②　　(2)　②
〈解説〉(1)　イ　『生徒指導提要』の「第1章　生徒指導の意義と原理　第

2節　教育課程における生徒指導の位置付け」より，「生徒指導は，教育課程における特定の教科等だけで行われるものではなく，教育課程のすべての領域において機能することが」求められている。　エ「第5章　教育相談　第3節　教育相談の進め方」では，児童生徒との小さいかかわりは数多くあり，そうした機会を教育相談に活かすことや，短いやり取りでも児童生徒の心に深く響くことがあることを指摘した上で，こうしたことが成り立つための留意点として，「その場で結論を出そう，納得させよう，約束させよう，としない。『先生は私のことを心配しているのだ』と伝わるだけでも十分」である旨を指摘している。　(2)　スクールカウンセラーは心(心理)の専門家である。社会福祉の専門家として配置されるのはスクールソーシャルワーカーである。

【5】(1)　①　　(2)　②

〈解説〉(1)　発達障害者支援法は，発達障害者の自立と社会参加を支援し，そのために個別の施策や制度の充実を図ることを目的として制定された。出題された発達障害者支援法第2条は，発達障害の定義を示した条文で，頻出である。特に，その類型として，自閉症，アスペルガー症候群その他の広汎性発達障害，学習障害，注意欠陥多動性障害を想定していることをおさえておきたい。　(2)　イ「今後の特別支援教育の在り方について(最終報告)」の参考資料「定義と判断基準(試案)等」は，ADHDの定義として，「年齢あるいは発達に不釣り合いな注意力，及び／又は衝動性，多動性を特徴とする行動の障害で，社会的な活動や学業の機能に支障をきたすものである。また，7歳以前に現れ，その状態が継続し，中枢神経系に何らかの要因による機能不全があると推定される」旨を示している。　ウ「障害のある子供の教育支援の手引～子供たち一人一人の教育的ニーズを踏まえた学びの充実に向けて～」(令和3年6月，文部科学省)は，学習障害につき，「その原因として，中枢神経系に何らかの要因による機能不全があると推定されるが，視覚障害，聴覚障害，知的障害，情緒障害などの障害や，環境的な要

因が直接的な原因となるものではない」と指摘している。

【6】②

〈解説〉ア　ソーンダイクは，学習理論として試行錯誤説を提唱したアメリカの心理学者・教育学者。教育に客観的な測定を導入することにより，教育の合理性や教育効果の向上，試験などの改善を図ろうとする教育測定運動を推進した。　イ　近接と接近は似た意味の言葉であるが，強いていうと，近接は「近くに接すること」を，接近は「近づく」という動作を，特に意味する。　ウ　ガスリーは，学習理論として，刺激と反応とが時間的，空間的に接近して発現することが必要十分条件であるとする接近説を提唱したアメリカの心理学者である。エ　「勤勉性」は学童期(6歳から13歳頃)の発達課題である。

【7】(1)　③　　(2)　②

〈解説〉(1)　1カ月の在校等時間は超過勤務45時間以内，1年間の在校等時間は超過勤務360時間以内であることをおさえておこう。
(2)　ウ　「校外での勤務についても，職務として行う研修への参加や児童生徒等の引率等の職務に従事している時間については，時間外勤務命令に基づくもの以外も含めて外形的に把握し，対象として合算する」が正しい記述である。「対象外」としていない。　エ　「在校時間は，ICTの活用やタイムカード等により客観的に計測し，校外の時間についても，本人の報告等を踏まえてできる限り客観的な方法により計測すること」が正しい記述である。

【8】(1)　①　　(2)　⑥　　(3)　⑤

〈解説〉(1)　日本国憲法第26条は，第1項が教育を受ける権利を規定しており，第2項はこれに対応する義務に関することを規定している。
(2)　平成28年に児童福祉法は大きく改正されたが，そのポイントは児童の権利に関する条約の内容を組み入れた点である。その第1条と第2条も，「児童福祉法の理念の明確化等」のために大きく改正されてお

り，第1条には「児童の権利に関する条約の精神にのっと」ることや児童が権利の主体であることが，第2条には児童の「最善の利益が優先され」ることやその「意見が尊重され」ることが明記された。　(3)ア　いじめ防止対策推進法第2条より，「インターネットを通じて行われるものを含む」が正しい。　イ　いじめ防止対策推進法第3条第1項より，「いじめが全ての児童等に関係する問題である」が正しい。

【9】⑤

〈解説〉「…思いや考えを基に創造したりするなどの活動を通じて，結果を最大限に重視した学習の充実を図ること」という部分が誤り。「思いや考えを基に創造したりすることに向かう過程を重視した学習の充実を図ること」が正しい記述である。

【10】(1)　⑤　　(2)　④

〈解説〉「『令和の日本型学校教育』の構築を目指して(答申)」は，平成31(2019)年に中央教育審議会が文部科学大臣から「新しい時代の初等中等教育の在り方について」諮問されたことを受け，同議会内での話し合いの結果をまとめたものである。わが国の学校教育がこれまで果たしてきた役割等を振り返りつつ，新型コロナウイルス感染症の流行拡大をはじめとする社会の急激な変化の中で再認識された学校の役割や課題を踏まえ，2020年代を通じて実現を目指す学校教育を「令和の日本型学校教育」とし，その姿を「全ての子供たちの可能性を引き出す，個別最適な学びと，協働的な学び」とすることが説明されている。今後の教育の在り方を考える上で非常に重要な内容である。特に，「第Ⅰ部　総論」の「3.　2020年代を通じて実現すべき『令和の日本型学校教育』の姿　(1)　子どもの学び」の箇所は頻出である。その内容をしっかり読み込みたい。

【11】 ④

〈解説〉「中学校学習指導要領解説　特別の教科　道徳編」は「指導の基本方針」として，「道徳科の特質を理解する」，「信頼関係や温かい人間関係を基盤に置く」，「生徒の内面的な自覚を促す指導方法を工夫する」，「生徒の発達や個に応じた指導方法を工夫する」，「問題解決的な学習，体験的な活動など多様な指導方法の工夫をする」，「道徳教育推進教師を中心とした指導体制を充実する」の6点を挙げている。本問はその中の「問題解決的な学習，体験的な活動など多様な指導方法の工夫をする」からの出題である。頻出の箇所からの出題とはいえないが，道徳科の目標や，学習指導要領の「第3　指導計画の作成と内容の取扱い」において，「生徒の発達の段階や特性等を考慮し，指導のねらいに即して，問題解決的な学習，道徳的行為に体験的な学習等を適切に取り入れるなど，指導方法を工夫すること」等が指摘されていることなどを把握していれば，容易に正答できるだろう。

【12】 ③

〈解説〉解答のポイントは，総合的な探究の時間(小学校・中学校等では総合的な学習の時間)において，「探究の見方・考え方を働かせ，横断的・総合的な学習を行うこと」が予定されていること，カリキュラム・マネジメントの要素として「教育の目的や目標の実現に必要な教育の内容等を教科・科目等横断的な視点で組み立てていくこと」，「教育課程実施状況を，評価してその改善を図っていくこと」などが示されていることである。「高等学校学習指導要領解説　総合的な探究の時間編」の当該箇所を熟読し内容を理解しておくこと。

【13】 ・途上国に学校建設や教員養成をするための資金援助をする。
　　　　・ICTを活用し，世界中で同じレベルの教育を受けられるようにする。

〈解説〉「持続可能な開発目標」(SDGs：Sustainable Development Goals)は「持続可能な開発のための2030アジェンダ」(2015年9月の国連サミットで加盟国の全会一致で採択)に記載された，持続可能でよりよい世界を

目指す国際目標である。2030年を達成年限としている。17のゴールが設定され，その中のひとつが「すべての人に包摂的かつ公正な質の高い教育を確保し，生涯学習の機会を促進する」である。その背景として，世界の諸地域で貧困に苦しむ人々がおり，そうした人々の子どもの多くが学校に行けず，読み書きができないことなど，教育に関する格差が見られることを指摘することができる。このようなことをふまえ，自分なりのその実現のための取り組みを考察したい。

2021年度 実施問題

【1】「最大多数の最大幸福」という考え方をもとに，少数の権力者が多数の市民を支配することを批判し，代議制民主主義の必要性を主張した人物として正しいものを1つ選び，番号で答えなさい。

① ベンサム

② パスカル

③ カント

④ サルトル

⑤ リースマン

(☆☆☆◎◎◎)

【2】歌集に「一握の砂」「悲しき玩具」，代表的な短歌に「はたらけどはたらけど猶わが生活^{くらし}楽にならざり　ぢつと手を見る」がある歌人として正しいものを1つ選び，番号で答えなさい。

① 石川啄木

② 正岡子規

③ 与謝野晶子

④ 北原白秋

⑤ 斎藤茂吉

(☆☆◎◎◎)

【3】現代のアジアの国や地域の工業について誤っているものを1つ選び，番号で答えなさい。

① 西アジアのサウジアラビアでは，石油の産出量が多く，その大半を輸出しており，輸出額の大部分は石油が占めている。

② 東南アジアのマレーシアでは，アメリカや日本などの企業を受け入れて工業化を進め，多くの機械類を輸出している。

③ 南アジアのインドでは，アメリカやヨーロッパの情報関係の企業が進出するなど，情報技術産業が成長している。

④ 東アジアの台湾では，コンピューターや半導体などハイテク産業が盛んで，大規模な工場が集まっている。

⑤ 中央アジアのカザフスタンでは，ボーキサイトの産出量が多く，これを加工したアルミニウムが輸出額の大部分を占めている。

(☆☆☆◎◎◎)

【4】「公平・中立・簡素」を原則とした「税の三原則」の説明として誤っているものを1つ選び，番号で答えなさい。

① 「公平の原則」には，経済力が同等の人に等しい負担を求める「水平的公平」がある。

② 「公平の原則」には，経済力のある人により大きな負担を求める「垂直的公平」がある。

③ 「公平の原則」のうち，近年は「年代間の公平」が重要となっている。

④ 「中立の原則」とは，税制が個人や企業の経済活動における選択を歪めないようにすることをいう。

⑤ 「簡素の原則」とは，税制の仕組みを可能な限り簡素にし，理解しやすいものにすることをいう。

(☆☆☆◎◎◎)

【5】次の文章を読んで，あとの問いに答えなさい。

雪のおもしろう降りたりし朝、人のがり言ふべき事
ありて、文をやるとて、雪のことなにとも言はざりし
返事に、「この雪いかが見ると一筆のたまはせぬほど
の、ひがひがしからん人の仰せらるる事、聞き入るべ
きかは。返々口をしき御心なり」と言ひたりしこそ、
をかしかりしか。

今はなき人なれば、かばかりの事もわすれがたし。

人のがり…人のもとへ
ひがひがしからん人…心のひねくれているような人

『徒然草』第三一段

(1) この文章の筆者が「ひがひがしからん人」と言われたのはなぜか。
その理由として最も適当なものを1つ選び，番号で答えなさい。

① せっかくもらった手紙の返事を出さなかったから
② 雪が降っていることを言わずに手紙をたのんだから
③ 手紙に雪のことを書かなかったから
④ 亡くなった人のことを忘れてしまったから
⑤ 何度たのまれても言うことを聞かなかったから

(☆☆◎◎◎)

【6】次の文章を読んで，下の問いに答えなさい。

> 【問題文は，著作権上の都合により掲載できません。】
>
> 齋藤孝『教育力』(岩波書店)

(1) [　ア　]に入る最も適当なものを1つ選び，番号で答えなさい。
①　教育の根底にあるあこがれの伝染
②　教える者のあこがれのベクトル
③　努力しようという向上心
④　価値あるものへの心のエネルギー
⑤　心ひかれるものへのあこがれ

(2) [　イ　]に入る最も適当なものを1つ選び，番号で答えなさい。
①　意欲　　②　価値　　③　言葉　　④　感覚　　⑤　努力

(☆☆◎◎◎)

【7】ある濃度の塩酸50mLと，ある濃度の水酸化ナトリウム水溶液40mL
を混ぜる実験を行ったら，完全に中和し中性になった。このとき，実
験で使った塩酸の3倍の濃度の塩酸200mLを完全に中和させ中性にする
ためには，実験で使った水酸化ナトリウム水溶液の2倍の濃度の水酸

化ナトリウム水溶液が何mL必要か。正しいものを1つ選び，番号で答えなさい。

① 80mL ② 160mL ③ 240mL ④ 320mL

⑤ 480mL

(☆☆☆☆◎◎◎)

【8】次の図のように，高さ0m地点における温度18℃の空気Aが，斜面に沿って上昇し，高さ800mまで上昇したときに露点に達し雲が発生したとする。

このときの，空気Aの0m地点における湿度は約何％と考えられるか。下の表をもとにして，適当なものを1つ選び，番号で答えなさい。

ただし，空気Aは100m上昇するごとに1℃温度が低くなり，雲が発生するまで，空気1m³当たりにふくまれる水蒸気の量は，空気Aが上昇しても変化しないものとする。

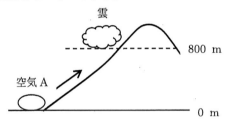

温度 [℃]	10	12	14	16	18	20
飽和水蒸気量 [g/m³]	9.4	10.7	12.1	13.6	15.4	17.3

① 30% ② 40% ③ 50% ④ 60% ⑤ 70%

(☆☆☆◎◎◎)

【9】ヒトの呼吸について述べた次の文のうち，正しいものを1つ選び，番号で答えなさい。

① 細胞による呼吸とは，ひとつひとつの細胞で二酸化炭素を使って養分からエネルギーが取り出され酸素と水ができることである。

② 体には左右に1つずつ肺があり，右肺も左肺も上葉・中葉・下葉

に分かれている。

③　肺動脈を流れる動脈血は，酸素を多く含み，左心房に入る。

④　気管支の先には直径約2mmの肺胞が多数あり，その膜と周囲の毛細血管の壁を通して，酸素と二酸化炭素の交換を行っている。

⑤　肺は自律的な呼吸運動ができず，筋肉のついた肋骨や横隔膜の動きによって呼気と吸気を繰り返す。

(☆☆☆◎◎)

【10】Aさんは，自宅と公園を往復するコースでランニングをすることにした。ただし，往路も復路も学校を経由して同じ道を通るものとする。自宅を出発してから学校までは時速15km，学校から公園までは時速10kmで走った。公園で8分休憩をとった後，疲れてしまったため，公園から学校までは時速6km，学校から自宅までは時速5kmで歩いた。Aさんが自宅を出発してから戻ってくるまでには1時間20分かかった。Aさんが通った自宅から公園までの道のりは何kmか。正しいものを1つ選び，番号で答えなさい。

①　3km　　②　3.5km　　③　4km　　④　4.5km　　⑤　5km

(☆☆☆◎◎◎)

【11】1辺の長さが2cmの立方体ABCD—EFGHにおいて，辺AD，BCの中点をそれぞれM，Nとする。この立方体を，3点M，N，Fを通る平面で2つの立体に切断するとき，体積が小さい方の立体の体積は何cm³か。正しいものを1つ選び，番号で答えなさい。

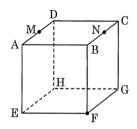

① $\dfrac{2}{3}$cm³   ② $\dfrac{\sqrt{5}}{3}$cm³   ③ $\dfrac{4}{3}$cm³   ④ 2cm³   ⑤ $\dfrac{8}{3}$cm³

(☆☆☆○○○)

【12】次の表は，平成28年から平成30年のある地区の四季別観光客数(単位：千人)をまとめたものである。平成30年においては，年間の観光客数の約8割が日帰りであった。これらの情報から確実に言えることを1つ選び，番号で答えなさい。

四季別 観光客数 （単位：千人）

	平成28年	平成29年	平成30年
春（3〜5月）	210	207	209
夏（6〜8月）	243	247	258
秋（9〜11月）	208	198	229
冬（1, 2, 12月）	151	161	153
計	812	813	849

① 平成30年において，夏の日帰りの観光客数は20万5千人以上である。

② 平成30年において，夏の観光客数は年間の観光客数の3割を超えている。

③ 平成28年から平成30年の春の観光客数の平均は，秋のそれよりも多い。

④ 平成30年は，平成29年に比べて春，夏，秋，冬すべての季節において観光客数が増加している。

⑤ 平成29年の夏の観光客数の対前年増加率は，平成30年の夏のそれよりも大きい。

(☆☆☆○○○)

教職教養

【1】福井県教員育成指標について，以下の問いに答えなさい。

(1) 「福井の教育が目指す育てたい人間像」の空欄に入る語句の組み合わせとして適切なものを，①〜⑥の中から1つ選んで番号で答えなさい。

・自らの個性を発揮し，人生を切り拓くために[　ア　]し続ける人

・多様な人々の存在を認め，[　イ　]して新たな価値を生み出す人

・ふるさとや自然を愛し，いつどこにいても社会や地域に[　ウ　]する人

① ア：挑戦　　イ：創造　　ウ：協力

② ア：活躍　　イ：協働　　ウ：貢献

③ ア：挑戦　　イ：協働　　ウ：貢献

④ ア：活躍　　イ：創造　　ウ：協力

⑤ ア：挑戦　　イ：協働　　ウ：協力

⑥ ア：活躍　　イ：創造　　ウ：貢献

(2) 「福井が求める教師像」の空欄に入る語句の組み合わせとして適切なものを，①〜⑥の中から1つ選んで番号で答えなさい。

・校種・教科等に関する[　ア　]実践的技能を持った人

・専門分野に偏らない幅広い教養を身につけ，[　イ　]としての良識や幅広い視野を持った人

・子どもたちはもとより，同僚や家庭，地域社会と円滑な人間関係を築き，課題に対して[　ウ　]できる人

・教育に対する情熱・使命感に燃え，常に学び続ける[　エ　]を持った人

① ア：深い理解力　　　　イ：自立した社会人

　 ウ：臨機応変に対応　　エ：向上心

② ア：深い理解力　　　　イ：尊敬される教師
　　ウ：適切に対処　　　　エ：積極性
③ ア：深い理解力　　　　イ：自立した社会人
　　ウ：適切に対処　　　　エ：向上心
④ ア：専門的知識　　　　イ：尊敬される教師
　　ウ：臨機応変に対応　　エ：積極性
⑤ ア：専門的知識　　　　イ：自立した社会人
　　ウ：臨機応変に対応　　エ：向上心
⑥ ア：専門的知識　　　　イ：尊敬される教師
　　ウ：適切に対処　　　　エ：積極性

(3)　育成指標の「資質・能力」と「福井県が求める採用時の姿」の組み合わせのうち，適切なものを①〜⑤の中から1つ選んで番号で答えなさい。

　　　　＜資質・能力＞　　　　＜福井県が求める採用時の姿＞
① 幼児・児童・生徒理解 …　子どもに対する愛情
② 授業力　　　　　　　 …　教職への情熱
③ 問題行動への対応　　 …　多様な子どもに対する寛容の心と態度
④ 業務改善　　　　　　 …　他者との意思の疎通と協働
⑤ 学年経営・学級経営　 …　個や集団への指導と手立ての理解

(☆☆☆◎◎◎)

【2】福井県「教育に関する大綱」(令和元年10月)について，次の文の空欄[　ア　]，[　イ　]に入る語句の組み合わせとして適切なものを，①〜⑥の中から1つ選んで番号で答えなさい。

　　教員がすべてを教え込むのではなく，子ども自身の個性に気づかせ，それを伸ばしていくような「[　ア　]」や，既存の枠にとらわれず，自由な発想の中で，子どもたちが知的好奇心や探究心を持って学びを自ら進んで「[　イ　]」を進めることにより，新たな教育文化を創造し，本県の教育をもう一段高い次元へと進めていきます。

① 　ア：学校教育　　　　イ：楽しむ教育
② 　ア：引き出す教育　　イ：楽しむ教育
③ 　ア：学校教育　　　　イ：開く教育
④ 　ア：引き出す教育　　イ：開く教育
⑤ 　ア：学校教育　　　　イ：深める教育
⑥ 　ア：引き出す教育　　イ：深める教育

(☆☆☆◎◎◎)

【3】学習理論について以下の問いに答えなさい。

(1) 　次の文のうち，誤っているものを①～⑤の中から1つ選んで番号で答えなさい。

① 　一般に「条件反射」として有名な現象はパブロフにより発見された。

② 　箱に入れられたネコがたまたま紐を引いた結果外に出ることができて餌にありつけば，ふたたび箱に入れられるとまた紐をひくようになることを，道具的条件づけ，またはオペラント条件づけとよぶ。

③ 　ある行動の結果が適切な目標に至るという手段－目的関係についてサイン・ゲシュタルトの成立が学習であり，そのために強化は必要ないとコフカは考えた。

④ 　ケーラーは，チンパンジーがいくつもの木箱を積み上げて餌を取った行動は，チンパンジーが洞察した結果であると考えた。

⑤ 　他者の行動を観察することによって，その人の行動や特徴を自

己に取り入れることをモデリングとよんでいる。

(2) 下線部の語句を説明している次の文について正しいものの組み合わせを，①〜⑥の中から1つ選んで番号で答えなさい。

ア　新生児が生後最初に見た「音や動きのあるもの」に対し追従反応をおこなうことをレスポンデントという。

イ　学習直後よりもしばらく時間的に経過したのちのほうが良好な想起を示すこともある。これをレミニッセンスという。

ウ　学習曲線では一度，進歩が停滞してからふたたび進歩がみられるが，成績が停滞しているところをプラトーという。

エ　なんらかの経験を覚え込むことを想起という。

オ　ある行動の学習に必要な条件がすでに用意されている状態をレディネスという。

①　ア・イ・ウ　　②　ア・イ・オ　　③　イ・エ・オ
④　イ・ウ・オ　　⑤　イ・ウ・エ　　⑥　ウ・エ・オ

(☆☆☆☆◎◎◎)

【4】次の文は，どの心理療法について説明したものか，下の①〜⑥の中から1つ選んで番号で答えなさい。

(1)　エクササイズをカウンセラーが提示し，クライエントがそれらを行う中で自ら気づき，解決に至ることを期待する。

(2)　日本では，エリック・バーンの基礎理論を中心とし，心の状態を示す「エゴグラム」の利用が活発である。

(3)　不適応行動や問題解決の援助にあたって，パーソナリティーの変容よりも，学習によって人間の行動が変化する側面に注目する。

①　精神分析療法　　②　来談者中心療法　　③　ゲシュタルト療法
④　箱庭療法　　　　⑤　行動理論　　　　　⑥　交流分析

(☆☆☆◎◎◎◎)

【5】次の各文は，「小学校学習指導要領解説　特別活動編(平成29年7月告示)」の第4章にある「学級経営の充実と生徒指導との関連」からの

抜粋である。文の空欄にあてはまる語句を，①〜⑤の中から1つ選んで番号で答えなさい。

(1) 学級には多様な児童が在籍していることを前提に，学級での児童との人間的な触れ合い，きめ細かい観察や面接，保護者との対話を含め，一人一人の児童を客観的かつ総合的に[　　]していくことが大切である。

① 啓発　　② 理解　　③ 指導　　④ 受容

⑤ 支援

(2) 児童相互の信頼関係の構築に当たっては，教師と児童との信頼関係による[　　]ある居場所づくりはもちろんのこと，児童の自発的，自治的な活動を基盤として，互いのよさを見付け，違いを尊重し合い，仲よくしたり，信頼し合ったりする関係を築かなければならない。

① 充実感　　② 存在感　　③ 連帯感　　④ 緊張感

⑤ 安心感

(3) 学級活動等で学んだ内容を，児童一人一人が身に付けるためには，集団場面に続いてあるいは並行しての個別場面における指導が必要である。これが後述する，ガイダンスと[　　]の関係である。

① カウンセリング　　② スクーリング　　③ レディネス

④ サポート　　　　⑤ キャリア教育

(☆☆☆◎◎◎)

【6】中央教育審議会「幼稚園，小学校，中学校，高等学校及び特別支援学校の学習指導要領等の改善及び必要な方策等について(答申)」(平成28年12月21日)について，以下の問いに答えなさい。

(1) 次のア〜オの文の中でこの答申の内容として正しいものの組み合わせを，①〜⑥の中から1つ選んで番号で答えなさい。

　ア　これまでの知識の習得に偏りがちであった教育から，自ら学び，自ら考える力などの「生きる力」を育成する教育へとその基調を転換していくためには「ゆとり」のある教育課程を編成すること

が不可欠であり，教育内容の厳選を図る必要がある。

イ 基礎・基本の確実な定着を図るとともに生徒の個性を生かす教育を一層推進するため，中学校の選択履修の幅の拡大や，習熟の程度に応じた指導など指導方法の一層の工夫改善を進めること。また，高等学校において，多様な科目を設け，学習指導要領に示す以外の教科・科目を設置者の判断により設けられるようにすること。

ウ 学習する子供の視点に立ち，教育課程全体や各教科等の学びを通じて「何ができるようになるのか」という観点から，育成を目指す資質・能力を整理する必要がある。その上で，整理された資質・能力を育成するために「何を学ぶか」という，必要な指導内容等を検討し，その内容を「どのように学ぶか」という，子供たちの具体的な学びの姿を考えながら構成していく必要がある。

エ 「生きる力」を支える「確かな学力」，「豊かな心」，「健やかな体」の調和を重視するとともに，学力の重要な要素は，①基礎的・基本的な知識・技能の習得，②知識・技能を活用して課題を解決するために必要な思考力・判断力・表現力等，③学習意欲，であることを示した。

オ 教育課程の改善は学習指導要領等の理念を実現するために必要な施策と一体的に実施される必要があり，学習評価等を通じて「何が身に付いたか」を見取ることや，「実施するために何が必要か」を教育課程の在り方と併せて考えていくことも重要になる。

① ア・イ ② エ・オ ③ ア・ウ ④ イ・エ
⑤ ア・オ ⑥ ウ・オ

(2) 次の文の空欄に入る語句の組み合わせとして適切なものを，①～⑥の中から1つ選んで番号で答えなさい。

　　教育基本法が目指す教育の目的や目標に基づき，先に見た子供たちの現状や課題を踏まえつつ，2030年とその先の社会の在り方を見据えながら，学校教育を通じて子供たちに育てたい姿を描くとすれば，以下のような在り方が考えられる。

・　［　ア　］に自立した人間として，我が国や郷土が育んできた伝統や文化に立脚した広い視野を持ち，理想を実現しようとする高い志や意欲を持って，［　イ　］に向かい，必要な情報を判断し，自ら知識を深めて個性や能力を伸ばし，人生を切り拓いていくことができること。

・　対話や議論を通じて，自分の考えを根拠とともに伝えるとともに，他者の考えを理解し，自分の考えを広げ深めたり，集団としての考えを発展させたり，他者への思いやりを持って多様な人々と［　ウ　］したりしていくことができること。

・　変化の激しい社会の中でも，感性を豊かに働かせながら，よりよい人生や社会の在り方を考え，試行錯誤しながら問題を発見・解決し，［　エ　］していくとともに，新たな問題の発見・解決につなげていくことができること。

① ア：社会的　　　　　　イ：自主的に学び
　ウ：新たな価値を創造　エ：協働

② ア：社会的　　　　　　イ：主体的に学び
　ウ：新たな価値を創造　エ：協働

③ ア：社会的　　　　　　イ：自主的に学び
　ウ：協働　　　　　　　エ：新たな価値を創造

④ ア：社会的・職業的　　イ：主体的に学び
　ウ：協働　　　　　　　エ：新たな価値を創造

⑤ ア：社会的・職業的　　イ：自主的に学び
　ウ：協働　　　　　　　エ：新たな価値を創造

⑥ ア：社会的・職業的　　イ：主体的に学び

　　　　ウ：新たな価値を創造　　エ：協働
(3)　上の文の下線部「教育基本法が目指す教育の目的や目標」に関して，次の文の空欄に入る語句の組み合わせとして適切なものを，①〜⑥の中から1つ選んで番号で答えなさい。

第2条(教育の目標)
　　教育は，その目的を実現するため，[　ア　]の自由を尊重しつつ，次に掲げる目標を達成するよう行われるものとする。
一　幅広い知識と教養を身に付け，真理を求める態度を養い，豊かな情操と[　イ　]を培うとともに，健やかな身体を養うこと。
二　個人の価値を尊重して，その能力を伸ばし，[　ウ　]を培い，[　エ　]の精神を養うとともに職業及び生活との関連を重視し，勤労を重んずる態度を養うこと。

---

①　ア：学問　　イ：道徳心　　　　ウ：創造性
　　エ：自主及び自律
②　ア：学問　　イ：資質・能力　　ウ：創造性
　　エ：敬愛
③　ア：学問　　イ：道徳心　　　　ウ：社会性
　　エ：敬愛
④　ア：個人　　イ：資質・能力　　ウ：社会性
　　エ：自主及び自律
⑤　ア：個人　　イ：道徳心　　　　ウ：創造性
　　エ：自主及び自律
⑥　ア：個人　　イ：資質・能力　　ウ：社会性
　　エ：敬愛

（☆☆☆○○○）

【7】特別の教科　道徳について，「小学校学習指導要領解説　特別の教科　道徳編(平成29年告示)」の第4章　第3節には，次のように述べられている。

> 児童が多様な感じ方や考え方に接する中で，考えを深め，判断し，表現する力などを育むためには，児童それぞれに自分の考えをもたせ，効果的に表現させるなどの工夫が必要である。

(1) 児童が「自分の考えを基に表現する機会の充実」のために大切なこととして，適切でないものを次の①〜⑤の中から1つ選んで番号で答えなさい。

① 指導者自身が，児童観を明確にして，教材の構造やそこに含まれる道徳的価値を深く理解し，児童の発達の段階や実態を考慮に入れ，道徳的価値を確実に教えること。

② 日頃から何でも言い合え，認め合える学級の雰囲気をつくるとともに，教師が受容的な姿勢をもつこと。

③ 児童は，書くことによって自分の考えが整理されたり，日頃意識していない体験等を想起したりするため，書く活動を取り入れること。

④ 自分とは異なった考えに接する中で，自分の感じ方や考え方が明確になるなど学習が深まるということを，日頃の経験を通して実感させるように努めること。

⑤ 読み物教材であれば，どの場面の，どの登場人物の，どのような行為や判断，動機などの何について自分との関わりで考えるのかをより的確に，より具体的に示すこと。

(2) 中央教育審議会「道徳に係る教育課程の改善等について(答申)」(平成26年10月21日)の「多様で効果的な指導方法の積極的な導入」について述べた内容として，次の①〜⑤の文で正しくないものを1つ選んで番号で選びなさい。

① 一人一人が見通しをもって主体的に考え，学ぶことができるよう，その内容を学ぶことの意義を理解させたり，学んだことを振

り返らせたりする指導が重要である。

② 社会を形成する一員としての主体的な生き方に関わることなどについては，実際に現場での体験活動を行うなど，行動を通して実感をもって学ぶことも重要である。

③ 複数の内容項目を関連付けた指導を行うことや，一つの内容項目を複数の時間で扱うような指導を行わず，授業1単位時間につき一つの内容項目に限定する。

④ 関連する各教科等での指導や家庭との連携を密にした計画的な指導を行うなどの工夫をする。

⑤ 単に活動を行って終わるのでなく，児童生徒が活動を通じて学んだことを振り返り，その意義などについて考えることにより，道徳的価値の自覚を深め，様々な課題を主体的に解決するための資質・能力の育成に資することとなるよう十分に留意する。

(☆☆☆◎◎)

【8】次の図は，Society1.0から5.0までを示している。新たな社会"Society5.0"とは，サイバー空間(仮想空間)とフィジカル空間(現実空間)を高度に融合させたシステムにより，経済発展と社会的課題の解決を両立する，人間中心の社会(Society)である。Society5.0で実現する社会とは，どのような社会か，具体例をあげて書きなさい。

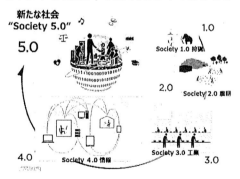

(☆☆☆◎◎)

【9】次の英文を読んで，下の問いに答えなさい。

> 【問題文は著作権上の都合により，掲載できません。】
>
> 『Japan education panel OKs lifting smartphone ban at junior high
> schools』(the japan times JUN 24,2020)を一部修正して作成
> 文部科学省の有識者会議(A Japanese education ministry panel)

(1)　あなたが中学校に勤務しているとします。その中学校が，上の英
文の文部科学省の有識者会議の案を導入した場合，保護者からどの
ような反対意見が予想されるか書きなさい。

(2)　(1)の反対意見に対して，あなたならどのように答えますか。具体
的に書きなさい。

(☆☆☆◎◎)

解答・解説

【1】①

〈解説〉ベンサムはイギリス功利主義の創始者で，哲学者・法学者・経済学者である。「最大多数の最大幸福」は，ベンサムによってイギリス功利主義の標語となり，選挙権拡大運動の理論的根拠ともなった。個人ではなく，立法者・為政者に向けられた，政策を判断するための原理である。　②　パスカルはフランスの数学者・物理学者・宗教哲学者で，「人間は考える葦」と定義した。　③　カントはドイツの哲学者で，ドイツ観念論の創始者である。　④　サルトルは現代フランスの無神論的実存主義を代表する哲学者・作家である。　⑤　リースマンはアメリカの社会学者で，群れていても本質的には孤独で，他者に同調しやすい現代人の特徴を，「他者指向型」として分類した。

【2】①

〈解説〉石川啄木の代表的な歌集『一握の砂』，『悲しき玩具』と併せて，詩集『呼子と口笛』，および評論「時代閉塞の現状」を押さえておきたい。

【3】⑤

〈解説〉カザフスタンは地下資源が豊富で，ボーキサイトの産出量は多い。しかし輸出額が多いのは，加工品ではなく原材料や燃料である。ボーキサイトを加工したアルミニウムの輸出が多い国は，カナダ・オランダ・アラブ首長国連邦・ロシアなどである。

【4】③

〈解説〉近年重要となっているのは「年代間の公平」ではなく「世代間の公平」である。世代間を比較し，負担の公平や各世代の税金によるメリット，デメリットのバランスが保たれているかというものである。

【5】③

〈解説〉「雪のことなにとも言はざりし返事」の中で，筆者が相手から言われたことに注意を払いたい。筆者が相手に送った手紙には，雪のことについて何も触れていなかったので，手紙を受け取った側は残念に思ったと手紙の返事に書いたのである。

【6】(1)　②　　(2)　③

〈解説〉教育学者の齋藤孝氏『教育力』からの出題である。著者は，『声に出して読みたい日本語』をはじめ，教育学からビジネス書まで多数の著作がある。なお，(1)の正答肢である「ベクトル」とは，大きさと向きを持った量をいい，比喩的表現では，心や行動の方向性や勢いを表す。

【7】③

〈解説〉ある濃度の塩酸とある濃度の水酸化ナトリウム水溶液を中和する際，塩酸：水酸化ナトリウム水溶液が$50：40=1：\dfrac{4}{5}$の時，完全に中和する。ある濃度の3倍の濃度の塩酸200mLを，ある濃度の2倍の水酸化ナトリウム水溶液で中和する際，$(200×\dfrac{4}{5}×3)÷2=240$〔mL〕必要である。

【8】④

〈解説〉空気Aが露点に達する高さ800m地点における空気Aの温度は$18-\dfrac{800}{100}=10$〔℃〕であり，10℃の時の飽和水蒸気量は9.4g/m³である。空気Aの0m地点における温度18℃の時の飽和水蒸気量は15.4g/m³であ

るから，求める湿度は$\frac{9.4}{15.4} \times 100 =$約60〔％〕。

【9】⑤

〈解説〉①　細胞による呼吸とは酸素を使って養分からエネルギーを取り出し二酸化炭素と水ができることである。　②　上葉，中葉，下葉に分かれているのは右肺のみである。　③　肺動脈ではなく肺静脈の説明である。　④　肺胞の大きさは直径約0.1〜0.3mmである。

【10】④

〈解説〉自宅から学校までの道のりを$x$km，学校から公園までの道のりを$y$kmとする。Aさんが自宅を出発してから戻ってくるまでに1時間20分かかったことから，$\frac{x}{15} + \frac{y}{10} + \frac{8}{60} + \frac{y}{6} + \frac{x}{5} = 1\frac{20}{60}$　⇔　$x+y=4.5$　よって，Aさんが通った自宅から公園までの道のりは4.5km

【11】④

〈解説〉立方体ABCD—EFGHを，3点M，N，Fを通る平面で2つの立体に切断するとき，体積が小さい方の立体は三角柱AEM—BFNだから，その体積は　△AEM×AB＝$\frac{1}{2}$×AE×AM×AB＝$\frac{1}{2}$×2×1×2＝2〔cm³〕

【12】②

〈解説〉①　平成30年においては，年間の観光客数の約8割が日帰りであったが，夏の日帰りの観光客数の割合が約8割とは限らない。　②　平成30年において，年間の観光客数に対する夏の観光客数の割合は$\frac{258}{849}=0.303\cdots$で，3割を超えている。　③　平成28年から平成30年の春の観光客数の平均は(210＋207＋209)÷3＝208.6…(千人)，秋の観光客数の平均は(208＋198＋229)÷3＝211.6…(千人)であるので，秋のほうが多い。　④　平成30年は，平成29年に比べて春，夏，秋の季節において観光客数が増加しているが，冬の季節において観光客数は減少している。　⑤　平成29年の夏の観光客数の対前年増加率は$\frac{247}{243}=$

1.01…で，平成30年の夏の観光客数の対前年増加率は$\frac{258}{247}＝1.04…$であるので，平成30年の夏のほうが大きい。

【1】(1)　③　　(2)　⑤　　(3)　③

〈解説〉平成29年4月1日に施行された教育公務員特例法の改正により，教員等の資質向上について新たな枠組みが定められた。これにより福井県内市町村の公立学校教員の任命権者である福井県教育委員会は，国が定めた指針に基づき，関係大学等と連携して協議会を設置し，協議を経て教員の資質向上に関する指標を策定し，その指標を踏まえて教員研修計画を定めて実行している。その福井県が求める採用時の姿は，福井県教員育成指標において，幼児・児童・生徒理解に関しては「子どもの理解の重要性の認識」，「子どもの発達段階への理解」，「一人ひとりに向き合う意識」，授業力に関しては「教科等の基礎的な指導力」，「主体的・対話的で深い学びへの理解」，「探究的な学びの計画，立案」，業務改善に関しては「効率的な時間管理に対する意識，学年経営・学校経営に関しては「理想とする学級像の形成」とされている。

【2】②

〈解説〉福井県「教育に関する大綱」は，地方教育行政の組織及び運営に関する法律第1条の3第1項の規定に基づき，知事が定める福井県の教育，学術及び文化の振興に関する施策の基本的な方針を定めるもので，この方針に基づき，福井県教育委員会は具体的な施策のアクションプランとして，福井県教育振興基本計画を策定している。令和元年10月策定の「教育に関する大綱」では，「自らの個性を発揮し，人生を切

り拓くために挑戦し続ける人」,「多様な人々の存在を認め, 協働して新たな価値を生み出す人」,「ふるさとや自然を愛し, いつどこにいても社会や地域に貢献する人」の3つを「目指す人間像」に掲げている。なお出題にある「引き出す教育」は「教員の側から基礎的な知識や技能を『教える』だけではなく, 子ども自身の考え, 個性などを『引き出し』,『伸ばしていく』教育」,「楽しむ教育」は「子どもたち自身の好奇心や探求心をもとに楽しみながらみずから進んで学ぶ姿勢を育てることを目指す教育」とされる。

【3】(1)　③　　(2)　④

〈解説〉(1)　サイン・ゲシュタルト説を提唱した人物はコフカ(Koffka, K)ではなく, アメリカの心理学者であるトールマン(Tolman, E. C.)である。コフカはドイツ及びアメリカの心理学者であり, ゲシュタルト心理学の創始者の1人として著名である。　(2)　ア　レスポンデントではなくインプリンティング(刷り込み)の説明である。生後間もない特定の時期に, 追従反応をおこなうことは本能的に備わっていることで, 条件づけをおこなわずとも学習される。　エ　なんらかの経験が記憶として入力されることは, 想起ではなく記銘とよばれる。記銘した情報を保存しておくことを保持, 保持されている情報を探すことを検索, 検索して思い出すことを想起という。

【4】(1)　③　　(2)　⑥　　(3)　⑤

〈解説〉(1)　ゲシュタルト療法は, 主にドイツの精神科医であるパールズ夫妻(Perls, F. S. and Perls, L)によって開発された心理療法の一つである。ゲシュタルト療法は「今ここでの気づき」を重視する療法であり, 気づきを促進するエクササイズを行うこともある。　(2)　交流分析はカナダ出身の精神科医であるバーン(Berne, E.)によって提唱された個人の人格の成長に重点を置く心理療法である。　(3)　行動理論に基づいた行動療法は, 様々な心理療法家によって開発されている。近年では, ベック(Beck, A.)の認知療法と統合された認知行動療法も日本に広く浸

透している。なお，①の精神分析療法は，フロイト(Freud, S.)によって創始された心理療法であり，人の無意識を意識化することで治療を行う。②の来談者中心療法はロジャーズ(Rogers, R. R.)によって創始された心理療法であり，クライエントに対する受容と共感を重視する心理療法である。④の箱庭療法は，イギリスの小児科医であるローエンフェルト(Lowenfeld, M.)によって開発され，子どもが作る箱庭を解釈することが特徴的な心理療法である。自分の感情を言語で表現することが不得手な子どもでも，人形やミニチュアを使用することで遊び感覚で感情を表現することができる。

【5】(1)　②　　(2)　⑤　　(3)　①
〈解説〉特別活動の目標は「小学校学習指導要領(平成29年3月告示)」において，「集団や社会の形成者としての見方・考え方を働かせ，様々な集団活動に自主的，実践的に取り組み，互いのよさや可能性を発揮しながら集団や自己の生活上の課題を解決することを通して，次のとおり資質・能力を育成することを目指す」ことと示されている。
(1)　学習指導要領の「第6章　特別活動　第3　指導計画の作成と内容の取扱い　1　(3)」には，配慮事項として次のように示されている。「学級活動における児童の自発的，自治的な活動を中心として，各活動と学校行事を相互に関連付けながら，個々の児童についての理解を深め，教師と児童，児童相互の信頼関係を育み，学級経営の充実を図ること。その際，特に，いじめの未然防止等を含めた生徒指導との関連を図るようにすること」。出題は，この前半部分の解説からである。
(3)　同解説　特別教育活動編(平成29年7月)では，「ガイダンスは，児童のよりよい生活づくりや集団の形成に関わる，主に集団の場面で行われる案内や説明」，「カウンセリングは，児童一人一人の生活や人間関係などに関する悩みや迷いなどを受け止め，自己の可能性や適性についての自覚を深めさせたり，適切な情報を提供したりしながら，児童が自らの意志と責任で選択，決定することができるようにするための助言等を，個別に行う教育活動」と定義し，「単にガイダンスやカ

ウンセリングに多くの時間を費やせばよいというものではなく，児童の行動や意識の変容を促し，一人一人の発達を促す働きかけとしての両輪として捉えることが大切である」と解説している。

【6】(1) ⑥ (2) ④ (3) ①

〈解説〉中央教育審議会「幼稚園，小学校，中学校，高等学校及び特別支援学校の学習指導要領等の改善及び必要な方策等について(答申)」(平成28年12月21日)は，平成30年度から順次全面実施されている新しい学習指導要領等の姿と，その理念の実現のために必要な方策等を示したもの。 (1) ア 答申では「時代の変化等を踏まえた内容項目の吟味・更新等は行うが，全体として，各教科等における習得・活用・探究を行うために必要な学習内容や授業時間を維持することとし，内容の精選・厳選や授業時数の削減は行わない」とされる。 イ 「習熟の程度」という文言は同答申にはない。 エ 子どもたちの現状をふまえ，「生きる力」をはぐくむという理念のもと，知識や技能の習得とともに思考力・判断力・表現力などの育成を重視したのは，平成20年3月告示の小・中学校の学習指導要領である。 (2) 出題は，子どもたちにどのように育ってほしいか，その姿を示した箇所である。同答申では，「変化の激しい社会を生きるために必要な力である『生きる力』を，現在とこれからの社会の文脈の中で改めて捉え直し，しっかりと発揮できるようにすることで実現できるものであると考えられる」と述べられている。 (3) 教育基本法は，教育を受ける権利を国民に保障した日本国憲法に基づき，日本の公教育の在り方を全般的に規定する法律で，法の基調をなしている主義と理想とを宣言する前文と18の条文から構成されている。福井県では毎年出題されるので，教育基本法全体を読み込んでおくこと。

【7】(1) ① (2) ③

〈解説〉(1) ① 「小学校学習指導要領解説 特別の教科 道徳編(平成29年7月)」では，「児童の発達の段階や実態を考慮に入れ，児童一人一人

が道徳的価値について自分の考えをもつことができるようにすること」が大切であるとしている。　(2)　中央教育審議会「道徳に係る教育課程の改善等について(答申)」(平成26年10月)では、「授業1単位時間につき、一つの内容項目に限定するのではなく、複数の内容項目を関連付けた指導を行うことや、一つの内容項目を複数の時間で扱うような指導を行うことなどもあってよい」としている。

【8】解答略

〈解説〉IoT, AI, 自動走行車などのSociety 5.0の具体例をあげて、実現される社会が書かれているものが正答とされる。Society 5.0とは、サイバー空間(仮想空間)とフィジカル空間(現実空間)を高度に融合させたシステムにより、経済発展と社会的課題の解決を両立する、人間中心の社会(Society)のこと。狩猟社会(Society 1.0)、農耕社会(Society 2.0)、工業社会(Society 3.0)、情報社会(Society 4.0)に続く、新たな社会を指すもので、第5期科学技術基本計画(計画年度：平成28年度から5か年)において日本が目指すべき未来社会の姿として初めて提唱された。

【9】解答略

〈解説〉(1)　「通学時における非常時の通信手段」として、限定的に学校への持ち込みを認める方針案に対して、保護者の立場からの反対意見になっているものが正答とされる。この英文の題材とされている「学校における携帯電話の取扱い等に関する有識者会議」は、学校を取り巻く社会環境や児童生徒の状況が変化していることを踏まえ、児童生徒の学校における携帯電話の取扱い等について改めて検討を行うため、2020年5月に文部科学省により設置されたものである。その審議のまとめでは、「従来の持込みの原則禁止のほかに、持込みに伴うトラブルや課題を予め適切に把握し、各学校や教育委員会において必要な措置や体制が整備される場合等に限り、登下校時の緊急時の連絡手段として、携帯電話の持込みを認めるとする考え方もあり得る」との考えが示された。　(2)　(1)の反対意見に対して、中学教諭の立場から

具体的に答えているものが正答とされる。人は命令では動かず，「理解と納得」があって初めて行動するといわれる。教員には，しっかりとした根拠をもって保護者に説明できる力が求められる。また「福井県教員育成指標」の福井が求める教師像の一つに「子どもたちはもとより，同僚や家庭，地域社会と円滑な人間関係を築き，課題に対して臨機応変に対応できる人」が示されている。

2020年度　実施問題

一般教養

【1】アジアには日本以外にも，王室(皇室)が現存する国々がある。アジアの国々の中で，現存する王室がない国を1つ選び，番号で答えなさい。

(1) タイ　　(2) マレーシア　　(3) ブータン　　(4) カンボジア

(5) シンガポール

(☆☆☆◎◎◎)

【2】2020年に東京オリンピックが開催されるが，2016年のリオデジャネイロオリンピックで最初に入場行進をした国として，あてはまるものを1つ選び，番号で答えなさい。

(1) ギリシャ　　　　(2) ブラジル　　(3) スイス

(4) オーストラリア　　(5) 日本

(☆☆☆◎◎◎)

【3】近年，海洋汚染が地球規模で広がっている。2018年6月15日には，海岸漂着物処理推進法が改正された。この改正で規定された海岸漂着物対策として最も適切なものを1つ選び，番号で答えなさい。

(1) 沿岸域居住の制限　　(2) 船舶航行の制限

(3) マイクロプラスチックの海域への流出の抑制

(4) 漁業の制限　　　　(5) 海洋観光の制限

(☆☆☆◎◎◎)

【4】経済や社会，保健などに関する国際協力をすすめ，各国国民の生活水準向上をはかる国際的組織として，経済社会理事会がある。その中で，加盟国の為替政策の監視や国際収支が著しく悪化した加盟国に対して融資を行う専門機関として最も適切なものを1つ選び，番号で答えなさい。

(1)　IBRD　　(2)　IMF　　(3)　WHO　　(4)　ILO
(5)　UNESCO

(☆☆☆◎◎◎)

【5】若狭町には，三方五湖がある。この5つの湖のうち，世界標準の年代のものさしとして認められた年縞が見られる湖を1つ選び，番号で答えなさい。

(1)　水月湖　　(2)　菅湖　　(3)　久々子湖　　(4)　日向湖
(5)　三方湖

(☆☆☆◎◎◎)

【6】現在の選挙権と被選挙権に関する次の文のうち，正しいものを1つ選び，番号で答えなさい。

(1)　衆議院議員と市(区)町村長の選挙権は20歳以上，被選挙権は25歳以上である。
(2)　衆議院議員と都道府県知事の選挙権は20歳以上，被選挙権は30歳以上である。
(3)　衆議院議員，参議院議員，都道府県知事，市(区)町村長の被選挙権は全て18歳以上である。
(4)　参議院議員と市(区)町村長の選挙権は18歳以上，被選挙権は25歳以上である。
(5)　参議院議員と都道府県知事の選挙権は18歳以上，被選挙権は30歳以上である。

(☆☆☆◎◎◎)

【7】次のグラフは福井県の平成31年度当初予算(歳出)を表したものである。Aにあてはまる項目を1つ選び，番号で答えなさい。

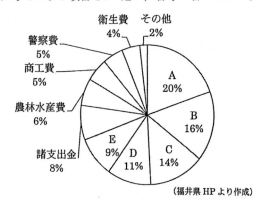

(福井県HPより作成)

(1) 民生費　　(2) 土木費　　(3) 教育費　　(4) 公債費
(5) 総務費

(☆☆☆◎◎)

【8】商品の購入に関して，正しいものを1つ選び，番号で答えなさい。
(1) 消費者に不利益になる事実は伝えられなかったが，契約書を交わしたため解約することはできない。
(2) 申し込みをした覚えのない商品が届き，代金を請求される悪質な商法をマルチ商法という。
(3) 訪問販売で購入した場合，1年以内であればクーリング・オフで契約を取り消すことができる。
(4) 民法改正により，2022年4月1日以降は18歳でも保護者の同意なしに契約を結ぶことができる。
(5) 欠陥商品で消費者が被害を受けたときの企業の責任について定めた法律を消費者契約法という。

(☆☆☆◎◎)

【9】次の図は日本の政治における三権の抑制と均衡を表したものである。A～Fにあてはまるものとして，正しい組み合わせを1つ選び，番号で答えなさい。

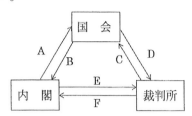

(1)　A：衆議院の解散　　　　　B：内閣総理大臣の指名
　　　C：法律の違憲審査
(2)　B：内閣不信任の決議　　　C：弾劾裁判所の設置
　　　D：最高裁判所長官の指名
(3)　D：弾劾裁判所の設置　　　E：裁判官の任命
　　　F：法律の違憲審査
(4)　A：内閣総理大臣の指名　　E：最高裁判所長官の指名
　　　F：弾劾裁判所の設置
(5)　A：内閣不信任の決議　　　D：国会召集の決定
　　　F：行政裁判

(☆☆☆◎◎◎)

【10】男女の性差に起因するあらゆる形態の差別や不平等に反対し，その撤廃を目指す思想と運動の名称として最も適切なものを1つ選び，番号で答えなさい。
(1)　アニミズム　　(2)　ジェンダー　　(3)　フェミニズム
(4)　LGBT　　　　(5)　アセクシュアル

(☆☆☆◎◎◎)

【11】次の古典作品と作者の組み合わせのうち，誤っているものを1つ選び，番号で答えなさい。

(1)　「土佐日記」―　紀貫之　　(2)　「更級日記」―　菅原孝標女

(3)　「徒然草」―　兼好法師　　(4)　「方丈記」―　藤原定家

(5)　「蜻蛉日記」―　藤原道綱母

(☆☆◎◎◎)

【12】次のルネサンス期を代表する作品と作者の組み合わせのうち，正しいものを1つ選び，番号で答えなさい。

(1)　「小椅子の聖母」―　レオナルド・ダ・ヴィンチ

(2)　「モナ・リザ」―　ミケランジェロ

(3)　「神曲」―　ラファエロ

(4)　「ダビデ像」―　ダンテ

(5)　「ビーナスの誕生」―　ボッティチェリ

(☆☆☆◎◎◎)

【13】次の歴史上の出来事のうち，3番目に古いものを選び，番号で答えなさい。

(1)　第一次世界大戦　　(2)　日清戦争　　(3)　太平洋戦争

(4)　満州事変　　　　　(5)　日露戦争

(☆☆☆◎◎◎)

【14】橋本左内について述べた次の文のうち，誤っているものを1つ選び，番号で答えなさい。

(1)　藩医の子として生まれる。

(2)　13歳の時，「啓発録」を著す。

(3)　緒方洪庵の適塾で医学と蘭学を学ぶ。

(4)　松平春嶽の右腕として藩政改革を行う。

(5)　安政の大獄で斬首となる。

(☆☆☆◎◎◎)

【15】世界恐慌後，ドイツやイタリアなどでさらに勢力をのばしたファシズムの説明として，誤っているものを1つ選び，番号で答えなさい。

(1) 自国経済の行き詰まりを軍事力で解決する。

(2) 対外的には領土拡張・侵略政策をとる。

(3) 民主主義を否定する。

(4) 軍国主義の独裁政治となる。

(5) 国家と民族より個人を優先する。

(☆☆☆◎◎◎)

【16】1917年にロシア革命を指導した後に，社会主義の政府を成立させた人物として，正しいものを1人選び，番号で答えなさい。

(1) マルクス

(2) エンゲルス

(3) ロマノフ

(4) スターリン

(5) レーニン

(☆☆☆◎◎◎)

【17】水はけがよく，果樹園などに利用される地形として最も適切なものを1つ選び，番号で答えなさい。

(1) 台地　　(2) 三角州　　(3) 盆地　　(4) 平野

(5) 扇状地

(☆☆☆◎◎◎)

【18】アメリカの農業について述べた次の文のうち，誤っているものを1つ選び，番号で答えなさい。

(1) 地下水を利用したマルドリ方式の大規模なかんがい農業が行われている。

(2) 少ない労働力で広い面積を経営するため，企業的な農業が主流になっている。

(3)　地域の環境に適した農産物を栽培する適地適作が行われている。

(4)　フィードロットで牛に飼料を与え，効率よく飼育している。

(5)　バイオテクノロジーを利用して新種の種子をつくるなど，生産量を増やす努力をしている。

(☆☆☆◎◎◎)

【19】次の文章を読んで，下の問いに答えなさい。

論理、確率、統計。これが4000年以上の数学の歴史で発見された数学の言葉のすべてです。そして、それが、科学が使える言葉のすべてです。次世代スパコンや量子コンピューターが開発されようとも、非ノイマン型と言おうとも、コンピューターが使えるのは、この3つの言葉だけです。

「真の意味でのAI」とは、人間と同じような知能を持ったAIのことでした。ただし、AIは計算機ですから、数式、つまり数学の言葉に置き換えることのできないことは計算できません。では、私たちの知能の営みは、すべて論理と確率、統計に置き換えることができるでしょうか。残念ですが、そうはならないでしょう。

数学には超越数という概念があります。たとえば、「$x^2 + 5x + 6 = 0$」のような多項式の方程式の解にはならないような実数のことです。円周率 π や自然対数の底である e は超越数です。超越数は、そうでない数に比べると途方もなく膨大に存在することが理論的にはわかっています。けれども、π や e とそれらの組み合わせ以外の数学者のようなことを言う人がいますが、多分そうではありません。単に、超越数を発見するための ア が圧倒的に足りていないのだと思われます。

数学が発見した、論理、確率、統計にはもう一つ決定的に欠けていることがあります。それは「 イ 」を記述する方法がないということです。数学は基本的に形式として表現されたものに関する学問ですから、意味としては「真・偽」の2つしかありません。「ソクラテスは人である。人は皆死ぬ。よって、ソクラテスも死ぬ」のようなことしか演繹できないし、意味はわからないというより表現できないのです。

新井紀子「AI　vs.　教科書が読めない子どもたち」（東洋経済新報社）

1　 ア に入る最も適切な言葉を1つ選び，番号で答えなさい。

(1)　論理　　(2)　確率　　(3)　統計　　(4)　数学の言葉

(5)　数学者

2　 イ に入る最も適切な言葉を1つ選び，番号で答えなさい。

(1)　意味　　(2)　言葉　　(3)　数学　　(4)　真・偽

(5)　演繹

(☆☆◎◎◎)

【20】次の古文を読んで，下の問いに答えなさい。

能をつかんとする人、「よくせざらんほどは、なまじひに人に知られじ。うちうちよく習ひ得て、さし出でたらんこそ、いと心にくからめ」と常に言ふめれど、かく言ふ人、一藝も習ひ得ることなし。

いまだ堅固かたほなるより、上手の中に交りて、誹り笑はるるにも恥ぢず、つれなく過ぎて嗜む人、天性その骨なけれども、道になづまず、みだりにせずして年を送れば、堪能の嗜まざるよりは、つひに上手の位に至り、徳たけ人に許されて双なき名を得ることなり。

天下のものの上手といへども、始めは不堪の聞えもあり、無下の瑕瑾もありき。されどもその人、道の掟正しく、これを重くして放埒せざれば、世の博士にて、万人の師となること、諸道変るべからず。

徳然草　一五〇段

※1　技能や藝能を身に付けようとする人。
※2　なまじっか。うかつに。
※3　その技藝が全く未熟なうちから。
※4　平然として稽古に励む人は。
※5　素質。能力。天分。
※6　行き悩まず。停滞せず。
※7　技藝に風格も備わり。
※8　いましめ。約束事。
※9　勝手な振る舞いをしなければ。
※10　指導者。権威。

1　古文から読みとれる作者の考えとして，誤っているものを1つ選び，番号で答えなさい。

(1)　未熟なうちは，人に笑われないように，陰で努力をつまなければならない。

(2)　未熟なうちから，その道の達人たちの中に混じり，経験をつむと良い。

(3)　特別な才能がなくとも，なまけずに努力し続ければ上達できる。

(4)　世の中でその道で並ぶ者がいないとされる人でも，最初はけなされることもある。

(5)　上手になってから人前に出たいと考えている人は，その道の達人にはなれない。

2　あとのことわざ，故事成語から次の漢文と最も意味が近いものを1つ選び，番号で答えなさい。

他山之石、
可以攻玉

(1) 石の上にも三年　　(2) 塵も積もれば山となる

(3) 他人の空似　　　　(4) 他人の正目

(5) 人のふり見て我がふり直せ

(☆☆○○○)

【21】次の英文を読んで，あとの問いに答えなさい。

　　Fujino Genkuro was born in a doctor's family in Shimoban Village
(=Awara City now) in Fukui in 1874. He studied old Chinese literature when
he was a child. He learned that Japan had developed a lot by seeing China as a
role model. When Genkuro was nine, his father died. So his brother looked
after him. When he was eighteen, he entered Aichi Medical School to be a
doctor. After graduating from the school, he moved to Tokyo, and then
became a professor at Sendai Medical College in Miyagi.

　　While he was teaching there, he met Zhou Shuren, a student from Shaoxing
in China. Shuren studied abroad in Tokyo at first, then enrolled at Sendai
Medical College. Though he went to a preparatory language school for
Chinese students in Tokyo, it was still hard for him to understand the classes.
Genkuro was concerned about him. After the Sino-Japanese War, most
Japanese people tended to look down on Chinese people, but he didn't. One
day he said to Shuren, "Bring your notebook, I'll correct it for you." Since
then, Genkuro did it every week. Shuren thanked him from his heart. Genkuro
was strict and serious as an educator, but on the other hand he also showed
kindness, seen in the correction of Shuren's notes inside.

One day, Shuren watched a movie about the Russo-Japanese War in the class. He was very shocked to see the Chinese people who had lost their pride. The movie changed his life. He came to think that literature was more effective than medical science in encouraging the people in China. Therefore, Shuren decided to become a writer instead of a doctor, and told Genkuro about it. Genkuro felt so sad and disappointed that he said nothing. Just before Shuren left Sendai, Genkuro invited Shuren to his house and handed over his photo with a farewell message.

After going back to China, Shuren became a writer. He wrote many novels under the penname of "Lu Xun". His novels became famous not only in his country but also all over the world. He also wrote the novel "Fujino Sensei". Shuren didn't forget what Genkuro did for him in Japan, for the rest of his life. Although they had different cultures and languages, they respected each other.

The novel "Fujino Sensei" is very popular among Chinese and Japanese people because Lu Xun's works appear in high school textbooks in both countries. He is known to Japanese by the name "Rojin".

The story of Genkuro and Shuren became a symbol of friendship between Japan and China. In 1988, Awara City and Shaoxing became sister cities. Many people have visited each other since then and promoted friendly relations.

藤野厳九郎 (Fujino Genkuro)　　周樹人 (Zhou Shuren)

中国　紹興市 (Shaoxing)　　魯迅 (Lu Xun)

1　At first, where did Shuren stay in Japan?
  (1)　Fukui　　(2)　Tokyo　　(3)　Sendai　　(4)　Aichi
  (5)　Awara

2　Why did Shuren change his life's goal?
  (1)　To help his brother in China.
  (2)　To become a famous writer like Genkuro in China.
  (3)　Because he thought literature was more useful for Chinese people.
  (4)　Because his academic achievements were not enough to become a

doctor.

(5)　Because he had always wanted to be a writer since he was a child.

3　次のa～eを，話の流れに合うように並びかえたものを1つ選び，番号で答えなさい。

a: Genkuro got to know Shuren in Sendai.

b: Shuren started working as "Lu Xun".

c: Shuren became famous in China.

d: Shuren gave up on becoming a doctor.

e: Genkuro decided to be a doctor.

(1)　b→e→c→d→a　　(2)　e→c→a→d→b

(3)　c→a→b→d→e　　(4)　e→a→d→b→c

(5)　a→e→b→d→c

4　Choose the best topic of the story.

(1)　A famous novelist all over the world

(2)　Shuren was reborn as Lu Xun

(3)　A strict, but kind person Genkuro

(4)　A bridge between Janapan and China

(5)　A shocking movie about the "Russo-Japanese War"

(☆☆☆◎◎)

【22】次の図のように，正三角形のタイルを下の方に敷き詰めていく。例えば1段目から3段目まで敷き詰めるには，タイルは9枚必要となる。1段目から20段目まで敷き詰めるとき必要なタイルは何枚になるか。正しいものを1つ選び，番号で答えなさい。

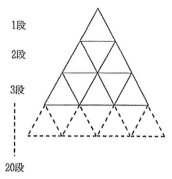

1段
2段
3段
20段

(1)　39枚　　(2)　60枚　　(3)　400枚　　(4)　420枚　　(5)　441枚

【23】直線$y=2x+1$に垂直で，点$(-4，6)$を通る直線の方程式として，正しいものを1つ選び，番号で答えなさい。

(1)　$y=\dfrac{1}{2}x+8$　　　(2)　$y=-\dfrac{1}{2}x+4$　　　(3)　$y=-2x-2$

(4)　$y=-2x+1$　　　(5)　$y=-\dfrac{1}{2}x+1$

【24】6本のくじの中に1等1本，2等2本が入っている。この中から2本続けて引いたとき，1等，2等がそれぞれ1本ずつ入っている確率として正しいものを1つ選び，番号で答えなさい。ただし，引いたくじはそのつど戻さないものとする。

(1)　$\dfrac{1}{15}$　　(2)　$\dfrac{2}{15}$　　(3)　$\dfrac{1}{18}$　　(4)　$\dfrac{1}{9}$　　(5)　$\dfrac{1}{5}$

【25】次の図のように，半径が6cmの円Oの円周上に，4点A，B，C，Dがあり，直線ADと直線BCの交点をPとする。∠AOB＝120°，∠APB＝30°のとき，$\overset{\frown}{\mathrm{CD}}$の長さは何cmになるか。正しいものを1つ選び，番号で答えなさい。ただし，$\overset{\frown}{\mathrm{CD}}$は点Aを含まない方とする。

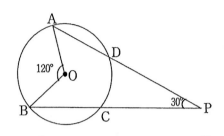

(1) π cm　　(2) $\dfrac{5}{3}\pi$ cm　　(3) 2π cm　　(4) $\dfrac{13}{6}\pi$ cm

(5) 4π cm

(☆☆☆◎◎◎)

【26】次の図のように，地面にある質量9.0kgの荷物を定滑車と質量1.0kg
の動滑車を利用して，地面から高さ2.0mまで2.0秒かけて引き上げた。
このときの仕事率として正しいものを1つ選び，番号で答えなさい。
ただし，綱の質量や摩擦は無視でき，引き上げる速さは一定とし，重
力加速度を9.8m/s²とする。

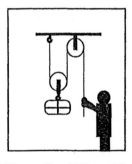

(1) 9W　　(2) 44W　　(3) 49W　　(4) 98W　　(5) 196W

(☆☆☆◎◎◎)

【27】ドライクリーニングは，水を使った洗濯では落ちにくい汚れを，石
油系溶剤等に溶かして落としている。このような化学的分離方法を何
というか。正しいものを1つ選び，番号で答えなさい。

(1) 抽出 (2) 再結晶 (3) ろ過 (4) 蒸留
(5) クロマトグラフィ

(☆☆☆◎◎◎)

【28】感染症を引き起こす次の病原体うち，細菌類に分類されるものは何種類あるか。正しいものを1つ選び，番号で答えなさい。

インフルエンザウイルス	カンジダ(酵母)
腸管出血性大腸菌O157	黄色ブドウ球菌
白癬菌(カビ)	

(1) 1種類 (2) 2種類 (3) 3種類 (4) 4種類
(5) 5種類

(☆☆☆◎◎◎)

【29】ある日の午前0時，満月が南中した。その一週間後に南中する時間とそのときの月の呼び名について正しいものを1つ選び，番号で答えなさい。
(1) 午前6時，下弦の月 (2) 午前9時，有明月
(3) 正午，新月 (4) 午後3時，三日月
(5) 午後6時，上弦の月

(☆☆☆◎◎◎)

【30】次の図の四角形はすべて長方形である。このとき，長方形ABCDの面積は何cm²になるか。正しいものを1つ選び，番号で答えなさい。ただし，長方形の長さと面積は必ずしも正確にはかかれていない。

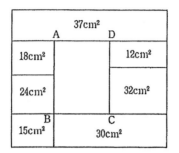

(1) 28cm² (2) 30cm² (3) 37cm² (4) 40cm² (5) 42cm²

(☆☆☆◎◎◎)

【31】 Aさん，Bさん，Cさん，Dさんの4人のテストの点数について，次のことがわかっています。AさんとBさんの点数差は5点，BさんとCさんの点数差は10点，CさんとDさんの点数差は17点，DさんとAさんの点数差は12点であった。また，4人の平均点は70点であり，Aさんは平均点以下の点数であった。Bさんの点数として，正しいものを1つ選び，番号で答えなさい。

(1) 62点 (2) 68点 (3) 72点 (4) 75点 (5) 78点

(☆☆☆◎◎◎)

【32】 次の図のような4枚のカードがあり，片方の面には文字，その裏の面には数字が書かれている。「漢字の裏は必ず奇数である。」という事柄が正しいかどうかを確かめるには，最低限，どのカードをめくればよいか。正しいものを1つ選び，番号で答えなさい。

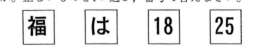

(1) 福 のカード (2) 福 と は のカード

(3) 福 と 18 のカード (4) 福 と 25 のカード

(5) 25 のカード

(☆☆☆◎◎◎)

【33】A組，B組，C組の3クラスで試合を行い，1位，2位，3位の順位が決まった。このとき「1位はA組でない」，「2位はB組でない」のいずれか一方のみが正しく，さらに，「1位はC組でない」，「3位はC組でない」のいずれか一方のみが正しいとする。1位，2位，3位はそれぞれ何組か。1位→2位→3位の順を表したものとして，正しいものを1つ選び，番号で答えなさい。

(1)　A→B→C　　(2)　B→A→C　　(3)　B→C→A

(4)　C→A→B　　(5)　C→B→A

(☆☆☆◎◎◎)

【34】底面の半径が2cm，母線の長さが8cmの円錐があり，円錐の頂点Aから，母線AB上にAC＝2cmとなる点をCとする。次の図のように，円錐の側面を一周するように点Cから点Bまで線をひく。その長さが最も短くなるとき，線CBの長さは何cmになるか。正しいものを1つ選び，番号で答えなさい。

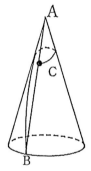

(1)　$\sqrt{15}$cm　　(2)　$2\sqrt{15}$cm　　(3)　$4\sqrt{15}$cm　　(4)　$2\sqrt{17}$cm

(5)　$4\sqrt{17}$cm

(☆☆☆◎◎◎)

【35】資料1は，2016年度から2018年度のある地域の本の販売冊数(単位：千冊)および対前年度増減率を表したもの，資料2は書店A，書店B，そ

の他の書店の本の販売冊数の構成比を表したものである。また, 資料3は2017年度の書店Aと書店Bの本の種類ごとの販売冊数の割合である。

【資料１】
本の販売冊数(単位：千冊)

	2018 年度	2017 年度	2016 年度
販売冊数	1,100	900	600
（増減率）	(+22%)	(+50%)	(+20%)

【資料２】
書店ごとの販売冊数の構成比

	2018 年度	2017 年度	2016 年度
書店 A	40%	45%	60%
書店 B	15%	14%	12%
その他の書店	45%	41%	28%

【資料３】
本の種類ごと販売冊数の割合

次の文のうち, 正しいものを1つ選び, 番号で答えなさい。

(1) 2015年度の本の販売冊数は480千冊である。

(2) 2017年度のコミックの販売冊数は, 書店Aと書店Bを比べると書店Bの方が多い。

(3) 2017年度の書店Aの書籍の販売冊数は243千冊である。

(4) 書店Bの本の販売冊数は2016年度から2018年度に3倍以上になって

いる。

(5)　書店Aの本の販売冊数は2016年度から2018年度の間，減り続けている。

(☆☆☆◎◎◎)

【1】次の文は平成30年11月に文部科学省から出された「小学校プログラミング教育の手引(第二版)」からの抜粋である。

> <u>Aプログラミング教育</u>によって<u>B児童にどのような力を育むのか</u>を考え，そのための場面や授業を設計し，そして目指す力を児童に育むことができたのかを見取る，といったことは教育の専門家である教師だからこそできることです。その上で，企業・団体や地域等の専門家と連携し協力を得ることは極めて有効です。教師が学校外の専門家と積極的に連携・協力してプログラミング教育を実施していくことは，<u>C「社会に開かれた教育課程」</u>の考え方にも沿ったものであり，積極的な取組が期待されます。

(1)　下線部Aに関して述べた次のア～エの文の正誤の組み合わせとして適切なものを，①～⑥の中から1つ選んで番号で答えなさい。

ア　2020年度から小学校中学年以上で必修化となる。

イ　年間35時間実施することを基本とするが，弾力的運用も可能である。

ウ　評価は，数値によるものではなく，記述式であること。

エ　児童がプログラミング言語を覚えたり，プログラミングの技能

を習得したりすることをねらいとするものではない。

① ア：正　　イ：正　　ウ：誤　　エ：正
② ア：正　　イ：誤　　ウ：正　　エ：誤
③ ア：正　　イ：誤　　ウ：誤　　エ：誤
④ ア：誤　　イ：正　　ウ：正　　エ：正
⑤ ア：誤　　イ：正　　ウ：正　　エ：誤
⑥ ア：誤　　イ：誤　　ウ：誤　　エ：正

(2) 下線部Bに関して，小学校学習指導要領解説　総則編(平成29年7月，一部抜粋)では，プログラミング教育で育む資質・能力について以下のようにまとめている。空欄に入る語句の組み合わせとして適切なものを，①～⑥の中から1つ選んで番号で答えなさい。

・[　ア　]は「学習の基盤となる資質・能力」であり，確実に身に付けさせる必要があるとともに，身に付けた[　ア　]を発揮することにより，各教科等における主体的・対話的で深い学びへとつながっていくことが期待されるものである。　…(中略)…　また，子供たちが将来どのような職業に就くとしても時代を越えて普遍的に求められる「[　イ　]」を育むため，小学校においては，児童がプログラミングを体験しながら，コンピュータに意図した処理を行わせるために必要な[　ウ　]を身に付けるための学習活動を計画的に実施することとしている。

① ア：情報活用能力　　　　　イ：クリティカル・シンキング
　　ウ：論理的思考力
② ア：情報活用能力　　　　　イ：プログラミング的思考
　　ウ：論理的思考力
③ ア：問題発見・解決能力　　イ：クリティカル・シンキング
　　ウ：論理的思考力
④ ア：問題発見・解決能力　　イ：プログラミング的思考
　　ウ：マネジメント力
⑤ ア：言語能力　　　　　　　イ：クリティカル・シンキング
　　ウ：マネジメント力

⑥　ア：言語能力　　　　　　　　イ：プログラミング的思考
　　ウ：マネジメント力

(3)　下線部Cに関して，「幼稚園，小学校，中学校，高等学校及び特別支援学校の学習指導要領等の改善及び必要な方策等について(答申)(平成28年12月21日中央教育審議会)」の中では，以下の点が重要であると述べられている。空欄に入る語句の組み合わせとして適切なものを，①〜⑥の中から1つ選んで番号で答えなさい。

・社会や世界の状況を幅広く視野に入れ，よりよい学校教育を通じてよりよい社会を創るという目標を持ち，教育課程を介してその目標を社会と[　ア　]していくこと。

・これからの社会を創り出していく子供たちが，社会や世界に向き合い関わり合い，自らの人生を切り拓いていくために求められる[　イ　]とは何かを，教育課程において明確化し育んでいくこと。

・教育課程の実施に当たって，地域の[　ウ　]を活用したり，放課後や土曜日等を活用した[　エ　]との連携を図ったりし，学校教育を学校内に閉じずに，その目指すところを社会と[　ア　]・連携しながら実現させること。

①　ア：共有　　　　　　　　　イ：資質・能力
　　ウ：人的・物的資源　　　　エ：社会教育
②　ア：共有　　　　　　　　　イ：ソーシャルスキル
　　ウ：教育施設　　　　　　　エ：地域活動
③　ア：共有　　　　　　　　　イ：コミュニケーションスキル
　　ウ：ゲストティーチャー　　エ：社会教育
④　ア：協働　　　　　　　　　イ：資質・能力
　　ウ：人的・物的資源　　　　エ：地域活動
⑤　ア：協働　　　　　　　　　イ：ソーシャルスキル
　　ウ：教育施設　　　　　　　エ：社会教育
⑥　ア：協働　　　　　　　　　イ：コミュニケーションスキル
　　ウ：ゲストティーチャー　　エ：地域活動

(☆☆☆◎◎◎)

【2】次は，道徳教育及び道徳の時間に関する経緯等についてまとめたものである。

 昭和33年

・　道徳教育の徹底を図るため，小学校，中学校には週1単位時間の道徳の時間を特設

 平成元年

・　小，中学校の内容項目を $_A$4つの視点から再構成

・　高等学校の道徳教育の目標に「人間としての在り方生き方」に関する教育を行うことにより道徳教育の充実を図ることを明記

 平成10年

・　小，中学校において校長をはじめとして全教師が協力して道徳教育を展開することを明示

 平成20年

・　小，中学校において道徳の時間が道徳教育の「要」であることの明確化

 平成26年

・　「心のノート」を全面改訂し，「私たちの道徳」を作成・配布

 平成27年

・　$_B$小・中学校学習指導要領の一部改訂(道徳の時間を「特別の教科道徳」として位置づけ)

(1)　下線部Aの4つの視点にあてはまらないものを，①～⑤の中から1つ選んで番号で答えなさい。

　①　主として自分自身に関すること

　②　主として人との関わりに関すること

　③　主として集団や社会との関わりに関すること

　④　主として文化や郷土に関すること

　⑤　主として生命や自然，崇高なものとの関わりに関すること

(2)　下線部Bに関して，小・中学校学習指導要領改訂の背景にあてはまらないものを，①～⑥の中から1つ選んで番号で答えなさい。

　①　深刻ないじめの本質的な問題解決に向けて

② 情報通信技術の発展と子供の生活

③ 障害の有無やその他の個々の違いを認め合いながら，共に学ぶことの追求

④ 子供をとりまく地域や家庭の変化

⑤ 諸外国に比べて低い，高校生の自己肯定感や社会参画への意識

⑥ 与えられた正解のない社会状況

(3) 道徳教育について述べた次のア～ウの文の正誤の組み合わせとして適切なものを，①～⑥の中から1つ選んで番号で答えなさい。

ア 今後，小・中・高等学校を通じて，更なる指導の充実を図るべき点として「公職選挙法改正による選挙権年齢の引き下げ等も踏まえた積極的な社会参画に関わること」などが考えられる。

イ 小・中・高等学校のいずれにおいても，各学校が作成する道徳教育の全体計画を，教職員が共有するだけでなく，ホームページに掲載する等により広く公開することも重要である。

ウ 高等学校には道徳の時間が設けられておらず，「探究」や「倫理」並びに特別活動が中核的な指導場面として期待されている。

① ア：正 イ：正 ウ：誤

② ア：正 イ：誤 ウ：誤

③ ア：正 イ：誤 ウ：正

④ ア：誤 イ：正 ウ：正

⑤ ア：誤 イ：正 ウ：誤

⑥ ア：誤 イ：誤 ウ：正

(☆☆☆○○○○○)

【3】次の各文は，「幼稚園，小学校，中学校，高等学校及び特別支援学校の学習指導要領等の改善及び必要な方策等について(答申)(平成28年12月21日 中央教育審議会)」に示された「課題を踏まえた総合的な学習の時間の目標の在り方」(抜粋 改変)である。

> 　これまでは総合的な学習の時間において各学校において育成を目指す資質・能力・態度として、「[　A　]に関すること」「[　B　]に関すること」「[　C　]に関すること」の三つの視点が例示されていた。

> 　総合的な学習の時間において，学習指導要領に定められた目標を踏まえて各学校が[　D　]に目標を定めることは，各学校における[　E　]の鍵となる。各学校が定める目標についても，[　F　]の三つの柱の考え方を踏まえたものとなることが求められる。

(1)　次のア～クのうち，[　A　]～[　C　]にあてはまる言葉として正しい組み合わせを，①～⑥の中から1つ選んで番号で答えなさい。

ア：整理・分析　　　イ：相互理解
ウ：探究的な学習　　エ：他者や社会とのかかわり
オ：学習方法　　　　カ：自分自身
キ：生活や社会　　　ク：継続的な学習

①　ア・ウ・キ　　②　ア・キ・ク　　③　イ・ウ・オ
④　イ・エ・ク　　⑤　エ・オ・カ　　⑥　エ・カ・ク

(2)　[　D　]～[　F　]にあてはまる言葉として正しい組み合わせを，①～⑥の中から1つ選んで番号で答えなさい。

①　D：学年縦断的　　　E：カリキュラム・マネジメント
　　F：主体的・対話的で深い学び
②　D：学年縦断的　　　E：スクールプラン
　　F：資質・能力
③　D：弾力的　　　　　E：カリキュラム・マネジメント
　　F：資質・能力
④　D：弾力的　　　　　E：スクールプラン
　　F：主体的・対話的で深い学び

⑤　D：教科横断的　　E：カリキュラム・マネジメント
　　F：資質・能力
⑥　D：教科横断的　　E：スクールプラン
　　F：主体的・対話的で深い学び

(☆☆☆☆◎◎◎)

【4】次の文を読んで，以下の問いに答えなさい。

　特別支援教育がスタートしてから10年以上が経ちました。文部科学省は当時，「特別支援教育を推進するための制度の在り方について(答申)(平成17年12月8日　中央教育審議会)」において，「LD・ADHD・高機能自閉症等の状態を示す幼児児童生徒が，いじめの対象となったり不適応を起こしたりする場合があり，それが_A不登校につながる場合があるなどとの指摘もあることから，学校全体で特別支援教育を推進することにより，_Bいじめや不登校を未然に防止する効果も期待される。」と述べています。

　現在，そこからさらに進んで，_Cインクルーシブ教育システムの構築が推進されています。インクルーシブ教育システムという理念を実現するためには，障害のある子どもに対してさまざまな_D合理的配慮が必要になります。また，それぞれの子どもが，学習活動に参加している実感・達成感を持ちながら，充実した時間を過ごしつつ，生きる力を身につけていける_E授業・_F学級づくりが求められます。現在，その多くは大学や_G特別支援学校や_H通級指導教室などに在籍していますが，発達と教育心理的な問題にも学習面の問題にも対応できる心理と教育の専門家として，特別支援教育士がいます。

(1)　下線部Aに関して述べた内容で誤っているものを，①〜⑤の中から1つ選んで番号で答えなさい。

　①　文部科学省の「平成29年度　児童生徒の問題行動・不登校等生徒指導上の諸課題に関する調査結果について」によると，小中学校における不登校児童生徒数は約144,000人であり，これは全児童生徒数の1.5％にあたる。

193

② 不登校の時期は，児童生徒にとって休養や自分を見つめ直す等の積極的な意味をもつことがあるため，登校への働きかけを「する」「しない」について画一的な対応を控える。

③ 学校は，不登校の児童生徒について「個別の登校支援計画」を作成しなければならない。

④ 夜間中学において，本人の希望を尊重した上で不登校児童生徒を受け入れることが可能である。

⑤ 市区町村の教育委員会は，教育支援センターの整備充実を進めていく必要がある。

(2) 下線部Bに関して，「いじめの防止等のための基本的な方針」(平成25年10月11日文部科学大臣決定，平成29年3月14日最終改定)の改定の説明として適切でないものを，①〜④の中から1つ選んで番号で答えなさい。

① 学校の特定の教職員がいじめに係る情報を抱え込み，学校いじめ対策組織に報告を行わないことは，いじめ対策防止推進法の規定に違反し得ることを明記した。

② 児童生徒がいじめの問題を自分のこととして捉え，考え，議論することにより，いじめに正面から向き合うことができるよう，社会教育の充実について明記した。

③ 改定前の基本方針では「けんか」がいじめの定義から除かれるため，けんかに係る記述を改定(「けんかを除く」という記述を削除)し，「けんかやふざけ合いであっても，見えない所で被害が発生している場合もあるため，背景にある事情の調査を行い，児童生徒の感じる被害性に着目し，いじめに該当するか否かを判断すること」とした。

④ いじめの問題に関する正しい理解の普及啓発のため，保護者など国民に広く，いじめ問題やこの問題への取組みについて理解を深めるべく，PTAや地域の関係団体等との連携を図りながら，法の趣旨及び法に基づく対応に係る広報啓発を充実することを明記した。

(3)　下線部CとDに関して述べた内容で誤っているものを，①〜⑤の
中から1つ選んで番号で答えなさい。

①　共生社会の形成に向けて，インクルーシブ教育システムの理念
が重要である。

②　インクルーシブ教育システムとは，障害のある者と障害のない
者が共に学ぶ仕組みである。

③　安心して過ごすことが出来る学級経営の実現が合理的配慮には
必須の基盤である。

④　平成28年に，すべての国公立学校において，障害のある児童生
徒への「合理的配慮」が義務化された。

⑤　特別支援学級，特別支援学校の設置は，子ども一人一人の学習
権を保障する観点から多様な学びの場の確保のための合理的配慮
として行われているものである。

(4)　下線部Eに関して，以下の教授理論と提唱者の組み合わせとして
適切なものを，①〜⑥の中から1つ選んで番号で答えなさい。

【教授理論】	【提唱者】
Ⅰ：4段階説（明瞭－連合－系統－方法） Ⅱ：5段階説（分析－総合－連合－系統－方法） Ⅲ：5段階説（予備－提示－比較－総括－応用）	ア：ヘルバルト イ：ツィラー ウ：ライン エ：ペーターゼン

①　Ⅰ：ア　　Ⅱ：エ　　Ⅲ：イ

②　Ⅰ：ウ　　Ⅱ：エ　　Ⅲ：ア

③　Ⅰ：ア　　Ⅱ：ウ　　Ⅲ：エ

④　Ⅰ：ウ　　Ⅱ：ア　　Ⅲ：イ

⑤　Ⅰ：ア　　Ⅱ：イ　　Ⅲ：ウ

⑥　Ⅰ：ウ　　Ⅱ：イ　　Ⅲ：エ

(5)　下線部Fに関して，次の図Ⅰ〜Ⅳ型は，いくつかの学級の仲間関
係の特徴をソシオグラムで示したものである。それぞれの仲間関係
の状態について述べたア〜エから正しいものの組み合わせとして適
切なものを，①〜⑥の中から1つ選んで番号で答えなさい。

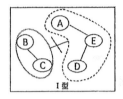
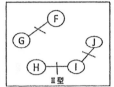
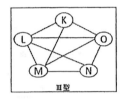
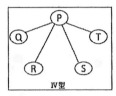

—— は友好的関係
—|— は排斥・反目の関係

　ア　Ⅰ型は，グループ対立はあるものの，それぞれのグループ間で友好関係が結ばれているので学級としては安定している。

　イ　Ⅱ型は，好ましくない人間関係が含まれており，学級としてのまとまりに欠け，崩壊しやすい構造である。

　ウ　Ⅲ型は，リーダー的存在となるメンバーが複数みられるが，相互に友好関係が結ばれており，崩壊の恐れは少ない。

　エ　Ⅳ型は，Pがリーダー的存在として役割が明確であり，崩壊の恐れは極めて少ない。

　　①：ア・イ　　②：ア・ウ　　③：ア・エ　　④：イ・ウ
　　⑤：イ・エ　　⑥：ウ・エ

(6)　下線部Gに関して述べた次のア～ウの文の正誤の組み合わせとして適切なものを，①～⑥の中から1つ選んで番号で答えなさい。

　ア　特別支援学校の教育課程は，幼稚園に準ずる領域，小学校，中学校及び高等学校に準ずる各教科，特別の教科である道徳，特別活動，総合的な学習の時間で編成している。

　イ　特別支援学校の対象となる視覚障害の程度は，両眼の視力がおおむね0.3未満のもの又は視力以外の視機能障害が高度なもののうち，拡大鏡等の使用によっても通常の文字，図形等の視覚による認識が不可能又は著しく困難な程度のものである。

ウ　特別支援学校は平成18年の学校教育法改正によって誕生し，在籍児童等の教育を行うほか，小中学校等に在籍する障害のある児童生徒等の教育について助言援助に努める。

① 　ア：正　　イ：正　　ウ：誤
② 　ア：正　　イ：誤　　ウ：誤
③ 　ア：正　　イ：誤　　ウ：正
④ 　ア：誤　　イ：正　　ウ：正
⑤ 　ア：誤　　イ：正　　ウ：誤
⑥ 　ア：誤　　イ：誤　　ウ：正

(7)　下線部Hに関して，次の(　ア　)～(　ウ　)に入る語句の組み合わせとして適切なものを，①～⑥の中から1つ選んで番号で答えなさい。

・通級対象者の種別では(　ア　)が最も多い。

・平成18年4月より通級による指導の対象に加わったのは(　イ　)である。

・通級対象者の約4割が(　ウ　)である。

① 　ア：学習障害者　　イ：自閉症者と言語障害者
　　ウ：自校通級

② 　ア：言語障害者　　イ：学習障害者と注意欠陥多動性障害者
　　ウ：他校通級

③ 　ア：情緒障害者　　イ：言語障害者と注意欠陥多動性障害者
　　ウ：自校通級

④ 　ア：学習障害者　　イ：言語障害者と注意欠陥多動性障害者
　　ウ：他校通級

⑤ 　ア：言語障害者　　イ：自閉症者と言語障害者
　　ウ：自校通級

⑥ 　ア：情緒障害者　　イ：学習障害者と注意欠陥多動性障害者
　　ウ：他校通級

(☆☆☆○○○○○)

【5】福井県は，日本で初めて「食育」を提唱した人物など，輝かしい業績を残した人物を多く輩出している。学校給食と福井県にゆかりのある教育者に関して，次の問いに答えなさい。

(1)　次のア〜ウの文は，栄養教諭について述べたものである。正誤の組み合わせとして適切なものを，①〜⑥の中から1つ選んで番号で答えなさい。

ア　平成17年に，すべての校種の学校への栄養教諭の配置が義務付けられた。

イ　栄養教諭の職務は，食に関する指導と学校給食の管理である。

ウ　栄養教諭の免許状には2種類ある。

①　ア：正　　イ：正　　ウ：誤

②　ア：正　　イ：誤　　ウ：誤

③　ア：正　　イ：誤　　ウ：正

④　ア：誤　　イ：正　　ウ：正

⑤　ア：誤　　イ：正　　ウ：誤

⑥　ア：誤　　イ：誤　　ウ：正

(2)　次の文は，「学校給食における食物アレルギー対応指針(平成27年3月　文部科学省)」に書かれている取組である。(　ア　)〜(　ウ　)に入る語句の組み合わせとして適切なものを，①〜⑥の中から1つ選んで番号で答えなさい。

・食物アレルギーを有する児童生徒にも，(　ア　)を提供する。

・対応は，(　イ　)を委員長とした食物アレルギー対応委員会等により組織的に行う。

・「学校のアレルギー疾患に対する取り組みガイドライン」にもとづき，医師の診断による(　ウ　)の提出を必須とする。

①　ア：弁当　　　　イ：栄養教諭　　ウ：給食提供許可書

②　ア：除去食　　　イ：保健主事　　ウ：食物アレルギー対応指針

③　ア：給食　　　　イ：学校長　　　ウ：学校生活管理指導表

④　ア：弁当　　　　イ：学校長　　　ウ：食物アレルギー対応指針

⑤　ア：除去食　　　イ：保健主事　　ウ：給食提供許可書

⑥　ア：給食　　　イ：栄養教諭　　　ウ：学校生活管理指導表

(3)　次のア〜ウの文は，福井県にゆかりのある教育者について述べた
ものである。あてはまる人物として正しい組み合わせを，①〜⑥の
中から1つ選んで番号で答えなさい。

ア　福井藩主の側近として，藩校の充実に尽力し，維新後，初の福
井県知事となった。

イ　森鷗外らとともに，日本語の仮名遣い問題に取り組み，日本の
国文学研究の基礎を築いた。

ウ　国語学者として，古代の仮名遣いを解明した。また，文節によ
って，言葉の構成を整理し，現代の文法のもとを確立した。

①　ア：松井耕雪　　イ：橋本進吉　　ウ：白川　静
②　ア：村田氏寿　　イ：芳賀矢一　　ウ：橋本進吉
③　ア：渡辺浩基　　イ：白川　静　　ウ：村田氏寿
④　ア：村田氏寿　　イ：橋本進吉　　ウ：白川　静
⑤　ア：松井耕雪　　イ：白川　静　　ウ：村田氏寿
⑥　ア：渡辺浩基　　イ：芳賀矢一　　ウ：橋本進吉

(☆☆☆☆◎◎)

【6】子どもの発達に関する問題について，次の問いに答えなさい。

(1)　次のア〜ウの文は，発達の条件説に関して述べたものである。波
線部の正誤の組み合わせとして適切なものを，①〜⑥の中から1つ
選んで番号で答えなさい。

ア　シュテルンは，遺伝と環境との二要因を共に認め，発達はその
相互作用の結果生ずるものであるという輻輳説を提唱した。

イ　ワトソンは，音楽のバッハ家や多くの学者を輩出したダーウィ
ン家などの家系を調べ，才能や能力を規定するのは遺伝的素質で
あると考え，遺伝説を唱えた。

ウ　ジェンセンは，学習を成立させるには，心身の機能が成熟し，
学習を成立させるための準備状態が整う必要があると考え，成熟
優位説を提唱した。

① ア：正　　イ：正　　ウ：誤
② ア：正　　イ：誤　　ウ：誤
③ ア：正　　イ：誤　　ウ：正
④ ア：誤　　イ：正　　ウ：正
⑤ ア：誤　　イ：正　　ウ：誤
⑥ ア：誤　　イ：誤　　ウ：正

(2) 次のア～ウの子どもの様子をピアジェの認知発達段階で表した場合，適切なものを①～⑥の中から1つ選んで番号で答えなさい。

ア　数や量，重さの保存概念が達成され，対象物を理論的に思考することができる。

イ　抽象的な命題を理論的に思考し，仮説を立て，系統的に検証することができる。

ウ　象徴機能が発達し始め，イメージや表象を用いて考えて行動することができる。

① ア：形式的操作期　　イ：具体的操作期
　　ウ：前操作期
② ア：形式的操作期　　イ：前操作期
　　ウ：具体的操作期
③ ア：具体的操作期　　イ：形式的操作期
　　ウ：前操作期
④ ア：具体的操作期　　イ：前操作期
　　ウ：形式的操作期
⑤ ア：前操作期　　　　イ：具体的操作期
　　ウ：形式的操作期
⑥ ア：前操作期　　　　イ：形式的操作期
　　ウ：具体的操作期

(3) 次のア～カは，コールバーグが提唱した道徳性の発達段階説について示したものである。子どもの年齢と共にどのような段階を踏まえて発達していくのかを順に並べたものとして最も適切なものを，①～⑥の中から1つ選んで番号で答えなさい。

ア　ルールを相対的に考え，みんなの同意があれば変更してよいと
する「社会的契約志向」

イ　人から罰せられるかどうかで善悪を判断し，基準は親や教師な
ど権威から命令として与えられる「罰と従順志向」

ウ　自分の欲求や利益をみたすものが良いとされる「快楽主義志向」

エ　社会的秩序の維持のためにルールや法が必要であり，ルールに
従うことを絶対的なものと考える「法と秩序志向」

オ　他人から褒められたり，喜ばれたりするような判断を行おうと
する「よい子志向」

カ　生命，公正，平等などの普遍的な価値に基づいて判断し，それ
らが損なわれる場合，法やルールを破ってもよいとする「普遍的
原理志向」

①　イ→ウ→エ→オ→ア→カ　　②　イ→ウ→オ→エ→ア→カ

③　イ→オ→ウ→エ→カ→ア　　④　ウ→イ→エ→オ→カ→ア

⑤　ウ→イ→オ→エ→ア→カ　　⑥　ウ→オ→イ→エ→カ→ア

(4)　次の図は，サイモンズによる親の養育態度の分類を示したもので
ある。ア～エの子どもの様子はA～Dのどの部分に分類されるのか，
適切な組み合わせを①～⑥の中から1つ選んで番号で答えなさい。

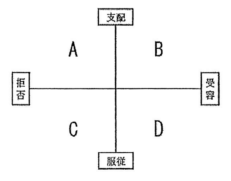

図　親の養育態度の分類（Symonds,1939より）

ア　学級や集団生活において独裁的に振る舞ったり，反抗的な態度

をとったりしやすい。

イ　周囲への警戒心が強く，親に対して攻撃的な態度をとる。

ウ　親や現実から逃避しようとする傾向が強い。

エ　自発的な行動を苦手とし，親に依存する傾向がある。

① A：ア　　　B：ウ　　　C：エ　　　D：イ

② A：ア　　　B：エ　　　C：ウ　　　D：イ

③ A：イ　　　B：ウ　　　C：ア　　　D：エ

④ A：イ　　　B：ウ　　　C：エ　　　D：ア

⑤ A：ウ　　　B：ア　　　C：イ　　　D：エ

⑥ A：ウ　　　B：エ　　　C：イ　　　D：ア

(5) 次のア〜エの文は，ボウルビーによる愛着行動の発達過程について示したものである。発達段階として適切な順になっているものを，①〜⑥の中から1つ選んで番号で答えなさい。

ア　自分と愛着対象相互の感情や意図の一致・不一致を敏感に察知し，柔軟に行動するようになる。

イ　特定対象に対する選好が強まり，「人見知り」や「分離不安」が顕在化してくる。

ウ　主たる養育者に限らず，対象を特定することなく，追視や微笑，泣きなど愛着行動を向け，人の顔や人の声を知覚するとすぐに泣き止むというようなことも多く見られる。

エ　視覚的にも，聴覚的にも特定対象の特徴を弁別的に知覚するようになり，愛着行動が1人または数人の人物(母親が多く見られる)に絞られてくる。

①：ア→イ→エ→ウ　　　②：ア→エ→イ→ウ

③：イ→ウ→ア→エ　　　④：イ→ア→エ→ウ

⑤：ウ→エ→イ→ア　　　⑥：ウ→イ→エ→ア

(6) 次のA〜Gは，ハヴィガーストが設定した発達課題を示したものである。児童期の発達課題として適切な組み合わせを，①〜⑥の中から1つ選んで番号で答えなさい。

A　親からの情緒的な独立

  B　読み・書き・計算の技能を学ぶ

  C　排泄のコントロールを学ぶ

  D　集団で仲よく，社会的な遊びができる

  E　親や兄弟などに親しみや愛情を感じる

  F　仲間集団の一員となり協同することができる

  G　市民として必要な知識と態度を獲得する

  ①：A・D　　②：B・C　　③：B・F　　④：C・E

  ⑤：D・G　　⑥：E・F

(7)　次の文は，学習の動機付けに関して述べたものである。(　ア　)
　　〜(　ウ　)にあてはまる語句の組み合わせとして適切なものを，①
　　〜⑥の中から1つ選んで番号で答えなさい。

　・好きな教科の勉強を頑張ったところ，テストで満点が取れた。そ
　　れを知った祖父が自分のことのように喜び，高得点が取れた時に
　　は褒美として小遣いをたくさん与えていたが，本人の好きな教科
　　への興味が失せてしまった。これは，(　ア　)に(　イ　)が加わ
　　ることで，報酬を得ることに力点が置かれてしまい，当初本人が
　　もっていた意欲が薄れてしまった現象と言える。これを(　ウ　)
　　効果という。

  ①　ア：社会的動機づけ　　イ：生理的動機づけ
　　　　ウ：ハロー

  ②　ア：生理的動機づけ　　イ：社会的動機づけ
　　　　ウ：ピグマリオン

  ③　ア：生理的動機づけ　　イ：社会的動機づけ
　　　　ウ：アンダーマイニング

  ④　ア：内発的動機づけ　　イ：外発的動機づけ
　　　　ウ：ハロー

  ⑤　ア：内発的動機づけ　　イ：外発的動機づけ
　　　　ウ：アンダーマイニング

  ⑥　ア：外発的動機づけ　　イ：内発的動機づけ
　　　　ウ：ピグマリオン

(8)　次のア〜ウの文は，学習の心理に関して述べたものである。波線部の正誤の組み合わせとして適切なものを，①〜⑥の中から1つ選んで番号で答えなさい。

ア　「勉強のどこが分からないのかが分からない」と言う子どもには，メタ認知の育成を意識した相談や指導を行うことが望ましいといえる。

イ　学習指導の途中ではあるが，学習進行状況や子どもの理解程度を把握したいので，形成的評価を取り入れることが適切であるといえる。

ウ　1つの学習をした後に他のことを学習すると前に学習したことの再生を妨げることをプラトーという。

①　ア：正　イ：正　ウ：誤
②　ア：正　イ：誤　ウ：誤
③　ア：正　イ：誤　ウ：正
④　ア：誤　イ：正　ウ：正
⑤　ア：誤　イ：正　ウ：誤
⑥　ア：誤　イ：誤　ウ：正

(9)　次の文において(ア)〜(エ)にあてはまる語句の組み合わせとして適切なものを，①〜⑥の中から1つ選んで番号で答えなさい。

　(ア)とは，自分のあり方を積極的に評価できる感情，自らの価値や存在意義を認める感情のことを示すものである。(イ)とは，自分の属する集団の中で，自分がどれだけ大切な存在であるかということを自分自身で認識することを示すものであり，(ウ)によって獲得される。また，バンデュラが提唱した(エ)という理論は，自分がある状況において必要な行動をうまく遂行できるかという可能性を認知することを示し，行動を起こす際に大きな影響を与えると言われている。

①　ア：自己効力感　イ：自己有用感　ウ：他者評価
　　エ：自己肯定感

② ア：自己肯定感　　イ：自己効力感　　ウ：他者評価
　　エ：自己有用感

③ ア：自己有用感　　イ：自己肯定感　　ウ：自己評価
　　エ：自己効力感

④ ア：自己肯定感　　イ：自己有用感　　ウ：他者評価
　　エ：自己効力感

⑤ ア：自己効力感　　イ：自己肯定感　　ウ：自己評価
　　エ：自己有用感

⑥ ア：自己有用感　　イ：自己効力感　　ウ：他者評価
　　エ：自己肯定感

(10)　次の学習の理論の中で，認知説に関係している語句の組み合わせとして適切なものを，①～⑥の中から1つ選んで番号で答えなさい。

A：古典的条件づけ　　　　B：サイン・ゲシュタルト説
C：オペラント条件づけ　　D：洞察説
E：S－R理論　　　　　　F：試行錯誤説

①：A・B　　②：B・D　　③：B・E　　④：C・D
⑤：C・E　　⑥：A・F

(11)　次のア～オの文は，知能や学力に関する検査について述べたものである。誤っているものの組み合わせとして適切なものを，①～⑥の中から1つ選んで番号で答えなさい。

ア　フランスのビネーとシモンが開発した知能検査をもとに，アメリカのターマンが改良して作ったものをスタンフォード・ビネー式知能検査という。

イ　ウェクスラーが開発した児童対象の知能検査をWAISという。

ウ　ウェクスラー式知能検査は，言語性検査と動作性検査から構成されている。

エ　生活年齢15歳の生徒がI.Q 120であるとき，この生徒の精神年齢は14歳である。

オ　知能偏差値と比較して学力偏差値が低い者をアンダー・アチー

バーという。

①：ア・イ　　②：ア・オ　　③：イ・ウ　　④：イ・エ

⑤：ウ・オ　　⑥：エ・オ

(☆☆◎◎◎)

【7】中央教育審議会「第3期教育振興基本計画について(答申)」(平成30年3月8日)について，次の問いに答えなさい。

(1) 次の条文等の下線部分A～Cの正誤の組み合わせとして適切なものを，①～⑥の中から1つ選んで番号で答えなさい。

・政府は，教育の振興に関する施策の総合的かつ計画的な推進を図るため，教育の振興に関する施策についての基本的な方針及び講ずべき施策その他必要な事項について，基本的な計画を定め，これを_A国会に報告するとともに，公表しなければならない。

・地方公共団体は，前項の計画を参酌し，その地域の実情に応じ，当該地方公共団体における教育の振興のための施策に関する基本的な計画を_B定めなければならない。

・平成30年6月15日に閣議決定された第3期教育振興基本計画の計画期間は_C2018年度から2020年度までである。

① A：正　　B：正　　C：誤
② A：正　　B：誤　　C：誤
③ A：正　　B：誤　　C：正
④ A：誤　　B：正　　C：正
⑤ A：誤　　B：正　　C：誤
⑥ A：誤　　B：誤　　C：正

(2) 答申の中で示された「今後の教育政策に関する基本的な方針」の中で，(A)～(C)にあてはまる語句の組み合わせとして正しいものを，①～⑤の中から1つ選んで番号で答えなさい。

今後の教育政策に関する基本的な方針

1　夢と志を持ち，可能性に挑戦するために必要となる力を育成する

2 社会の持続的な発展を牽引するための(A)を育成する

3 生涯学び, (B)環境を整える

4 誰もが社会の担い手となるための学びの(C)を構築する

5 教育政策推進のための基盤を整備する

① A：高度な学力　　B：自立できる　　C：ネットワーク

② A：高度な学力　　B：自立できる　　C：セーフティネット

③ A：多様な力　　　B：自立できる　　C：ネットワーク

④ A：多様な力　　　B：活躍できる　　C：セーフティネット

⑤ A：多様な力　　　B：活躍できる　　C：ネットワーク

(☆☆☆◎◎◎)

【8】文部科学省「公立学校の教師の勤務時間の上限に関するガイドライン」について, (A)および(B)にあてはまる数字の組み合わせとして正しいものを, ①～⑤の中から1つ選んで番号で答えなさい。

・1か月の在校等時間の総時間から条例等で定められた勤務時間の総時間を減じた時間が, (A)時間を超えないようにすること。

・1年間の在校等時間の総時間から条例等で定められた勤務時間の総時間を減じた時間が, (B)時間を超えないようにすること。

① A：45　B：100　② A：45　B：360

③ A：80　B：360　④ A：45　B：720

⑤ A：80　B：720

(☆☆☆◎◎◎◎◎)

【9】次の各条文のうち, 地方公務員法に該当しないものを, ①～⑤の中から1つ選んで番号で答えなさい。

① すべて職員は, 全体の奉仕者として公共の利益のために勤務し, 且つ, 職務の遂行に当つては, 全力を挙げてこれに専念しなければならない。

② 職員は, 職務上知り得た秘密を漏らしてはならない。その職を退いた後も, また, 同様とする。

③　職員は，その職の信用を傷つけ，又は職員の職全体の不名誉となるような行為をしてはならない。

④　職員の勤務条件その他職員の服務に関し必要な事項は，人事院規則でこれを定めることできる。

⑤　職員は，その職務を遂行するに当つて，法令，条例，地方公共団体の規則及び地方公共団体の機関の定める規程に従い，且つ，上司の職務上の命令に忠実に従わなければならない。

(☆☆○○○○○)

【10】次の文は，教育公務員特例法の条文の一部である。(　Ａ　)〜(　Ｅ　)にあてはまる語句の組み合わせとして正しいものを，①〜⑥の中から1つ選んで番号で答えなさい。

第22条　教育公務員には，研修を受ける機会が与えられなければならない。

2　教員は，(　Ａ　)に支障のない限り，本属長の承認を受けて，勤務場所を離れて研修を行うことができる。

3　教育公務員は，任命権者の定めるところにより，(　Ｂ　)のままで，長期にわたる研修を受けることができる。

第22条の2　(　Ｃ　)は，公立の小学校等の校長及び教員の(　Ｄ　)かつ効果的な資質の向上を図るため，次条第1項に規定する指標の策定に関する(　Ｅ　)を定めなければならない。

① Ａ：授業　　Ｂ：現職　　Ｃ：文部科学大臣
　 Ｄ：計画的　Ｅ：指針

② Ａ：校務　　Ｂ：休職　　Ｃ：任命権者
　 Ｄ：計画的　Ｅ：指針

③ Ａ：校務　　Ｂ：現職　　Ｃ：任命権者
　 Ｄ：体系的　Ｅ：基準

④ Ａ：授業　　Ｂ：休職　　Ｃ：文部科学大臣
　 Ｄ：計画的　Ｅ：基準

⑤ Ａ：業務　　Ｂ：休職　　Ｃ：文部科学大臣

  D：体系的 E：基準

⑥ A：業務 B：現職 C：任命権者

  D：体系的 E：指針

(☆☆○○○○○)

【11】児童生徒の指導について，次の問いに答えなさい。

(1) 平成30年度に「福井県不登校対策指針」が改訂され，リーフレットがつくられた。不登校を生まないための「未然防止」の取組みの中で，改善のポイントとしてあてはまらない項目を，次の①～⑤の中から一つ選んで番号で答えなさい。

 ① 自ら学ぶ意欲を高める学習面の工夫改善

 ② 学校全体での体系的な情報モラル教育の充実

 ③ 夢を広げ目的意識を育てる指導の工夫改善

 ④ 学校と家庭・地域の連携に立った開かれた学校づくり

 ⑤ 校種間連携など発達段階や個に応じたきめ細かい配慮

(2) (1)のリーフレットにおいて，「初期対応」における早期発見とチーム支援について，チームを組織する目安は欠席何日であるか。①～⑤の中から1つ選んで番号で答えなさい。

 ①：欠席0～1日 ②：3日連続欠席 ③：累計5日欠席

 ④：累計10日欠席 ⑤：累計30日欠席

(3) 次の文は，「生徒指導提要」(平成22年3月 文部科学省)で述べられている「学習上の不適応と生徒指導」の具体例である。その内容として誤っているものを，①～⑤の中から1つ選んで番号で答えなさい。

 ① 当該児童生徒にとって比較的得意とする方面を伸ばすような方法を講ずること。

 ② 特定の教科についての遅進を補うための本来の意味の補習やその指導について配慮すること。

 ③ 児童生徒同士で学習を助け合うグループ活動を禁止し，本人の自力解決を徹底すること。

④　不適応の原因が病気その他心身の問題による場合は，関係方面の専門機関と連携し，治療及び相談が行えるようにすること。

⑤　児童生徒の置かれた生活上の問題状況を改善するために，保護者と相談・協力するとともに，必要に応じて相談機関や青少年保護育成関係の諸機関と連携し協力を得ること。

(4)　次のA～Fの文は，児童虐待の対応について述べたものである。正しいものの組み合わせを，①～⑥の中から1つ選んで番号で答えなさい。

A　「児童虐待の防止等に関する法律」において，児童とは18歳に満たない者をいう。

B　学校等及びその設置者においては，保護者から情報元(虐待を認知するに至った端緒や経緯)に関する開示の求めがあった場合，情報元を保護者に開示しなければならない。

C　児童虐待を受けたと思われる児童を発見した者は，慎重に一定期間の観察を重ね，確かに児童虐待を受けたと確信できた場合に限って，市町村や都道府県の設置する福祉事務所若しくは警察に通報しなければならない。

D　児童虐待とは保護者(親権を行う者，未成年後見人その他の者で，児童を現に監護する者をいう。)がその監護する児童に直接行う暴力行為であり，著しい暴言又は著しく拒絶的な対応は児童虐待の行為ではない。

E　児童虐待に係る情報は，市町村における児童の安全確保，虐待への対応方針の情報等に必要不可欠である一方，個人情報保護法の観点から，医療機関，児童福祉施設，学校等は，児童相談所に児童虐待に係る情報を提供することはできない。

F　要保護児童等が休業日を除き，引き続き7日以上欠席した場合には，理由の如何にかかわらず速やかに市町村又は児童相談所に情報提供をする必要がある。

①：A・B　　②：B・C　　③：C・D　　④：D・E
⑤：E・F　　⑥：A・F

(5) 次のA～Dについて，不登校やいじめを学校として認知した場合等に求められる教育相談体制の中で，スクールカウンセラーに求められる職務内容として正しいものの組み合わせを，①～④の中から1つ選んで番号で答えなさい。

A【児童生徒及び保護者との面談及びアセスメント】
　児童生徒や保護者等との個別面談，家庭訪問，地域からの聞き取り等をもとに，アセスメントを行い，支援計画を立案する。

B【教職員や組織に対するコンサルテーション】
　強いストレスを受けたときに起きる心や体の変化の受け止め方，ストレスチェックなどストレス対処法について教員へ助言する。

C【児童生徒及び保護者への助言・援助】
　個別の児童生徒へのカウンセリングや，授業観察等を行い，心理的課題及び健康面の課題に関し，状況や要因を把握し，支援方法について立案する。

D【事案に対する支援チーム体制の構築・支援】
　児童生徒の最善の利益のために教職員と共にチーム体制の構築を行い，福祉的な観点から支援策を立案する。

　①：A・B　　②：B・C　　③：C・D　　④：A・D

(6) 次の文は，特別支援教育コーディネーターについて述べたものである。適切でないものを，①～④の中から1つ選んで番号で答えなさい。

① 特別支援教育コーディネーターは，各学校における特別支援教育の推進のため，主に，校内委員会・校内研修の企画・運営，関係機関・学校との連絡・調整，保護者の相談窓口等の役割を担う。

② 特別支援教育コーディネーターは，巡回相談員及び専門家チームとの連携を図り，それに基づいて，個別の教育支援計画等や支援内容の改善につなげる。

③ 軽い発達障害のある児童等については，特別支援教育コーディネーターがその実態に応じ，アセスメントを行い，専門家の意見をもとに指導内容や指導方法を校内委員会で提案することが義務

付けられている。

④　各学校の校長は，特別支援教育コーディネーター的な役割を担う教員を「特別支援教育コーディネーター」に指名し，校務分掌に明確に位置付ける。

(☆☆☆☆◎◎◎◎)

解答・解説

【1】(5)

〈解説〉タイ・ブータン・カンボジア・マレーシアは立憲君主制の国で，王室が存在する。シンガポールは立憲共和制の国であり，王室は存在しない。

【2】(1)

〈解説〉日本オリンピック委員会のホームページに記載されているが，開会式において「選手団は開催国の言語のアルファベット順にパレードする。但しギリシャと開催国は例外で，ギリシャは行進の先頭に立ち，開催国は最後尾とする。」とある。

【3】(3)

〈解説〉海岸漂着物処理推進法は，平成30(2018)年6月に一部改正，公布・施行され，正式名称が「美しく豊かな自然を保護するための海岸における良好な景観及び環境並びに海洋環境の保全に係る海岸漂着物

等の処理等の推進に関する法律」に改正された。2018年6月改正による追加事項の3に，マイクロプラスチックの海域への排出抑制を図るため事業者による洗い流しスクラブ製品に含まれるマイクロビーズの使用抑制，国による実態把握を推進すること，とある。

【4】(2)

〈解説〉(1)のIBRDは国際復興開発銀行，(2)のIMFは国際通貨基金，(3)のWHOは世界保健機関，(4)のILOは国際労働機関，(5)のUNESCOは国連教育科学文化機関の略である。設問文は，IMFについてのものである。

【5】(1)

〈解説〉年縞とは，長い年月の間に湖沼などに堆積した層が描く特徴的な縞模様の湖底堆積物のことである。若狭町のホームページで確認できるが，三方五湖のうち年縞が見られるのは，水月湖である。水月湖には約45mまでの間には明確な年縞が見られる。年縞の数を数えると約7万年にも及び，とぎれのないものとして形成し続けており，世界に類を見ない。年縞が形成された好条件としては，水月湖には直接流れ込む川がない，湖底に生物がいない，埋もれることがないなどの条件が重なったことによると見られている。

【6】(5)

〈解説〉衆議院議員・参議院議員・市区町村長・都道府県知事ともに選挙権は満18歳以上，衆議院議員・市区町村長・都道府県議会議員・市区町村議会議員の被選挙権は満25歳以上，参議院議員・都道府県知事の被選挙権は満30歳以上である。

【7】(3)

〈解説〉福井県のホームページによると，平成31年度の当初予算の歳出は，多い順に，教育費19.5％・公債費16.2％・総務費13.5％・土木費10.7％・民生費9.3％で，一般会計予算規模は約4,633億円(対前年度比

3.3％減)となっている。

【8】(4)

〈解説〉成年年齢を18歳に引き下げることを内容とする「民法の一部を改正する法律」は，2022年4月1日から施行される。民法の成年年齢には，一人で有効な契約をすることができる年齢という意味と，父母の親権に服さなくなる年齢という意味がある。成年年齢の引下げによって，18歳，19歳でも，親の同意を得ずに，様々な契約をすることができるようになる。例えば，携帯電話を購入する，一人暮らしのためのアパートを借りる，クレジットカードを作成する，ローンを組んで自動車を購入するなどのことである。

【9】(1)

〈解説〉日本国憲法は，国会，内閣，裁判所の三つの独立した機関が相互に抑制し合い，バランスを保つことにより，権力の濫用を防ぎ，国民の権利と自由を保障する「三権分立」の原則を定めている。三権分立を示す図中のAは衆議院の解散・国会の召集等，Bは内閣総理大臣の指名・内閣不信任決議，Cは違憲立法審査，Dは弾劾裁判所の設置，Eは最高裁判所長官の指名・その他の裁判官の任命，Fは行政裁判(命令・規則・処分の適法性の審査)である。

【10】(3)

〈解説〉アニミズムとは自然界の諸物に霊魂が宿るという世界観のこと。ジェンダーとは生物学的な性差と区別して，社会的・文化的に作り上げられた性別・性差のこと。フェミニズムとは社会的・政治的・経済的な面で男女同権とし，女性の能力や役割の発展を目指す主張及び運動のこと。LGBTとはレズビアン・ゲイ・バイセクシュアル・トランスジェンダーの頭文字から成りセクシャルマイノリティの総称。アセクシュアルとは他者に対して恋愛感情や性的欲求を抱かないことである。

【11】 (4)

〈解説〉『方丈記』は鴨長明の作で，1212年成立。藤原定家は鎌倉前期の
歌人で，『新古今和歌集』『新勅撰和歌集』の撰者の一人として知られ，
『小倉百人一首』も撰した。

【12】 (5)

〈解説〉「ビーナスの誕生」は15世紀後半の初期ルネサンスで最も業績を
残したフィレンツェ派を代表する画家であるボッティチェリの代表
作。同じく，ボッティチェリの代表作「春(プリマヴェーラ)」と対を
なす。「小椅子の聖母」はラファエロ，「モナ・リザ」はレオナルド・
ダ・ヴィンチ，「神曲」はダンテ，「ダビデ像」はミケランジェロの作。

【13】 (1)

〈解説〉第一次世界大戦は1914年，日清戦争は1894年，太平洋戦争は1941
年，満州事変は1931年，日露戦争は1904年に始まった。

【14】 (2)

〈解説〉橋本左内は江戸幕末の福井藩士である。緒方洪庵らに蘭学・医学
を学び，藩政改革に尽力したが，安政の大獄で斬罪された。 (2) 橋
本左内が自己啓発本である『啓発録』を著したのは15歳のときである。

【15】 (5)

〈解説〉ファシズムは，もともとは第一次世界大戦後のイタリアで，反革
命独裁を志向したムッソリーニ率いるファシスト党の運動及びイデオ
ロギーを指すものだった。その後，自由主義，社会主義を排撃し，全
体主義，軍国主義などを特色として極右政党，軍部らによる政治独裁
を目指すものとして用いられた。 (5) ファシズムは全体主義ともい
われ，個人よりも国家や民族を優先する。

【16】(5)

〈解説〉ロシア革命を指導し，社会主義の政府を樹立させたのはレーニンである。ちなみに，マルクスとエンゲルスは社会主義者で，共同で「共産党宣言」を発表した。ロマノフは，ロシア革命で倒されるまで300年続いたロシアの王朝名である。スターリンはソ連共産党の指導者で，レーニンの死後トロツキーを失脚させ，事実上の独裁権を握った。

【17】(5)

〈解説〉扇状地は河川によって形成された沖積平野の1つで，上流側から扇頂・扇央・扇端となっている。扇央部は水はけがよいため，水田にすることは難しく，日当たりがよいこともあり果樹園・桑畑などの栽培に適している。

【18】(1)

〈解説〉(1) アメリカの地下水を利用したかんがいは，1960年代以降，360度回転するアームで水を撒くセンターピボット方式で行われ，主にとうもろこしを栽培するのに利用されている。マルドリ方式とは，地面をシートで覆い，余分な水が入らないようにした栽培方法(マルチ栽培)と必要最小限の水と養分を混ぜて根元に点滴かん水するシステムを組み合わせたもので，日本の近畿中国四国農業研究センターがみかん栽培のために開発した方式である。

【19】1 (4)　2 (1)

〈解説〉1 アを含む文は，本文の冒頭にある「論理，確率，統計。これが4000年以上の数学の歴史で発見された数学の言葉のすべてです」を受けた言葉である。　2 (2)，(3)，(4)，(5)はいずれも本文中でコンピューターがもつものとして記述されている。(1)の「意味」は空欄の後の本文の最後に，「意味はわからないというより表現できないのです」と述べている。

【20】1　(1)　　2　(5)

〈解説〉1　本文の第一段落で，芸が未熟なうちは陰で努力して，上達してから芸を披露すると言う人が，芸を身につけたためしがないと述べている。　2　漢文の意味は「よその山からでた質の悪い石でも，自分の玉を磨くのに利用することができる」。つまり，どんなに劣った人の言行でも，つまらない出来事でも，それを参考にしてよく用いれば自分の修養の助けになることを言う。

【21】1　(2)　　2　(3)　　3　(4)　　4　(4)

〈解説〉長文読解問題。　1　魯迅が日本に留学するにあたって，最初に滞在したのは東京である。　その後仙台に移り，Sendai Medical College(仙台医学専門学校)に進学する。そのことが第2段落に書かれている。　2　魯迅が医者の道から作家への転向を決意した理由を問うている。その理由は中国の人々を励ますのに医学より文学の方が効果的だと考えたためであった。そのことが第3段落に書かれている。3　時系列の並びかえ問題。医者になったGenkuro(厳九郎)は→仙台に移ったときにShuren(樹人，後の魯迅)を知る→Shurenに医学を指導するが，Shurenは医学を諦め文学の道を選ぶ→Shurenは"Lu Xun"(魯迅)として文学活動をはじめ→Lu Xun(魯迅)は中国で有名になった。　4　本文の主題を答えさせる問題。　最終段落でこの物語を日本と中国の友好の象徴と捉えていることが書かれていることから(4)が適切。

【22】(3)

〈解説〉タイルを敷き詰める枚数は，1段目では1枚，2段目では4枚，3段目では9枚，…。これは，1段目では$1=1^2$，2段目では$4=2^2$，3段目では$9=3^2$，…と表せるから，n段目では，n^2枚。従って，20段目では，$20^2=400$〔枚〕

【23】(2)

〈解説〉「直交する2直線は傾きの積が-1になる」ことから，直線$y=2x+$

1に垂直な直線の傾きは，$2 \times \left(-\dfrac{1}{2}\right)=-1$より$-\dfrac{1}{2}$である。求める直線の方程式を$y=-\dfrac{1}{2}x+b$とおいて，点$(-4, 6)$の座標を代入すると $6=-\dfrac{1}{2}\times(-4)+b$　$b=4$　よって，求める直線の方程式は　$y=-\dfrac{1}{2}x+4$

【24】(2)

〈解説〉求める確率＝(最初の1本が1等で，次の1本が2等を引く確率)＋(最初の1本が2等で，次の1本が1等を引く確率)$=\dfrac{1}{6}\times\dfrac{2}{5}+\dfrac{2}{6}\times\dfrac{1}{5}=\dfrac{2}{15}$

【25】(3)

〈解説〉「円周角の定理」と「三角形の内角と外角の関係」から，$\angle ACB=\dfrac{1}{2}\angle AOB=\dfrac{1}{2}\times120=60$〔°〕　$\angle CAD=\angle ACB-\angle APB=60-30=30$〔°〕　$\angle COD=2\angle CAD=2\times30=60$〔°〕　よって，弧CDの長さは　$2\pi\times6\times\dfrac{60}{360}=2\pi$〔cm〕

【26】(4)

〈解説〉質量100gに対して1Nの重力が働くから，動滑車を使用したときに引く力は$(9.0+1.0)\times10\times9.8\times\dfrac{1}{2}=49$〔N〕，引く距離は$2.0\times2=4$〔m〕，よって行った仕事は$49\times4=196$〔J〕なので仕事率は$196\div2.0=98$〔W〕となる。動滑車を使用すると引く力は半分になるが引く距離は2倍になるので，動滑車を使用しないときと仕事の量は変わらない。

【27】(1)

〈解説〉特定の溶媒に溶ける物質のみを溶かしだして分離することを抽出という。クロマトグラフィは，物質を分離し，分析するための方法である。

【28】(2)

〈解説〉細菌は腸管出血性大腸菌O157と黄色ブドウ球菌の2種類である。

カンジダ(酵母)や白癬菌(カビ)は真菌に属する。インフルエンザウイルスはウイルスである。

【29】(1)

〈解説〉満月になるとその翌日からは右側から欠けはじめ，1週間たつと左半分のみが輝いた下弦の月になる。月の出る時刻も少しずつ遅くなり，満月は日の入りに出て真夜中に南中し日の出で沈んでいたのが，下弦の月は真夜中に出て明け方に南中し正午に沈む。

【30】(4)

〈解説〉面積から長さの比を求めると，EB：BF＝15：30＝1：2＝21：42 …① EB：CF＝(18＋24)：(12＋32)＝21：22…② ①，②より，BC：CF＝(BF−CF)：CF＝(42−22)：22＝10：11 よって，長方形ABCDの面積は (12＋32)×$\frac{\text{BC}}{\text{CF}}$＝44×$\frac{10}{11}$＝40〔cm²〕

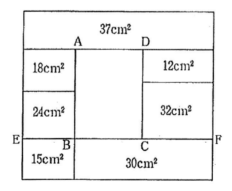

【31】(3)

〈解説〉Aさん，Bさん，Cさん，Dさんの4人のテストの点数をそれぞれa点，b点，c点，d点とすると，問題の条件より，$b=a\pm5$…①，$c=b\pm10$…②，$d=c\pm17$…③，$a=d\pm12$…④ ④に①～③を代入すると $a=d\pm12=(c\pm17)\pm12=\{(b\pm10)\pm17\}\pm12=[\{(a\pm5)\pm10\}\pm17]\pm12=a\pm5\pm10\pm17\pm12$ これが成り立つのは，$a=a+5-10+17-12$

か　$a=a-5+10-17+12$　のとき。これより，$(a,\ b,\ c,\ d)=(a,\ a+5,\ b-10,\ c+17)$…⑤　と　$(a,\ b,\ c,\ d)=(a,\ a-5,\ b+10,\ c-17)$…⑥　の2つの場合が考えられる。4人の平均値が70点であることを考慮すると，⑤のとき　$a+b+c+d=70\times4=280$　⇔　$a+(a+5)+(b-10)+(c+17)=280$　⇔　$a+(a+5)+\{(a+5)-10\}+[\{(a+5)-10\}+17]=280$　これを解いて　$a=67$　これは平均点以下の点数であり問題の条件を満足する。また，⑥のとき　$a+b+c+d=280$　⇔　$a+(a-5)+(b+10)+(c-17)=280$　⇔$a+(a-5)+\{(a-5)+10\}+[\{(a-5)+10\}-17]=280$　これを解いて　$a=73$　これは平均点より高い点数であり問題の条件を満足しない。以上より，Bさんの点数は$b=a+5=67+5=72$で，72点である。

【32】(3)

〈解説〉「福」は漢字なので，裏の面が奇数でなければルール違反だから，めくって確認しなければならない。「は」は漢字以外なので，裏の面は偶数でも奇数でも構わないから，めくって確認する必要はない。「18」は偶数である。漢字の裏の面は奇数であり，もし「18」の裏の面に漢字が書いてあれば，それはルール違反だから，めくって確認しなければならない。「25」は奇数である。漢字の裏の面は奇数であり，奇数の裏の面は漢字であるというルールではない。奇数の裏の面は漢字でも漢字以外でも構わないから，「25」をめくって確認する必要はない。

【33】(5)

〈解説〉すべての1位→2位→3位の順は，A→B→C，A→C→B，B→A→C，B→C→A，C→A→B，C→B→Aの6通り。「1位はA組でない」を正しいとすると，1位→2位→3位の順は，「2位はB組である」かつ「3位はA組である」から，C→B→Aとなる。「2位はB組でない」を正しいとすると，1位→2位→3位の順は，「1位はA組である」かつ「3位はB組である」から，A→C→Bとなる。また，「1位はC組でない」ときは3位はC組で，

「3位はC組でない」ときは1位はC組だから，C組は1位，3位のどちらかであり，2位ではない。すると，「2位はB組でない」を正しいとしたときのA→C→Bの順番はこれに矛盾する。したがって，正しいのは「1位はA組でない」と「3位はC組でない」で，C→B→Aの順となる。

【34】(4)

〈解説〉問題の円錐を展開したときの側面のおうぎ形の中心角は

$$360 \, [°] \times \frac{(底面の半径)}{(母線の長さ)} = 360 \, [°] \times \frac{2 \, [cm]}{8 \, [cm]} = 90 \, [°]$$

よって，線CBの長さが最も短くなるとき，展開図上で，直角をはさむ2辺がAB＝8cm，AC＝2cmの直角三角形ABCができるから，そのときの線CBの長さは三平方の定理を用いて $\sqrt{AB^2 + AC^2} = \sqrt{8^2 + 2^2} = 2\sqrt{17}$ [cm]

【35】(3)

〈解説〉(1) 2015年度の本の販売冊数は，600÷1.2＝500〔千冊〕

(2) 2017年度のコミックの販売冊数は，書店Aが900×0.45×0.2＝81〔千冊〕，書店Bが900×0.14×0.4＝50.4〔千冊〕だから，書店Aの方が多い。 (3) 2017年度の書店Aの書籍の販売冊数は，900×0.45×0.6＝243〔千冊〕だから正しい。 (4) 書店Bの本の販売冊数は，2016年度が600×0.12＝72〔千冊〕，2018年度が1,100×0.15＝165〔千冊〕だから，2018年度は2016年度の 165÷72＝2.29…〔倍〕で，3倍ではない。

(5) 書店Aの本の販売冊数は，2016年度が600×0.6＝360〔千冊〕，2017年度が900×0.45＝405〔千冊〕，2018年度が1,100×0.4＝440〔千冊〕だから，書店Aの販売冊数は増え続けている。

教職
教養

【1】(1)　⑥　　(2)　②　　(3)　①

〈解説〉(1)　ア　プログラミング教育は小学校，中学校，高等学校の各
学校段階で導入されるものであり，「小学校中学年以上で必修化とな
る」という記述が誤りである。　イ　プログラミング教育とは各学校
において創意工夫を生かした教育課程を編成して実施されるものであ
り，学習指導要領に例示された教科・学年・単元等に限定することな
く，適切なカリキュラム・マネジメントの下で展開されることが期待
されるものであることから「年間35時間実施することを基本とする」
という記述は誤りである。　ウ　プログラミング教育における評価は，
プログラミングを学習活動として実施した教科等において，それぞれ
の教科等の評価規準により評価するのが基本とされている。すなわち，
プログラミングだけを取り立てて評価したり，評定したりするもので
はない。　(2)　学習指導要領解説(平成29年7月)では，児童が情報を主
体的に捉えながら，何が重要かを考え，見出した情報を活用しながら
他者と協働し，新たな価値の創造に挑んでいけるようにするために，
「情報活用能力」の育成が重要であると説明されている。また，小学
校においては特に，情報手段の基本的な操作の習得に関する学習活動
及びプログラミングの体験を通して論理的思考力を身に付けるための
学習活動を，カリキュラム・マネジメントにより各教科等の特質に応
じて計画的に実施することとしている。　(3)　社会に開かれた教育課
程の3つの要点は，以下のようにまとめることができる。1点目は，社
会や世界の状況を幅広く視野に入れ，教育課程を介して目標を社会と
共有していくこと。2点目は，将来，社会を創造していく子供たちに
求められる資質・能力を教育課程に明確化し，育んでいくこと。3点
目は教育課程の実施に当たり，地域の人的・物的資源を活用したり，

社会教育との連携を図ったりして，学校教育の目指すところを社会と共有・連携しながら実現させること。これらのキーワードから，正答は①と判断できる。なお，社会に開かれた教育課程の実現に向けては，「カリキュラム・マネジメント」や「主体的・対話的で深い学び」といったキーワードを合わせて確認する必要がある。

【2】(1)　④　　(2)　③　　(3)　①

〈解説〉(1)　従来の「道徳の時間」及び今次改訂された「特別の教科 道徳」における内容構成は①・②・③・⑤の4つである。なお，④の「文化や郷土に関すること」は，「伝統と文化の尊重，国や郷土を愛する態度」として「主として集団や社会との関わりに関すること」に含まれている具体的項目の一つである。　(2)　道徳教育及び「特別の教科 道徳」への変化の背景や目的に関しては，平成28年5月27日に中央教育審議会・教育課程部会の「考える道徳への転換に向けたワーキンググループ」での議論で使用された資料4「道徳教育について」，平成28年11月の「いじめに正面から向き合う『考え，議論する道徳』への質的転換に向けて(文部科学大臣メッセージ)について」などで詳しく確認ができる。これらの資料からは，平成23年10月の「大津いじめ自殺事件」などの痛ましい問題の多発，携帯電話やスマートフォンなど情報通信技術の発展と子供の生活の変化，守られていないルールやマナーの増加や家庭の教育力の低下など子供を取り巻く地域や家庭の変化，諸外国に比べて低い自己肯定感や社会参画意識，グローバル化の進展やかつてないスピードでの少子高齢化の進行などの社会の変化の5つが改訂の背景にあると説明されている。　(3)　高等学校における道徳教育の中核的な指導の場に関しては，平成28年6月に中央教育審議会・教育課程部会の「考える道徳への転換に向けたワーキンググループ」での議論で使用された資料4「道徳教育を通じて育成すべき資質・能力と高等学校の道徳教育について」で詳しく確認できる。この資料からは，「公民」における「現代社会」と「倫理」，及び「特別活動」が道徳教育の中核的な指導の場として示されている。なお，高等

学校学習指導要領の改訂(平成30年)に伴い，「現代社会」は「公共」と
名称が変わっているので注意したい。

【3】(1)　⑤　　(2)　⑤

〈解説〉(1)　総合的な学習の時間においては，「学習方法に関すること」
「自分自身に関すること」「他者や社会とのかかわりに関すること」の
3つの視点を踏まえて「探究的な見方・考え方」を働かせ，よりよく
課題を解決し，自己の在り方・生き方を考えることを通して資質・能
力の三つの柱をバランスよく育成することを目標としている。

(2)　設問文の同答申では，教育課程全体における総合的な学習の時間
の役割とカリキュラム・マネジメントが示されている。「探究」を見
方・考え方とする総合的な学習の時間は，各教科における領域固有の
見方・考え方を総合し，教科横断的な視野から教育課程を編成する役
割がある。この教科横断的な視野からの教育課程の編成は，カリキュ
ラム・マネジメントの側面の一つであり，「深い学び」を実現する上
でも鍵となる。また，総合的な学習の時間は学年間・学校段階間とい
った縦のつながりでも期待されている。さらに，各学校が定める目標
についても，資質・能力の三つの柱の考え方を踏まえた教育課程の編
成が求められている。

【4】(1)　③　　(2)　②　　(3)　⑤　　(4)　⑤　　(5)　④　　(6)　④
(7)　②

〈解説〉(1)　③は，文中の「個別の登校支援計画」が誤りである。正し
くは「個別の教育支援計画」である。これは，障害のある子どもに関
わる関係者が子どもの障害の状態に関わる情報を共有し，教育的支援
の目標や内容，関係者の役割分担などについて作成される「ケアプラ
ン」である。また，この「個別の教育支援計画」に基づき，児童生徒
一人一人の障害の状態，教育的なニーズに応じたきめ細かい指導が行
えるように「個別の指導計画」が作成される。　(2)　②は，「社会教
育の充実」が誤りである。正しくは「道徳教育」「人権教育」「体験活

動」の充実である。設問文にもある本方針では,「第2 いじめの防止等のための対策の内容に関する事項1 (3)」において「道徳教育の充実」が,「第2 いじめの防止等のための対策の内容に関する事項2 (5) ②」において「道徳教育及び体験活動の充実」が,「別添2 (1) ② イ」において「道徳教育や人権教育の充実」が明記されている。 (3) ⑤は,「特別支援学級,特別支援学校の設置は,(中略)合理的配慮として行われているものである」という記述が誤りである。平成24年7月に中央教育審議会初等中等教育分科会が報告した「共生社会の形成に向けたインクルーシブ教育システム構築のための特別支援教育の推進」の中で,合理的配慮の充実を図る上では,国や地方自治体は,インクルーシブ教育システムの構築に向けた取組として,基礎的環境整備の充実を図っていく必要があるとしている。 (4) ヘルバルトの主張した4段階教授法の「明瞭」をさらに「分析」と「総合」に分けて5段階にしたのがツィラーである。この両者は,段階は異なるが「連合－系統－方法」においては共通性が見られるため,解答する際の根拠の一つにするとよい。本設問で問われたヘルバルト,その系列のツィラー,そしてラインの各段階教授法は,明治20年代から30年代にかけての日本における教育にも影響を与えている。 (5) 本設問で問われたソシオグラムは,心理療法家のヤコブ・モレノによって開発されたソシオメトリーという人間関係の科学で使用される測定法の一種である。本設問のソシオグラムを見ると,Ⅰ型では異なるグループ間が排斥の関係となっており学級として安定していない様子がわかる。Ⅱ型では個々人間で排斥の関係があり,またF,GとH,I,Jに関係線が見られないことからも学級としてのまとまりがなく崩壊しやすい構造であることがわかる。Ⅲ型では関係線の多いM,Kをリーダーとして5者間に関係線が相互に結ばれており,学級として安定していることがわかる。Ⅳ型では関係線の派生者であるPが独立してリーダーを担っており,Q,R,S,Tには相互の関係線が結ばれていないことからPが欠如した場合に学級が崩壊する恐れがあることがわかる。 (6) アは,障害に基づく種々の困難の改善・克服を目的とした領域である「自立活動」が欠

如しているため誤りである。なお，ウに関しては，特別支援学校が従来までの盲学校，聾学校，及び養護学校を統合したものであることに注意したい。　(7)　平成31年2月に文部科学省が作成した「(参考)通級による指導の現状」によると，公立小・中学校の通級における障害をもった児童生徒は，合計約109,000人で平成19年度の約2.4倍となっている。その内訳は，「言語障害」が最も多く約37,600人，「自閉症」約19,600人，「注意欠陥多動性障害(ADHD)」約18,100人，「学習障害(LD)」約16,500人，「情緒障害」約14,600人と続いている。なお，ADHDとLDは，平成18年度から新たに通級指導の対象となった。最後に，他校通級に関しては，文部科学省の「平成29年度特別支援教育に関する調査の結果について(別紙2)」を参考にすると，通級対象者の約4割が他校通級であることがわかる。

【5】(1)　⑤　　(2)　③　　(3)　②

〈解説〉(1)　ア　栄養教諭制度については，早期の配置を求めている段階で，「義務」までは規定していない。　ウ　栄養教諭の免許状には普通免許状として専修免許状，一種免許状，二種免許状の3種類ある。なお，栄養教諭制度の性格等に鑑み，臨時免許状や特別免許状は設ける必要がないと判断されており，この点は他の教諭等の免許状制度と異なることに注意したい。　(2)　設問文にある本指針では，学校給食における食物アレルギー対応の大原則として，「食物アレルギーを有する児童生徒にも，給食を提供する。そのためにも，安全性を最優先する」，「食物アレルギー対応委員会等により組織的に行う」，「『学校のアレルギー疾患に対する取り組みガイドライン』にもとづき，医師の診断による『学校生活管理指導表』の提出を必須とする」等の6つを設定している。なお，食物アレルギー対応委員会の委員長は校長としている。本指針に示されている6つの原則を確認しておくこと。
(3)　ア　村田氏寿は，福井藩主・松平春嶽の側近として仕え，初代・福井県知事を務め，明治新政府では行政警察を創設した。村田は福井藩にあった「明道館」の運営に関わった人物としても有名である。

イ 芳賀矢一は，留学先のドイツで文献学を学び近代的な国文学研究の礎を築いた人物として有名である。 ウ 橋本進吉は，東京帝国大学文科大学で言語学を専門として，上代(主として奈良時代)の文献に特別な仮名の用法があることを発見した人物として有名で，我が国の実証的国語学研究の祖と評されている。

【6】(1) ②　(2) ③　(3) ②　(4) ⑥　(5) ⑤　(6) ③　(7) ⑤　(8) ①　(9) ④　(10) ②　(11) ④

〈解説〉(1)　イ　ダーウィン家などの家系から遺伝説を唱えたのはイギリスの人類学者ゴールトンである。ワトソンはアメリカの心理学者であり，才能や能力を規定するのは環境要因であると考え，行動主義を唱えた。　ウ　成熟優位説を唱えたのは，アメリカの児童心理学者ゲゼルである。ジェンセンは，発達での環境の効果は遺伝要因と相互作用しており，ある心理的形質の発現に特定の環境要因が作用するという環境閾値説を提唱した。　(2)　ア　具体的操作期(7〜12歳頃)とは，目の前に具体的な対象があればその操作を通して対象物を理論的に思考できる段階である。　イ　形式的操作期(12歳頃〜成人)とは，目の前に対象物がなくても，"頭の中で"抽象的な命題を理論的に思考できる段階である。　ウ　前操作期(2〜7歳頃)とは，まだ理論的に思考ができず，イメージや表象を用いて考える段階である。　(3)　コールバーグはアメリカの心理学者であり，道徳性の発達段階について，慣習的水準以前(「罰と従順志向」から「快楽主義志向」へ)，慣習的水準(「よい子志向」から「法と秩序志向」へ)，および慣習的水準以降(「社会契約的志向」から「普遍的原理志向」へ)という段階を経るという理論を提唱した。なお，問題文では「社会的契約志向」となっているが，「社会契約的志向」と思われる。　(4)　サイモンズは，親の養育態度と子どもの傾向について，親による支配と拒否では子どもに親から逃避傾向を，親による支配と受容では子どもに依存傾向を，親による拒否と服従では警戒心の強い傾向を，そして親による受容と服従では反抗的傾向をもたらすと考えた。　(5)　ボウルビーは，愛着行動の発達

227

は1)対象を限定せず周囲のだれにでもほほえみかける，2)養育者など特定の人物に対して他者と区別して愛着対象を絞り込む，3)「人見知り」や「分離不安」が顕在化してくる，4)自分と愛着対象との間で柔軟に相互作用するという段階を経るという説を提唱した。　(6)　ハヴィガーストの発達課題で，A 親からの情緒的独立と G 市民として必要な知識と態度を獲得するのは青年期の課題，C 排泄のコントロールを学ぶ，E 親兄弟などに親しみや愛情を感じるのは乳・幼児期の課題である。D 集団で仲よく社会的な遊びができるのは児童期の発達課題だが，設問の組み合わせの相手が違う。　(7)　好きな教科の勉強を頑張るときのような自分自身の内からなる動機付けは内発的動機付けであり，テストで高得点が取れれば高額の小遣いがもらえるときのような外からの報酬による動機付けは外発的動機付けである。そして，内発的動機付けに対して外発的動機付けが導入されることによってモチベーションが低減する現象をアンダーマイニング現象という。なお，ピグマリオン効果は教師の期待によって児童生徒の学習成績が向上する効果で，ハロー効果は対象のある面(例えば容姿など)を高評価すると他の側面(例えば学力など)も高評価してしまう現象である。

(8)　プラトーとは学習やトレーニングなどの進歩が一時的に「横這い」になる現象である。　(9)　ア　自己肯定感の反対語は自己否定感である。　イ　自己有用感が自己肯定感と大きく違うところは，他者の存在を前提にしているところである。　ウ　自己有用感は児童生徒の場合，他者からの評価が大きく影響するとされている。　エ　自己効力感が高い人は，課題に対する目標を達成する確率が高くなる。

(10)　認知説は刺激の受け止め方や意味づけが変わることで学習が成立するという立場である。認知説の学習理論として他には，バンデュラのモデリング説がある。一方，古典的条件づけ，オペラント条件づけ，試行錯誤説は，刺激と反応を結びつけようとする理論のS－R理論(連合説)である。　(11)　イ　ウェクスラーが開発した知能検査のうち，WAISは成人対象である。児童対象はWISC，幼児対象はWPPSIである。エ　シュテルンが考案したIQの計算式は，知能指数＝精神年齢÷生活

年齢×100であるから，120×15÷100=18 で，精神年齢は18歳である。

【7】(1) ②　(2) ④

〈解説〉(1)　教育基本法第17条第1項では，「教育振興基本計画」の国会報告が義務化されているが，同法同条第2項で規定されている当該地方公共団体が作成する教育振興基本計画は努力義務となっている。教育振興基本計画は5年おきに見直されることとなっており，最新の第3期教育振興基本計画の計画期間は，2018年度から2022年度までの5年間である。　(2)　5つの基本的な方針は，生涯にわたる「可能性」と「チャンス」の最大化に向けた視点と，教育政策を推進するための基盤に着目して整理された方針である。

【8】②

〈解説〉学校現場では，特に部活動を抱えているなどの理由から学校に勤務している教職員の勤務・残業時間が問題とされている。こうした背景から，働き方改革として，「チーム学校」の観点からの負担軽減や本設問にある「ガイドライン」による改善策が示されている。「ガイドライン」に示された勤務時間の上限の目安時間は特例的な扱いも含めて，2018年7月に成立した働き方改革関連法で設けられた残業時間の上限規制に合わせたものとみられる。「ガイドライン」にある特例的な扱いも併せて確認したい。

【9】④

〈解説〉④　国家公務員法第106条第1項で定めた条文であるため，誤りである。　①　服務の根本基準を定めた地方公務員法第30条である。　②　秘密を守る義務を定めた同法第34条第1項である。　③　信用失墜行為の禁止を定めた同法第33条である。　⑤　法令等及び上司の職務上の命令に従う義務を定めた同法第32条である。　地方公務員法第30条から第38条までは，「職員に適用される基準(服務)」が規定されている。同範囲は教員採用試験の筆記試験のみならず，口頭面接でも問

われるので，必ず確認したい。

【10】①
〈解説〉教育公務員特例法第22条は「研修の機会」を定めた条文である。
　教員の研修に関しては，教育基本法第9条が基底にあり，地方公務員
　法第39条では職員には研修を受ける機会を与えられることが規定さ
　れ，教育公務員特例法において具体的な研修の種類等が定められてい
　る。

【11】(1)　②　　　(2)　②　　　(3)　③　　　(4)　⑥　　　(5)　②　　　(6)　③
〈解説〉(1)　改善のポイントとしては，選択肢にある①，③，④，⑤に
　加え，「集団適応力の育成に向けた道徳教育や特別活動の充実」が挙
　げられている。よって，②は誤りである。　(2)　リーフレットによる
　と，初期対応として「発見」「共有」「チーム対応」の三段階を設定し
　ている。「発見」の段階は，欠席0〜1日の児童生徒。「共有」の段階は，
　2日連続で欠席する児童生徒。3日連続で欠席する児童生徒から「チー
　ム対応」の段階に入る。さらに累計5日欠席する児童生徒の場合，状
　況シートを作成し本人への継続的な支援をチームとして行うとしてい
　る。近年，「チーム学校」が盛んになっているが，不登校対応にあた
　っても教職員間で情報を共有，連携して組織的に対応することが必要
　不可欠である。　(3)　本設問は，『生徒指導提要』(平成22年3月，文
　部科学省)の「第1章 第2節 教育課程における生徒指導の位置付け」で
　確認できる。　③　「グループ活動を禁止し，本人の自力解決を徹底」
　が誤りである。『生徒指導提要』が示した箇所には，一人一人の事情
　に即した指導方針を打ち出して，適切な指導を行う具体例として「児
　童生徒同士で学習を助け合うグループ活動を援助すること」が挙げら
　れている。　(4)　B　児童虐待の防止等に関する法律第13条の3で，
　「(前略)児童虐待の防止等に関する事務又は業務の遂行に必要な限度で
　利用し，かつ，利用することに相当の理由があるときは，これを提供
　することができる。ただし，当該資料又は情報を提供することによっ

て，当該資料又は情報に係る児童，その保護者その他の関係者又は第三者の権利利益を不当に侵害するおそれがあると認められるときは，この限りでない」と定められている。　C　同法第6条第1項で，「児童虐待を受けたと思われる児童を発見した者は，速やかに，(中略)市町村，都道府県の設置する福祉事務所若しくは児童相談所に通告しなければならない」と定められている。　D　同法第2条で，著しい暴言又は著しく拒絶的な対応等に対しても児童虐待に当たることを規定している。　E　資料又は情報の提供を定めた同法第13条の3では，個人情報保護法を根拠とした内容は示されていない。　(5)　平成29年1月に教育相談等に関する調査研究協力者会議が報告した「児童生徒の教育相談の充実」によると，スクールカウンセラー(SC)の職務の中で，「①不登校，いじめ等の未然防止，早期発見及び支援・対応等」として選択肢B，Cの他に「学級や学校集団に対する援助」，「児童生徒への理解，児童生徒の心の教育，児童生徒及び保護者に対する啓発活動」が示されている。また，スクールソーシャルワーカー(SSW)の職務の中で，「②不登校，いじめ等を学校として認知した場合又はその疑いが生じた場合，災害等が発生した際の援助」として，「事案に対する学校内連携・支援チーム体制の構築・支援」，「児童生徒及び保護者との面談及びアセスメントから見直しまで」などが示されている。同報告及び『生徒指導提要』の「第5章 第4節 スクールカウンセラー，専門機関等との連携」を参考にして，チームで教育相談を行う意義や方法についても確認したい。　(6)　特別支援教育は，チームワークとネットワークによって実現していくことが重要である。その中で特別支援教育コーディネーターは，保護者や関係機関に対する学校の窓口として，また，学校内の関係者や福祉，医療等の関係機関との連絡調整の役割を担う者として位置付けられる。このように，特別支援教育コーディネーターは，関係者の間の連絡調整役であって，リーダーとして指揮・監督する立場ではないことに注意したい。よって選択肢③は，「指導内容や指導方法を校内委員会で提案することが義務付けられている」という部分が誤りである。

2019年度　実施問題

【1】現在，日本には日本ジオパーク委員会が認定した日本ジオパークが
43地域にあるが，ユネスコ世界ジオパークにも認定されている地域を
1つ選び番号で答えなさい。

(1)　恐竜渓谷ふくい勝山ジオパーク　　(2)　白山手取川ジオパーク

(3)　立山黒部ジオパーク　　(4)　糸魚川ジオパーク

(5)　苗場山麓ジオパーク

(☆☆☆◎◎◎)

【2】環太平洋パートナーシップ(TPP)協定に参加している国として，誤
っているものを1つ選び番号で答えなさい。

(1)　日本　　　　(2)　タイ　　(3)　シンガポール

(4)　オーストラリア　　(5)　カナダ

(☆☆☆◎◎◎)

【3】日本の行政機関である省とその外局である庁との組み合わせとして，
誤っているものを1つ選び番号で答えなさい。

(1)　総務省と消防庁　　(2)　財務省と国税庁

(3)　文部科学省とスポーツ庁　　(4)　経済産業省と資源エネルギー庁

(5)　環境省と気象庁

(☆☆☆◎◎◎)

【4】電子メールの送受信に関して，情報漏えいやウイルス感染を防ぐために，日頃から注意すべき事柄として，誤っているものを1つ選び番号で答えなさい。
 (1) 複数人にメールを送信するときは，CC(カーボンコピー)欄にアドレスを入力する。
 (2) ファイルを送信するときは，ファイルにパスワードを設定する。
 (3) アドレスを入力したら，送信前に再度，正しく入力されているか確認をする。
 (4) 電子メールのプレビュー機能はオフにしておく。
 (5) 知らない送信元からの添付ファイルは，安易に開かないようにする。

(☆☆☆◎◎◎)

【5】文部科学省が実施している全国学力・学習状況調査で，2019年度から中学校第3学年を対象にして初めて調査される予定の教科として，正しいものを1つ選び番号で答えなさい。
 (1) 国語　　(2) 社会　　(3) 数学　　(4) 理科　　(5) 英語

(☆☆☆◎◎◎)

【6】国際連合の安全保障理事会と総会の決定について国連加盟国にはどのような義務があるか，正しいものを1つ選び番号で答えなさい。
 (1) 両方の決定ともに絶対に従う義務がある。
 (2) 安全保障理事会の決定には従う義務がある。
 (3) 総会の議決には従う義務がある。
 (4) 両方の決定ともに絶対に従う義務はない。
 (5) 安全保障理事会の決定を総会で再議決した場合，総会の決定に従う義務がある。

(☆☆☆◎◎◎)

【7】衆議院の優越に関する次の文のうち，正しいものを1つ選び番号で答えなさい。

(1)　内閣への不信任決議の議決権は衆議院，参議院ともに認められており，衆議院が不信任決議をした場合，衆議院の議決が国会の議決となる。

(2)　法律案で衆議院と参議院が異なった議決をし，両院協議会でも一致しないときは，衆議院の総議員の3分の2以上の賛成で再可決すれば，衆議院の議決が国会の議決となる。

(3)　予算案は衆議院が先に審議することになっているが，両議院が異なった議決をした場合，両院協議会でも一致しないときは，衆議院の議決が国会の議決となる。

(4)　内閣総理大臣の指名は参議院が衆議院と異なる議決をしたときは，衆議院の出席議員の3分の2以上の賛成で再可決すれば，衆議院の議決が国会の議決となる。

(5)　法律案は衆議院，参議院のどちらが先にでも審議することができる。衆議院が可決した法律を参議院が30日以内に議決しないときは，衆議院の議決が国会の議決となる。

(☆☆☆◎◎◎)

【8】次の図のAの時期に一般的に行われる政策の中の組み合わせとして，適切なものを1つ選び番号で答えなさい。

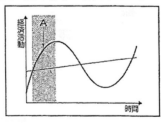

（景気変動のイメージ図）

ア．日本銀行は一般銀行から国債を購入する。

イ．政府は法人税の税率を上げる。

234

ウ．政府は道路工事やダムの建設などの公共事業を増やす。

エ．政府は公共事業への投資を抑える。

オ．日本銀行は一般銀行への貸し出し利率を下げる。

(1)　ア・ウ　　(2)　エ・オ　　(3)　ア・オ　　(4)　イ・エ

(5)　イ・ウ

(☆☆☆◎◎◎)

【9】日本の財政について，平成30年度一般会計歳出の中で歳出額の多い項目から，順に並べたものを1つ選び番号で答えなさい。

(1)　社会保障費　　　地方交付税交付金等　　　防衛費

(2)　社会保障費　　　国債費　　　　　　　　　地方交付税交付金等

(3)　国債費　　　　　社会保障費　　　　　　　文教・科学振興費

(4)　公共事業費　　　国債費　　　　　　　　　防衛費

(5)　国債費　　　　　公共事業費　　　　　　　社会保障費

(☆☆☆◎◎◎)

【10】労働に関する次の文のうち，正しいものを1つ選び番号で答えなさい。

(1)　「仕事と生活の調和(ワーク・ライフ・バランス)憲章」では，長時間労働の削減や年次有給休暇の取得，仕事と生活のバランスをとり，より生きがいのある人生を送ることを提唱している。

(2)　グローバル化の進展や政府の構造改革などで，企業は正規雇用を減少させて，契約社員やパートなどの非正規労働者を多く雇用するようになり，非正規雇用者の割合は5割を超えている。

(3)　非正規労働者の減少により，生活保護水準以下の収入しか得られないワーキングプアが増加しており，セーフティネットの構築が課題となっている。

(4)　少子化による労働力不足が深刻化している中，外国人労働者は貴重な労働力として受け入れ体制が整ってきており，あらゆる職種で働くことが可能になっている。

(5)　1995年育児・介護休業法により，男女を問わず育児・介護の休暇が取れるようになり，男性の育児休暇取得が進められ，現在取得率が10％に達するようになった。

(☆☆☆◎◎◎)

【11】次の和歌のうち，「万葉集」に載っているものを1つ選び番号で答えなさい。

(1)　来ぬ人をまつほの浦の夕凪にやくや藻塩の身もこがれつゝ

藤原定家

(2)　ひとはいさ心もしらずふるさとは花ぞ昔の香ににほひける

紀貫之

(3)　ちはやぶる神世も聞かずたつた河から紅に水くゝるとは

在原業平

(4)　花の色はうつりにけりないたづらにわが身世にふるながめせしまに

小野小町

(5)　春過ぎて夏来るらし白たへの衣干したり天の香具山

持統天皇

(☆☆◎◎◎)

【12】日本の芸術に関する次の文のうち，誤っているものを1つ選び番号で答えなさい。

(1)　東大寺の正倉院所蔵の「樹下美人図」は，唐の「鳥毛立女屏風」の影響を受けて描かれていると考えられている。

(2)　奥州藤原氏が建立した中尊寺金色堂は，毛越寺などもふくめた一帯が「平泉の文化遺産」として世界遺産に登録された。

(3)　運慶と快慶と一門の仏師が完成させた東大寺南大門の金剛力士像は，国内最大の木彫りの像である。

(4)　龍安寺の石庭の石と砂で自然を表現する枯山水は，禅の「無」の境地と自然の不変を表していると考えられている。

(5)　千利休がつくらせた唯一の茶室といわれる妙喜庵茶室は，無駄な

装飾を省いた「わび茶」の心が表現されたわずか2畳の部屋である。

(☆☆☆◎◎◎)

【13】 平安時代に藤原氏が最も栄えたのは藤原道長とその子のころである。藤原道長の子として正しいものを1つ選び番号で答えなさい。
(1) 藤原良房　　(2) 藤原頼通　　(3) 藤原忠平　　(4) 藤原基経
(5) 藤原兼家

(☆☆☆◎◎◎)

【14】 岡田啓介について述べた次の文のうち，誤っているものを1つ選び番号で答えなさい。
(1) 五・一五事件で青年将校たちに襲撃される。
(2) 海軍大臣就任時に，海軍内の軍縮反対派を説得する。
(3) 福井県出身の唯一の内閣総理大臣である。
(4) 日露戦争と第一次世界大戦で戦地に赴く。
(5) 太平洋戦争の回避工作に力を注ぐ。

(☆☆☆◎◎◎)

【15】 次の図は，16世紀における大西洋の三角貿易を表している。Aにあたるものとして，正しいものを1つ選び番号で答えなさい。

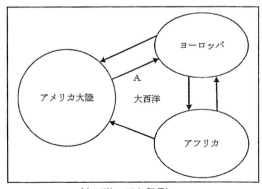

（大西洋の三角貿易）

237

(1)　毛織物　　(2)　銀・砂糖　　(3)　武器・雑貨　　(4)　金・象牙
(5)　奴隷

(☆☆☆◎◎◎)

【16】1860年代の世界の出来事として，誤っている文を1つ選び番号で答
えなさい。
(1)　アメリカでリンカーンが大統領となり，南北戦争が始まる。
(2)　ドイツでビスマルクがプロイセン首相に就任する。
(3)　フランスでナポレオンのエジプト遠征が始まる。
(4)　ロシアでアレクサンドル2世が農奴解放令を出す。
(5)　中国で洪秀全が亡くなり，太平天国が滅亡する。

(☆☆☆◎◎◎)

【17】地球環境に関するおもな条約・議定書として，誤っているものを1
つ選び番号で答えなさい。
(1)　遺伝子組み換え作物に関するウィーン条約
(2)　水鳥の保護のための湿地に関するラムサール条約
(3)　野生動植物の国際取引に関するワシントン条約
(4)　オゾン層破壊物質に関するモントリオール議定書
(5)　有害廃棄物の越境移動の規制に関するバーゼル条約

(☆☆☆◎◎◎)

【18】木材や石などの建築材料が得にくい極北の地域で生活するイヌイッ
トの住居の名称として，正しいものを1つ選び番号で答えなさい。
(1)　パオ　　(2)　ヤオトン　　(3)　ゲル　　(4)　コテージ
(5)　イグルー

(☆☆☆◎◎◎)

【19】次の文章を読んで以下の問いに答えなさい。

> (問題における文章は，著作権上の都合により掲載できません。)
>
> 今井むつみ「学びとは何か」による

1 [　ア　]に入る最も適切な言葉を1つ選び番号で答えなさい。
  (1)　プロのバレエダンサー　　(2)　カポエイラ競技者
  (3)　熟達者　　　　　　　　　(4)　初心者
  (5)　男性のバレエダンサー

2 [　イ　]に入る最も適切なものを1つ選び番号で答えなさい。
  (1)　ミラーニューロンによって自分の脳の中で再現すること
  (2)　何千，何万回もの観察によって熟達者と同じような脳の働き方にすること
  (3)　自分で使うことによって自分の身体に落とし込むということ
  (4)　他者と対話することによって相互理解を図ること
  (5)　他者の行為を分析することによって自分の心の中でその行為をなぞること

(☆☆◎◎◎)

【20】次の古文中の A 思ひ B 思ふ C 思ひ の主語の組み合わせとして，正しいものを1つ選び番号で答えなさい。

今は昔，比叡の山に児ありけり。僧たち，宵のつれづれに，「いざ，かいもちひせむ。」と言ひけるを，この児，心寄せに聞きけり。さりとて，し出ださむを待ちて寝ざらむも，悪かりなむと A 思ひて，片方に寄りて，寝たるよしにて，出で来るを待ちけるに，すでにし出だしたるさまにて，ひしめき合ひたり。

この児，定めておどろかさむずらむと待ちゐたるに，僧の，「もの申し

候はむ。おどろかせ給へ。」と言ふを，うれしとは思へども，ただ一度にいらへむも，待ちけるかともぞ B 思ふとて，今一声呼ばれていらへむと，念じて寝たるほどに，「や，な起こし奉りそ。幼き人は，寝入り給ひにけり。」と言ふ声のしければ，あなわびしと C 思ひて，今一度起こせかしと思ひ寝に聞けば，ひしひしと，ただ食ひに食ふ音のしければ，すべなくて，無期の後に，「えい。」といらへたりければ，僧たち笑ふこと限りなし。

「宇治拾遺物語　巻第一」

(1)　A 児　　　B 児　　　C 僧たち
(2)　A 僧たち　B 児　　　C 僧たち
(3)　A 児　　　B 僧たち　C 児
(4)　A 僧たち　B 僧たち　C 児
(5)　A 児　　　B 児　　　C 児

(☆☆○○○)

【21】次の漢文はどのようなことをたとえた話か，最も適切なものを1つ選び番号で答えなさい。

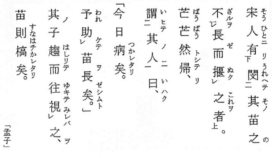

宋人有下閔二其苗之不長而揠之者上。芒芒然帰、謂二其人一曰、「今日病矣。予助苗長矣。」其子趨而往視之、苗則槁矣。

「孟子」

(1)　人生の幸，不幸はどうなるかわからないこと
(2)　古い慣習にこだわって進歩のないこと
(3)　思わぬ利益を得ること
(4)　不要な助力をして，かえってそこなうこと
(5)　話のつじつまがあわないこと

(☆☆○○○)

【22】次の英文を読んで，あとの問いに答えなさい。

Mr. Taro Kusakabe was originally from the Echizen feudal domain, Fukui, and went to Rutgers College in New Jersey. Later, he became the first Japanese student to graduate from an American university.

Taro was born in 1845 and was the first son of a samurai warrior family. He liked to study and read books ever since he was a child. Taro was ambitious and wanted to make Japan a modern country, so he studied very hard at Meido-Kan, Fukui, and then he was sent to the Western Studies Academy in Nagasaki to study English and math. While he was studying there, he thought that Japanese people should learn about modern science, so he started to think about studying abroad to gain more knowledge. Therefore, Taro went back to Fukui to get permission to study in the U.S. from the local feudal government. Soon after he got approval, he left Japan and arrived in New Brunswick in New Jersey on July 13th, 1867. Two Japanese students from Fukui were waiting for Taro at Rutgers College. Taro was so smart that he could enroll in Rutgers' undergraduate program immediately. At first, Taro wasn't welcomed by his classmates, but everyone in his class recognized his politeness and intelligence so they changed their attitudes and respected him. There Taro met Mr. William Elliot Griffis who was initially Taro's tutor at Rutgers and later became a famous Japanologist, a researcher on Japan. Taro and Mr. Griffis got along very well. Taro enjoyed studying math and physical science together with his close friend.

However, Taro's academic life was quite challenging. He could not eat well enough to support himself because he had to save money for buying books. Gradually, he suffered from a lung disease, but he didn't stop studying even while he was sick in bed. Taro died in April, 1870 when he was 26 years old. That was only two weeks before his graduation from Rutgers.

Since Taro's academic performance was above expectation, he received the membership to ※Phi Beta Kappa, which showed his academic excellence. Later, Rutgers recognized him as a member of the class of 1870 and he

241

became the first Japanese student with a U.S. Bachelor's degree. The medal was brought to Taro's father when Mr. Griffis visited Fukui. Taro's father was very proud of the son he lost.

※Phi Beta Kappa : the most prestigious honor society in American college

1　Where did Taro go and ask to study abroad?
- (1)　Nagasaki　　(2)　Tokyo　　(3)　Fukui　　(4)　New Jersey
- (5)　New York

2　What did Taro mainly study when he was a university student?
- (1)　English and math　　　　　　(2)　English and Latin
- (3)　Physical science and chemistry　　(4)　Physical science and math
- (5)　Physical science and Latin

3　What can be inferred from Taro's academic life in America?
- (1)　Taro didn't have any friends in college.
- (2)　Taro was totally unhappy about his college life.
- (3)　Taro couldn't be recognized as a member of the class of 1870.
- (4)　Taro had a lot of money for food.
- (5)　Taro faced some financial difficulties.

4　Choose the best topic for the story.
- (1)　A young ambitious Samurai warrior studied English in Nagasaki.
- (2)　First Japanese person who went to American college.
- (3)　Mr. Griffis and Taro have close ties.
- (4)　First Japanese student who received an American college degree.
- (5)　A young Japanese boy didn't enjoy his college life in the U.S.

(☆☆☆○○○○○)

【23】和が3，積が1である2数がある。この2数のそれぞれの逆数の和として正しいものを1つ選び，番号で答えなさい。
- (1)　$-\dfrac{3}{5}$　　(2)　$-\dfrac{1}{2}$　　(3)　$\dfrac{2}{15}$　　(4)　3　　(5)　$\sqrt{29}$

(☆○○○)

242

【24】7を45回かけたときの一の位の数として正しいものを1つ選び，番号
で答えなさい。

(1)　1　　　(2)　3　　　(3)　5　　　(4)　7　　　(5)　9

(☆☆◎◎◎)

【25】2枚の硬貨A，Bを同時に投げるとき，1枚は表で1枚は裏が出る確率
として正しいものを1つ選び，番号で答えなさい。ただし，硬貨の表
と裏の出方は，同様に確からしいものとする。

(1)　$\dfrac{1}{4}$　　(2)　$\dfrac{1}{3}$　　(3)　$\dfrac{1}{2}$　　(4)　1　　(5)　2

(☆☆◎◎◎)

【26】次の図のように，1辺の長さが10cmの正方形がある。斜線部分の面
積として正しいものを1つ選び，番号で答えなさい。

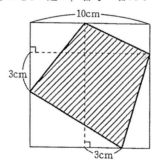

(1)　45.5cm²　　(2)　50cm²　　(3)　54.5cm²　　(4)　57.5cm²
(5)　60cm²

(☆☆◎◎◎)

【27】抵抗値R_A＝2Ω，R_B＝3Ωの2つの電熱線を図のように直列に接続し，
2つのカップA，Bに入れる。2つのカップにそれぞれ100gの水を入れ，
電圧10Vの電源につないで電流を7分間流すと，カップAの水温は何K
上昇するか。適切なものを1つ選び，番号で答えなさい。ただし，水
の比熱を4.2J／(g・K)とし，発生した熱はすべて水の温度上昇に使わ

れるものとする。

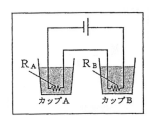

(1)　0.6K　　(2)　1K　　(3)　8K　　(4)　20K　　(5)　40K

(☆☆☆☆◎◎◎)

【28】濃度不明の過酸化水素水10mLに，硫酸を少量加えて酸性にしたのち，0.1mol/Lの過マンガン酸カリウム水溶液を滴下していくと，16mLでちょうど滴定の終点に達した。過酸化水素水の濃度は何mol/Lか。適切なものを1つ選び，番号で答えなさい。ただし，各溶液の電子e^-を含むイオン反応式は，過マンガン酸カリウム水溶液：MnO_4^-＋$8H^+$＋$5e^-$→Mn^{2+}＋$4H_2O$，過酸化水素水：H_2O_2→O_2＋$2H^+$＋$2e^-$とする。

(1)　0.1mol/L　　(2)　0.2mol/L　　(3)　0.3mol/L　　(4)　0.4mol/L
(5)　0.5mol/L

(☆☆☆☆◎◎◎)

【29】火星について正しく説明した文として適切なものを1つ選び，番号で答えなさい。

(1)　太陽系最大の惑星であり，60個以上の衛星が確認(2017年10月8日現在)されている。

(2)　地球と同じような自転軸の傾きと自転周期をもち，季節変化がある。極地方に見られる極冠は，ドライアイスに覆われていると考えられている。

(3)　ほぼ横倒しになって自転している。木星や土星と同様にリング(環)が存在している。

(4)　大きさは地球とほぼ同じ大きさで，自転が非常に遅く，自転と公転の向きが逆である。二酸化炭素と窒素を主成分とする大気をもつ。

(5)　太陽系の惑星の中で一番小さい。重力が小さい上に太陽に近く高温なため，大気が宇宙へ逃げてしまっている。

(☆☆☆☆☆◎◎◎)

【30】肝臓のはたらきとして誤っているものを1つ選び，番号で答えなさい。

(1)　胆汁の生成・貯蔵　　　(2)　血糖濃度の調節　　　(3)　尿素の合成

(4)　解毒作用　　　　　　　(5)　血しょう中のタンパク質合成

(☆☆☆☆☆◎◎◎)

【31】1冊の重さが20gの資料Aと，1冊の重さが100gの資料Bが，それぞれ2冊ずつある。これら4冊を1つの封筒にまとめるか，何冊ずつかに分けて2つの封筒に入れて送る。

このとき，最も安い料金はいくらか。正しいものを1つ選び，番号で答えなさい。ただし，1つの封筒の重さは20gとし，資料と封筒以外の重さは考えないこととする。また，郵便物1個あたりの料金は，次の料金表のとおりである。

郵便物1個の重さx(g)	料金
$x \leqq 50$	120円
$50 < x \leqq 100$	140円
$100 < x \leqq 150$	200円
$150 < x \leqq 250$	240円
$250 < x \leqq 500$	390円

(1)　340円　　(2)　360円　　(3)　380円　　(4)　390円　　(5)　440円

(☆☆◎◎◎)

【32】ある仕事をするのにAさん1人では80日，Bさん1人では48日かかる。この仕事を，AさんとBさんの2人でするとき，仕事を終えるのにかかる日数として適切なものを1つ選び，番号で答えなさい。

(1)　29日　　(2)　30日　　(3)　31日　　(4)　32日　　(5)　33日

(☆☆◎◎◎)

【33】重さの異なる5つのおもりA，B，C，D，Eがある。その重さについて次の4つのメモがあるが，メモのうち1つは誤りで，残り3つのメモは正しい。このとき，5つのおもりの中で3番目に重いおもりとして正しいものを1つ選び，番号で答えなさい。

・Eは，Cより軽くAより重かった。

・Aは，Bより軽くDより重かった。

・Eは，Aより軽くBより重かった。

・Cは，Bより軽くEより重かった。

(1)　A　　(2)　B　　(3)　C　　(4)　D　　(5)　E

(☆☆○○○)

【34】国語，社会，数学，理科，英語の5つの講座がある。A，B，C，Dの4人がそれぞれ，この5つの講座から異なる2つの講座を選択して受講するとき，次の条件から確実に言えることを1つ選び，番号で答えなさい。

・Aは，国語の講座と英語の講座を受講している。

・Cは，理科の講座を受講していない。

・数学の講座は，Bだけが受講している。

・Bは，Aと同じ教科の講座を受講しているが，Cと同じ教科の講座を受講していない。

・CとDは，同じ教科の講座を受講していない。

(1)　Cは社会の講座を受講している。

(2)　Bは国語の講座を受講している。

(3)　Bは理科の講座を受講している。

(4)　Bは英語の講座を受講している。

(5)　Dは英語の講座を受講している。

(☆☆○○○)

【35】次の図の正四面体の展開図として正しいものを1つ選び，番号で答えなさい。ただし，2つの角の印は，表面のみについているものとする。

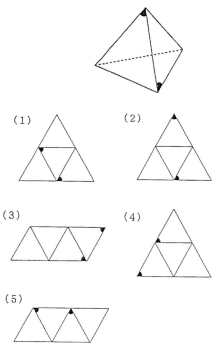

(1)　　　　　　　(2)

(3)　　　　　　　(4)

(5)

(☆☆○○○)

【36】次の表は各年度におけるA，B，C，D，Eの施設の入場者数を示したものである。この表から確実に言えることを1つ選び，番号で答えなさい。

(人)

年度	A	B	C	D	E
H24	9,602	2,253	2,051	1,053	877
H25	9,756	2,332	2,026	1,084	885
H26	9,632	2,290	2,015	1,035	945
H27	9,937	2,328	2,111	1,029	1,037
H28	10,132	2,344	2,263	1,003	1,112

(1) 平成28年度においてA施設の入場者数は，5施設の合計入場者数の7割を超えている。

(2) 平成24年度から平成28年度におけるB施設の1年あたりの平均入場者数は2,300人を超えている。

(3) 平成24年度から平成28年度の5年間，D施設の入場者数は毎年減少している。

(4) 平成27年度において，A施設の入場者数の対前年増加数は，C施設の入場者数の対前年増加数の4倍を上回っている。

(5) C施設の入場者数の平成27年度の対前年増加率は，E施設の入場者数のそれより大きい。

(☆☆◎◎◎)

教職
教養

【1】次の図は「幼稚園，小学校，中学校，高等学校及び特別支援学校の学習指導要領等の改善及び必要な方策等について(答申)補足資料(平成28年12月21日　中央教育審議会)」に示された「学習指導要領改訂の方

向性」である。

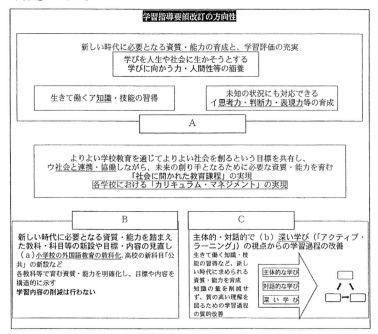

(1) 図中の下線部ア～ウを説明した文の正誤の組み合わせとして適切なものを、①～⑥から1つ選んで番号で答えなさい。

ア 知識が構造化・概念化されることによって理解に繋がり、さらに、それを基に思考という考える力に繋がるため、知識と思考を対立させる見方は間違っている。

イ 思考力・判断力・表現力等の育成の過程は、大きく3つに分けて考えることができ、その1つには、思いや考えを基に構想し、意味や価値を創造していくという過程がある。

ウ 家庭生活や社会環境の変化によって、家庭の教育機能の低下も指摘される中、地域と学校が家庭の役割や責任を担い、連携・協働し、一体となって子供たちを育むことが重要である。

① ア：正　　イ：正　　ウ：誤
② ア：正　　イ：誤　　ウ：誤

　③　ア：正　　イ：誤　　ウ：正

　④　ア：誤　　イ：正　　ウ：正

　⑤　ア：誤　　イ：正　　ウ：誤

　⑥　ア：誤　　イ：誤　　ウ：正

(2)　図の中の　　Ａ　　〜　　Ｃ　　に入る適切な語句の組み合わせを，①
　　〜⑤の中から1つ選んで番号で答えなさい。

　①　Ａ：何が大切か　　　　　　　Ｂ：何を教えるか
　　　Ｃ：どのように教えるか

　②　Ａ：何を教えるか　　　　　　Ｂ：どれを学ぶか
　　　Ｃ：どのように変えるか

　③　Ａ：何ができるのか　　　　　Ｂ：何を学んだか
　　　Ｃ：どのように学んだか

　④　Ａ：何ができるか　　　　　　Ｂ：何を習うか
　　　Ｃ：どのように伝えるか

　⑤　Ａ：何ができるようになるか　Ｂ：何を学ぶか
　　　Ｃ：どのように学ぶか

(3)　図の中の下線部(a)について述べた次の文の（　ア　）〜（　エ　）に
　　あてはまる適切な数字の組み合わせを，①〜⑤から1つ選んで番号
　　で答えなさい。

　　　平成29年3月に告示された小学校学習指導要領では（　ア　）年度か
　　ら，第5・6学年の外国語科は総授業時数（　イ　）時間，第3・4学年
　　の外国語活動は（　ウ　）時間を標準とする。これを受け福井県では，
　　（　エ　）年度から教科化に向けた先行実施を行っている。

　①　ア：2020　　イ：70　　　ウ：35　　エ：2017

　②　ア：2020　　イ：105　　ウ：70　　エ：2017

　③　ア：2020　　イ：70　　　ウ：35　　エ：2018

　④　ア：2020　　イ：105　　ウ：70　　エ：2018

　⑤　ア：2022　　イ：70　　　ウ：35　　エ：2018

(4)　図の中の下線部(b)について，次のア〜クのうち「深い学び」にあ
　　てはまる内容として，正しい組み合わせを，①〜⑤から1つ選んで

番号で答えなさい。

ア：知識を相互に関連付ける

イ：自己の考えを広げ深める

ウ：見通しを持って粘り強く取り組む

エ：自己のキャリア形成の方向性と関連付ける

オ：先哲の考え方を手掛かりに考える

カ：自己の学習活動を振り返り次につなげる

キ：情報を精査して考えを形成する

ク：問題を見いだして解決策を考える

　①　ア・ウ・キ　　②　ア・キ・ク　　③　イ・ウ・オ

　④　エ・オ・カ　　⑤　エ・カ・ク

(☆☆☆☆◎◎)

【2】人権教育に関する以下の問いに答えなさい。

(1)　次の文は「福井県人権施策基本方針(平成27年7月27日修正版)第Ⅳ章あらゆる場を通じた人権教育の推進」からの抜粋である。[　A　]～[　D　]にあてはまる適切な言葉の組み合わせを，①～⑥から1つ選んで番号で答えなさい。

　2　学校教育における人権教育の推進

　(1)　学校における人権教育の推進

　ア　人権尊重のために必要な資質や態度の育成

　(ア)　新しい学習指導要領に基づき，自ら学び，自ら考える力や豊かな人間性等の生きる力を身に付けていく中で，児童・生徒の[　A　]に応じて，日常生活や地域社会における不合理な問題にも目を向けながら，人権問題を正しく理解させるとともに，人権尊重の精神を育むように努めます。

　(イ)　あらゆる教育活動を通して，自他の人権を尊重する心情や態度を育成するように努めます。

(ウ)　多様な体験活動や交流学習等の機会を充実させ，言葉で表現し議論する力，他者と望ましい関係を築くための[　B　]，仲間と協力して行動できる態度など，社会性や豊かな人間性の育成に努めます。

(エ)　ボランティア活動や社会体験活動等を通して，社会の一員としての責任感や規範意識を培うとともに，自立と思いやりの心の育成に努めます。

(オ)　情報機器を使った学習を通して，情報化の進展が社会にもたらす影響，情報の収集・発信における[　C　]や個人の責任についての理解を深めます。

(カ)　[　D　]の進展に対応した教育を推進し，様々な価値観や異なる文化を持った人々と偏見を持たずに交流できる資質や能力の育成に努めます。

① A：発達段階　　　B：コミュニケーション能力
　 C：リテラシー　　D：国際化
② A：発達段階　　　B：コミュニケーション能力
　 C：モラル　　　　D：国際化
③ A：発達段階　　　B：ソーシャルスキル
　 C：モラル　　　　D：AI
④ A：資質能力　　　B：ソーシャルスキル
　 C：リテラシー　　D：インターネット
⑤ A：資質能力　　　B：自己肯定感の高揚
　 C：モラル　　　　D：AI
⑥ A：資質能力　　　B：自己肯定感の高揚
　 C：リテラシー　　D：インターネット

(2) 「性同一性障害や性的指向・性自認に係る，児童生徒に対するきめ細かな対応等の実施について(教職員向け)」(文部科学省初等中等教育局児童生徒課)に記載されている内容として適切でないものを，①~⑤から1つ選んで番号で答えなさい。

① 性同一性障害とは，生物学的な性と性別に関する自己意識(性自認)が一致しないため，社会生活に支障がある状態とされ，また「性自認」と「性的指向」は異なるものであり，対応にあたっては混同しないことが大切である。

② 教職員等の間における情報共有に当たっては，児童生徒が自身の性同一性を可能な限り秘匿しておきたい場合があること等に留意しつつ，一方で，学校として効果的な対応を進めるためには，教職員等の間で情報共有しチームで対応することは欠かせない。

③ 学校は，児童生徒が性に違和感をもつことを打ち明けた場合，当該児童生徒の日常の言動や訴えの内容から性同一性障害なのか，また，その他の傾向があるのかを総合的に判断した上で，必ず医療機関と連携して行う。

④ 保護者が，その子供の性同一性に関する悩みや不安等を受容していない場合にあっては，学校における児童生徒の悩みや不安を軽減し問題行動の未然防止等を進めることを目的として，保護者と十分話合い可能な支援を行っていくことが考えられる。

⑤ ある児童生徒が，その戸籍上の性別によく見られる服装や髪型等としていない場合，性同一性障害等を理由としている可能性を考慮し，そのことを一方的に否定したり，揶揄(やゆ)したりしないこと等が考えられる。

(☆☆○○○○)

【3】「特別の教科　道徳」に関する以下の問いに答えなさい。
　(1)　次の[道徳科の目標]の下線部ア～エを説明した文の正誤の組み合わせとして適切なものを，①～⑥から1つ選んで番号で答えなさい。

> [道徳科の目標]
> 　第1章総則の第1の2に示す_ア道徳教育の目標に基づき，よりよく生きるための基盤となる道徳性を養うため，_イ道徳的諸価値についての理解を基に，自己を見つめ，_ウ物事を広い視野から多面的・多角的に考え，人間としての生き方についての考えを深める学習を通して，_エ道徳的な判断力，心情，実践意欲と態度を育てる。

　　　　　　　　　　(新中学校学習指導要領第3章第1平成29年3月告示)
　ア　目標を十分に理解して，教師の一方的な押し付けや単なる生活経験の話合いなどに終始することのないように特に留意し，それにふさわしい指導の計画や方法を講じ，指導の効果を高める工夫をすることが大切である。
　イ　特定の道徳的価値を絶対的なものとして指導したり，本来実感を伴って理解すべき道徳的価値のよさや大切さを観念的に理解させたりする学習に終始することがないように配慮することが大切である。
　ウ　人間の幸福と社会の発展の調和的な実現を図るために，人としての生き方や社会の在り方について，多様な価値観の存在を前提にして，他者と対話し協働しながら，物事を広い視野から多面的・多角的に考察することが求められる。
　エ　道徳的判断力，道徳的心情，道徳的実践意欲を養うためには，発達段階や学年を考慮しながら特性を区別して，小学校では道徳的心情を，中学校では道徳的実践意欲と道徳的判断力を，計画的に指導することが重要である。
　　①　ア：正　　イ：正　　ウ：誤　　エ：誤
　　②　ア：正　　イ：誤　　ウ：正　　エ：誤

③　ア：正　　イ：誤　　ウ：誤　　エ：誤
④　ア：正　　イ：正　　ウ：正　　エ：誤
⑤　ア：誤　　イ：正　　ウ：正　　エ：誤
⑥　ア：誤　　イ：誤　　ウ：正　　エ：正

(2)　平成27年7月改訂「小学校学習指導要領解説　特別の教科　道徳編」の道徳科に関する評価について示した文である。次の[　A　]～[　C　]にあてはまる適切な言葉の組み合わせを，①～⑥から1つ選んで番号で答えなさい。

・数値による評価ではなく，[　A　]であること。
・他の児童との比較による相対評価ではなく，児童生徒がいかに成長したかを積極的に受け止め，励ます[　B　]として行うこと。
・他の児童生徒と比較して[　C　]を決めるような評価はなじまないことに留意する必要があること。

①　A：記述式　　　B：個人内評価　　C：優劣
②　A：記述式　　　B：観点別評価　　C：優劣
③　A：記述式　　　B：個人内評価　　C：正否
④　A：口頭　　　　B：観点別評価　　C：正否
⑤　A：口頭　　　　B：個人内評価　　C：正否
⑥　A：口頭　　　　B：観点別評価　　C：優劣

(☆☆○○○○)

【4】次の文章を読んで，以下の問いに答えなさい。

　資質・能力の育成に当たっては，子供一人一人の興味や関心，発達や学習の課題等を踏まえ，それぞれの個性に応じた学びを引き出し，一人一人の資質・能力を高めていくことが重要となる。各学校が行う進路指導や生徒指導，_A学習指導等についても，子供たちの一人一人の発達を支え，資質・能力を育成するという観点からその意義を捉え直し，充実を図っていくことが必要となる。

　また，個々の子供の発達課題や教育的ニーズをきめ細かに支えるという視点から，特別支援教育や，日本語の能力に応じた支援等につい

ても，教育課程や各教科等の関係性を明確にしながら，充実を図っていくことが求められている。

　あわせて，_B不登校児童生徒について，個々の児童生徒の意思を尊重しつつ，保護者及び関係機関と連携を図り，その社会的な自立に向けて必要な支援を行うことや，夜間中学に通う生徒に対する教育も重要である。

　なお，子供たちの発達を支えるためには，児童生徒の_C発達の特性や教育活動の特性を踏まえて，予め適切な時期・場面において，主に集団の場面で必要な指導・援助を行うガイダンスと，個々の児童生徒が抱える課題に対して，その課題を受け止めながら，主に個別指導により解決に向けて指導・援助する_Dカウンセリングを，それぞれ充実させていくという視点が必要である。

　　　(中央教育審議会「幼稚園，小学校，中学校，高等学校及び特別支援学校の学習指導要領等の改善及び必要な方策等について(答申)」平成28年，改変)

(1)　下線部Aに関して，学習指導を評価することが必要であるが，次のⅠ～Ⅲが説明している評価の組み合わせとして適切なものを，①～⑥の中から1つ選んで番号で答えなさい。

　Ⅰ　ひとつの単元の終了後などに実施し，一定期間に一定教材を学習した成果を判定すること。

　Ⅱ　あらかじめ到達すべき学習目標と，その目標への到達度を判定する基準とを設定しておき，それに基づき，個人の到達度を評価すること。

　Ⅲ　学習進行状況や子どもの理解程度をチェックする目的で，学習指導の途中で行われる評価。

　【評価】　ア　形成的評価　　イ　絶対評価　　ウ　統括的評価
　　　　　　エ　相対評価　　　オ　診断的評価

　①　Ⅰ：ウ　　Ⅱ：イ　　Ⅲ：ア
　②　Ⅰ：ア　　Ⅱ：エ　　Ⅲ：ウ
　③　Ⅰ：ウ　　Ⅱ：エ　　Ⅲ：イ

④　Ⅰ：エ　　　Ⅱ：ア　　　Ⅲ：イ

⑤　Ⅰ：イ　　　Ⅱ：ア　　　Ⅲ：ウ

⑥　Ⅰ：イ　　　Ⅱ：ウ　　　Ⅲ：エ

(2)　下線部Bについて述べた次の文章の(　ア　)〜(　ウ　)に入る語句の組み合わせとして適切なものを，①〜⑥から1つ選んで番号で答えなさい。

> 　　不登校児童生徒への効果的な支援については，学校及び(　ア　)などの関係機関を中心として組織的・計画的に実施することが重要であり，また，個々の児童生徒ごとに不登校になったきっかけや継続理由を的確に把握し，その児童生徒に合った支援策を策定することが重要であること。その際(　イ　)，養護教諭，スクールカウンセラー，スクールソーシャルワーカー等の学校関係者が中心となり，児童生徒や保護者と話し合うなどして，「(　ウ　)(試案)」を作成することが望ましいこと。
> 　　　文部科学省「不登校児童生徒への支援の在り方について(通知)」平成28年

①　ア：医療機関　　　　　　イ：管理職
　　ウ：学級経営シート

②　ア：医療機関　　　　　　イ：学級担任
　　ウ：学級経営シート

③　ア：医療機関　　　　　　イ：管理職
　　ウ：児童生徒理解・教育支援シート

④　ア：教育支援センター　　イ：学級担任
　　ウ：児童生徒理解・教育支援シート

⑤　ア：教育支援センター　　イ：管理職
　　ウ：児童生徒理解・教育支援シート

⑥　ア：教育支援センター　　イ：学級担任
　　ウ：学級経営シート

(3)　欲求不満が解消されないことが原因で自己を適応させようとして働く適応機制を説明した次のⅠ～Ⅲと語句の組み合わせとして適切なものを，①～⑥から1つ選んで番号で答えなさい。

Ⅰ　仕事が辛いので，病気になるように不摂生な生活をすること。

Ⅱ　部活では負けるけれど，勉強は私の方ができると考え，勉強に励むこと。

Ⅲ　試験には最初から合格すると思っていなかったから，予想通りと考えてショックを和らげること。

【語句】　　ア：抑圧　　イ：逃避　　ウ：補償　　エ：合理化
　　　　　　オ：退行

① 　Ⅰ：オ　　　Ⅱ：イ　　　Ⅲ：ウ
② 　Ⅰ：イ　　　Ⅱ：ウ　　　Ⅲ：エ
③ 　Ⅰ：ウ　　　Ⅱ：オ　　　Ⅲ：イ
④ 　Ⅰ：エ　　　Ⅱ：ア　　　Ⅲ：イ
⑤ 　Ⅰ：イ　　　Ⅱ：エ　　　Ⅲ：ア
⑥ 　Ⅰ：オ　　　Ⅱ：ウ　　　Ⅲ：ア

(4)　下線部Cに関して，発達障害を説明した次のⅠ～Ⅲと語句の組み合わせとして適切なものを，①～⑥から1つ選んで番号で答えなさい。

Ⅰ　他人との社会的関係形成の困難さ，言葉の発達の遅れ，特定の物事に対するこだわりがみられる。

Ⅱ　基本的には全般的な知的発達に遅れはないが，特定の能力の習得と使用に困難を示す。

Ⅲ　不注意，衝動性，多動性を特徴とする行動の障害。

【語句】　　ア：学習障害　　　イ：ADHD
　　　　　　ウ：適応障害　　　エ：自閉スペクトラム症
　　　　　　オ：HSC

① 　Ⅰ：オ　　　Ⅱ：イ　　　Ⅲ：ウ
② 　Ⅰ：ア　　　Ⅱ：イ　　　Ⅲ：ウ
③ 　Ⅰ：ウ　　　Ⅱ：オ　　　Ⅲ：イ

④　Ⅰ：エ　　Ⅱ：ア　　Ⅲ：イ

⑤　Ⅰ：イ　　Ⅱ：エ　　Ⅲ：ア

⑥　Ⅰ：オ　　Ⅱ：ウ　　Ⅲ：エ

(5)　同じく下線部Cに関して，発達障害がある人に対しての配慮の内容で，誤っているものの組み合わせとして適切なものを，①～⑥から1つ選んで番号で答えなさい。

ア　暗黙の了解や社会のルールが分からないことがあるので，いけないことや迷惑なことは具体的にどのようにしたらよいかはっきり教える。

イ　できないことや失敗したことに対して注意をする場合は，努力している点やうまく行っている点をほめたうえで，どうするとよくなるかを肯定的，具体的に伝える。

ウ　言葉よりも目で見て分かる情報の方が理解しやすい人には，言葉を使わず写真や絵だけで説明する必要がある。

エ　言葉で説明するときは，短い文で，一つずつ順を追って，具体的に説明する。

オ　子どもがパニックを起こしたり，騒いだりしているときには，気づいた周囲の人が親の代わりに叱るようにする。

①　ア・イ　　②　ア・ウ　　③　イ・エ　　④　イ・オ

⑤　ウ・エ　　⑥　ウ・オ

(6)　下線部Dに関して，次の（　ア　）～（　ウ　）に入る語句の組み合わせとして適切なものを，①～⑥から1つ選んで番号で答えなさい。

ロジャースが提唱した（　ア　）カウンセリングは，クライエントに対して（　イ　）な態度で接し，（　ウ　）。

①　ア：非指示的　　　イ：教育的・倫理的
　　ウ：教示や指示は行わない

②　ア：来談者中心　　イ：教育的・倫理的
　　ウ：教示や指示は行わない

③　ア：非指示的　　　イ：教育的・倫理的
　　ウ：理論的解決を目指す

④　ア：来談者中心　　イ：受容的・共感的
　　　ウ：教示や指示は行わない
⑤　ア：非指示的　　　イ：受容的・共感的
　　　ウ：理論的解決を目指す
⑥　ア：来談者中心　　イ：受容的・共感的
　　　ウ：理論的解決を目指す

(7)　同じく下線部Dに関して，カウンセリングとは別の心理療法について説明したⅠ～Ⅲと語句の組み合わせとして適切なものを，①～⑥から1つ選んで番号で答えなさい。

Ⅰ　環境に適応できないほど強い不安や恐怖反応を引き起こしている状態に対し，それらと両立しない拮抗反応を同時に引き起こすことによって，それらの反応を段階的に除去する方法。

Ⅱ　強化を得ることがなくても，見本となる行動を示すことによって適切な行動を観察学習させる方法。

Ⅲ　目的とする行動を行動レパートリーの中から選び，その行動が起きた時だけ特定の強化子を呈示する方法。

　　　【語句】　ア：オペラント条件づけ法　　イ：自立訓練法
　　　　　　　　ウ：ゲシュタルト療法　　　　エ：モデリング療法
　　　　　　　　オ：系統的脱感作法
　　　①　Ⅰ：オ　　　Ⅱ：イ　　　Ⅲ：ウ
　　　②　Ⅰ：ア　　　Ⅱ：イ　　　Ⅲ：ウ
　　　③　Ⅰ：ウ　　　Ⅱ：オ　　　Ⅲ：イ
　　　④　Ⅰ：ウ　　　Ⅱ：ア　　　Ⅲ：エ
　　　⑤　Ⅰ：イ　　　Ⅱ：エ　　　Ⅲ：ア
　　　⑥　Ⅰ：オ　　　Ⅱ：エ　　　Ⅲ：ア

(8)　いじめに関して述べた次のア～ウの文の正誤の組み合わせとして適切なものを，①～⑥から1つ選んで番号で答えなさい。

ア　まったく見ず知らずの者から脅されたり，金品を要求されたりするのは，いじめとは定義しない。

イ　いじめの予防・対応のための実践は，つねに教師が主導して行

われるべきである。

　ウ　ネットいじめは，従来型いじめの延長であり，これまでと同様
　　の対応が必要である。

　　①　ア：正　　イ：正　　ウ：誤
　　②　ア：正　　イ：誤　　ウ：誤
　　③　ア：誤　　イ：誤　　ウ：正
　　④　ア：誤　　イ：正　　ウ：正
　　⑤　ア：誤　　イ：正　　ウ：誤
　　⑥　ア：正　　イ：誤　　ウ：正

(9)　マズローによると，人間の欲求は5段階のピラミッドのように構
　　成されていて，低階層の欲求が満たされると，より高次の階層の欲
　　求を欲するとされる。次図のA，Eに入る語句を，①～⑤から1つず
　　つ選んで番号で答えなさい。

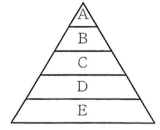

　　①　自己実現の欲求　　②　愛情と所属の欲求　　③　生理的欲求
　　④　安全の欲求　　　　⑤　承認と尊重の欲求

(☆☆☆○○○)

【5】次の文章を読んで，以下の問いに答えなさい。
　　生徒指導とは，「社会の中で自分らしく生きることができる大人へ
　と児童生徒が育つように，その成長・発達を促したり支えたりする意
　図でなされる働きかけの総称」(国立教育政策研究所『生徒指導リー
　フ』)とあります。したがって，「_A問題行動など目前の問題に対応する
　だけにとどめることがないように」「学校の教育活動全体を通じ，そ

の一層の充実を図っていくことが必要」(文部科学省『生徒指導提要』)な機能であるとされています。

　ここの説明からもわかるとおり，生徒指導には一定の領域があるわけではなく，_B授業はもちろん，休み時間や放課後，部活動や_C地域での活動，場合によっては生徒の家庭生活においてもその機能が発揮されるべきものとなります。つまり，_D生徒指導には「ここまで」という範囲や量の境界がないのです。この無境界性・無定量性こそが，多くの教師の働き方を規定してきたと言えるでしょう。

<中略>

　平成29年12月，中央教育審議会は「新しい時代の教育に向けた持続可能な学校指導・運営体制の構築のための学校における働き方改革に関する総合的な方策について(中間まとめ)」を発表しました。そこには，_E学校や教師の代表的な業務14項目を3つに分類して，「働き方」への考え方が示されています。

(「月刊生徒指導」学事出版，2018年5月)

(1)　下線部Aに関して，平成28年度「児童生徒の問題行動・不登校等生徒指導上の諸問題に関する調査」(文部科学省)について述べた，次のア～エの中から誤っているものを2つ選び，組み合わせとして適切なものを，①～⑥から1つ選んで番号で答えなさい。

ア　平成28年度の高等学校の不登校生徒数は，平成27年度の調査と比べると減少した。

イ　小・中・高等学校における暴力行為の発生件数の中で最も多い形態は，「生徒間暴力」である。

ウ　小・中・高等学校・特別支援学校におけるいじめの中で最も多い態様は，「仲間はずれ，集団による無視をされる」である。

エ　統計上，不登校とは年間30日以上の欠席のある児童生徒のことである。

①　ア・イ　　②　ア・ウ　　③　ア・エ　　④　イ・ウ
⑤　イ・エ　　⑥　ウ・エ

(2) 下線部Bに関して，Ⅰ～Ⅲの教授・学習理論とその提唱者の組み合わせとして適切なものを，①～⑥から1つ選んで番号で答えなさい。

Ⅰ　プロジェクト・メソッド　　Ⅱ　実物教授

Ⅲ　問題解決学習

【提唱者】　ア：遠山啓　　　　　イ：ブルーナー
　　　　　　ウ：スキナー　　　　エ：コメニウス
　　　　　　オ：キルパトリック　カ：デューイ

① Ⅰ：ウ　　Ⅱ：イ　　Ⅲ：ア
② Ⅰ：ウ　　Ⅱ：エ　　Ⅲ：カ
③ Ⅰ：ウ　　Ⅱ：オ　　Ⅲ：イ
④ Ⅰ：オ　　Ⅱ：イ　　Ⅲ：ア
⑤ Ⅰ：オ　　Ⅱ：エ　　Ⅲ：カ
⑥ Ⅰ：オ　　Ⅱ：カ　　Ⅲ：イ

(3) 同じく下線部Bに関して，（　ア　）～（　ウ　）に当てはまる適切な数字の組み合わせを，①～⑥から1つ選んで番号で答えなさい。

・授業を行う教室の温度は，学校環境衛生基準で（　ア　）℃以上，28℃以下が望ましいとされている。

・高校において卒業に必要な総単位数は（　イ　）単位以上である。

・福井県では，各学年の特性を踏まえた学級編制基準等を導入しており，中学1年生においては，学級編制基準を（　ウ　）人としている。

① ア：17　　イ：105　　ウ：35
② ア：17　　イ：74　　ウ：30
③ ア：17　　イ：105　　ウ：30
④ ア：10　　イ：74　　ウ：35
⑤ ア：10　　イ：105　　ウ：35
⑥ ア：10　　イ：74　　ウ：30

(4) 下線部Cに関して，平成27年12月に中央教育審議会より「新しい時代の教育や地方創生の実現に向けた学校と地域の連携・協働の在

り方と今後の推進方策について(答申)」が出された。答申より抜粋
した(ア)～(ウ)に当てはまる適切な語句の組み合わせを，
①～⑥から1つ選んで番号で答えなさい。

・これからの厳しい時代を生き抜く力の育成，地域から信頼
される学校づくり，社会的な教育基盤の構築等の観点から，
学校と地域は(ア)として相互に連携・協働していく必要
があり，そのことを通じ，社会総掛かりでの教育の実現を
図る必要。

・学校が抱える複雑化・困難化した課題を解決し，子供たち
の生きる力を育むためには，地域住民や保護者等の参画を
得た学校運営が求められており，(イ)の仕組みの導入に
より，地域との連携・協働体制が組織的・継続的に確立さ
れる。

・地域学校協働活動としては，地域住民，保護者，企業，団
体等，様々な関係者が，学校支援活動，放課後や土曜日の
学習支援活動，家庭教育支援活動，学びによるまちづくり
等の地域活動といった様々な活動に参画することが想定さ
れ，学校や学校運営協議会と連携を図りつつ，時には学校
との連絡窓口となり，時には住民，保護者間の調整役とな
って協働活動を推進していく(ウ)の役割が重要である。

---

① ア：チーム　　　　　イ：コミュニティ・スクール
　ウ：ファシリテーター

② ア：チーム　　　　　イ：放課後子供教室
　ウ：コーディネーター

③ ア：チーム　　　　　イ：地域学校協働本部
　ウ：リーダー

④ ア：パートナー　　　イ：地域学校協働本部
　ウ：ファシリテーター

⑤ ア：パートナー　　　イ：放課後子供教室

　　ウ：リーダー
　⑥　ア：パートナー　　イ：コミュニティ・スクール
　　ウ：コーディネーター

(5)　下線部Dに関して，教員の行動について述べた次のア～ウの文の
　　正誤の組み合せとして適切なものを，①～⑥から1つ選んで番号で
　　答えなさい。
　　ア　不登校の生徒が学校外の施設で指導を受けたので，担任判断の
　　　もと，その日数を，指導要録上「出席扱い」とした。
　　イ　クラスに，家庭が経済的に非常に厳しく，不衛生な面が目立つ
　　　不登校傾向の生徒がいるため，スクールソーシャルワーカーとの
　　　連携を図った。
　　ウ　児童の体に複数のあざを発見したので，保護者への事実関係の
　　　確認を行った上で対応を検討した。
　　①　ア：正　　イ：正　　ウ：誤
　　②　ア：正　　イ：誤　　ウ：誤
　　③　ア：正　　イ：誤　　ウ：正
　　④　ア：誤　　イ：正　　ウ：正
　　⑤　ア：誤　　イ：正　　ウ：誤
　　⑥　ア：誤　　イ：誤　　ウ：正

(6)　下線部Eに関して，次のⅠ～Ⅲに分類される業務の組み合わせと
　　して適切なものを，①～⑥から1つ選んで番号で答えなさい。
　　Ⅰ　基本的には学校以外が担うべき業務
　　Ⅱ　学校の業務だが，必ずしも教師が担う必要のない業務
　　Ⅲ　教師の業務だが，負担軽減が可能な業務
　　【業務】　ア：部活動　　イ：給食時の対応
　　　　　　　ウ：登下校に関する対応
　　①　Ⅰ：イ　　Ⅱ：ウ　　Ⅲ：ア
　　②　Ⅰ：イ　　Ⅱ：ア　　Ⅲ：ウ
　　③　Ⅰ：ウ　　Ⅱ：ア　　Ⅲ：イ
　　④　Ⅰ：ウ　　Ⅱ：イ　　Ⅲ：ア

⑤　Ⅰ：ア　　Ⅱ：ウ　　Ⅲ：イ

⑥　Ⅰ：ア　　Ⅱ：イ　　Ⅲ：ウ

(☆☆☆◎◎◎)

【6】次の文章を読んで，以下の問いに答えなさい。

　_Aキャリア教育には，キャリア（　ア　）を促す「（　イ　）能力」を育むための_Bカリキュラムや学習プログラムに加えて，一人一人のキャリア（　ア　）に応じて個別対応を図るキャリア・カウンセリングが必要である。キャリア教育のキャリア・カウンセリングは，教師と子供たちとの日常的な人間関係の上に成り立つ適切なコミュニケーションであり，子供たちが自らの体験に気付き，それを言葉にして表現できるように援助するという活動である。

（「指導と評価」日本図書文化，2017年10月）

(1)　（　ア　），（　イ　）に当てはまる適切な語句の組み合わせを，①〜⑥から1つ選び，番号で答えなさい。

①　ア：選択　　イ：基礎的・汎用的

②　ア：学習　　イ：基本的・普遍的

③　ア：発達　　イ：基礎的・汎用的

④　ア：発達　　イ：基本的・普遍的

⑤　ア：学習　　イ：基礎的・汎用的

⑥　ア：選択　　イ：基本的・普遍的

(2)　下線部Aについて述べたア〜ウの文の正誤の組み合せとして適切なものを，①〜⑥から1つ選んで番号で答えなさい。

ア　キャリア教育の中核となるのは，特別活動の時間である。

イ　キャリア教育とは，進路の選択・決定のための援助という視点を中心にした取り組みである。

ウ　キャリア教育の中心は，職場体験などの体験活動である。

①　ア：正　　イ：正　　ウ：誤

②　ア：正　　イ：誤　　ウ：誤

③　ア：正　　イ：誤　　ウ：正

④　ア：誤　　イ：正　　ウ：正

⑤　ア：誤　　イ：正　　ウ：誤

⑥　ア：誤　　イ：誤　　ウ：正

(3)　下線部Bに関して，Ⅰ～Ⅲのカリキュラムと，そのカリキュラムがうまれた背景の組み合わせとして適切なものを，①～⑥から1つ選んで番号で答えなさい。

Ⅰ　学問中心カリキュラム

Ⅱ　経験カリキュラム

Ⅲ　人間中心カリキュラム

　【背景】　　ア：「落ちこぼれ」の子どもの増大

　　　　　　イ：スプートニク・ショック

　　　　　　ウ：児童中心主義の実践

①　Ⅰ：イ　　Ⅱ：ウ　　Ⅲ：ア

②　Ⅰ：イ　　Ⅱ：ア　　Ⅲ：ウ

③　Ⅰ：ウ　　Ⅱ：ア　　Ⅲ：イ

④　Ⅰ：ウ　　Ⅱ：イ　　Ⅲ：ア

⑤　Ⅰ：ア　　Ⅱ：ウ　　Ⅲ：イ

⑥　Ⅰ：ア　　Ⅱ：イ　　Ⅲ：ウ

(☆☆○○○○)

【7】以下の問いに答えなさい。

(1)　Ⅰ～Ⅲの説明に合う用語の組み合わせとして適切なものを，①～⑥から1つ選んで番号で答えなさい。

Ⅰ　学校などで新聞を教材として活用すること。

Ⅱ　相手の表情やしぐさなどから感情を量ることを学び，他者への思いやりや気遣いといった社会的能力を身につけるための心理教育プログラム。

Ⅲ　この地球で生きていくことを困難にするような問題について考え，立ち向かい，解決するための学び。

　【用語】　ア：NIE　　イ：ESD　　ウ：SEL

　　① 　I：イ　　　Ⅱ：ウ　　　Ⅲ：ア

　　② 　I：イ　　　Ⅱ：ア　　　Ⅲ：ウ

　　③ 　I：ウ　　　Ⅱ：ア　　　Ⅲ：イ

　　④ 　I：ウ　　　Ⅱ：イ　　　Ⅲ：ア

　　⑤ 　I：ア　　　Ⅱ：ウ　　　Ⅲ：イ

　　⑥ 　I：ア　　　Ⅱ：イ　　　Ⅲ：ウ

(2)　次の文は，教育基本法の前文である。[　A　]～[　E　]に，当てはまる語句の正しい組み合わせはどれか，①～⑤から1つ選んで番号で答えなさい。

　　我々日本国民は，たゆまぬ努力によって築いてきた民主的で[　A　]な国家を更に発展させるとともに，世界の平和と人類の福祉の向上に貢献することを願うものである。

　　我々は，この理想を実現するため，個人の[　B　]を重んじ，真理と[　C　]を希求し，公共の精神を尊び，豊かな人間性と[　D　]を備えた人間の育成を期するとともに，伝統を継承し，新しい文化の創造を目指す教育を推進する。

　　ここに，我々は，日木国憲法の精神にのっとり，我が国の未来を切り拓く教育の基本を確立し，その[　E　]を図るため，この法律を制定する。

【語句】　ア　先進的　　　イ　平和　　　ウ　正義

　　　　　エ　尊厳　　　　オ　進展　　　カ　文化的

　　　　　キ　創造性　　　ク　個性　　　ケ　自由

　　　　　コ　振興

　　① 　A：ア　　B：エ　　C：ウ　　D：ク　　E：オ

　　② 　A：カ　　B：エ　　C：イ　　D：ク　　E：コ

　　③ 　A：カ　　B：ケ　　C：イ　　D：キ　　E：コ

　　④ 　A：カ　　B：エ　　C：ウ　　D：キ　　E：コ

　　⑤ 　A：ア　　B：ケ　　C：イ　　D：ク　　E：コ

(3)　次の文は，「生徒指導提要」(平成22年3月　文部科学省)「第1章　生徒指導の意義と原理」「第1節　生徒指導の意義と課題」の一部を

抜粋したものである。文中の[　A　]～[　E　]に当てはまる正しい語句の組み合わせはどれか，①～⑤から1つ選んで番号で答えなさい。

　生徒指導とは，一人一人の児童生徒の[　A　]を尊重し，個性の伸長を図りながら，[　B　]や行動力を高めることを目指して行われる教育活動のことです。すなわち，生徒指導は，すべての児童生徒のそれぞれの[　A　]のよりよき発達を目指すとともに，学校生活がすべての児童生徒にとって有意義で興味深く，充実したものになることを目指しています。生徒指導は学校の教育目標を達成する上で重要な機能を果たすものであり，[　C　]と並んで学校教育において重要な意義を持つものと言えます。

　各学校においては，生徒指導が，教育課程の内外において一人一人の児童生徒の健全な成長を促し，児童生徒自ら現在及び将来における自己実現を図っていくための[　D　]能力の育成を目指すという生徒指導の積極的な意義を踏まえ，学校の[　E　]を通じ，その一層の充実を図っていくことが必要です。

【語句】　ア　判断力　　　イ　学習指導　　ウ　各教科の時間
　　　　　エ　自己指導　　オ　進路指導　　カ　社会的資質
　　　　　キ　自己決定　　ク　人格　　　　ケ　教育活動全体
　　　　　コ　道徳性

① A：ア　　B：カ　　C：イ　　D：エ　　E：ウ
② A：ク　　B：カ　　C：イ　　D：エ　　E：ケ
③ A：ア　　B：コ　　C：イ　　D：キ　　E：ウ
④ A：ア　　B：コ　　C：オ　　D：キ　　E：ケ
⑤ A：ク　　B：コ　　C：オ　　D：キ　　E：ウ

(4) 生徒指導提要(平成22年3月　文部科学省)の中の教育相談に関する内容として誤っているものを，①～⑤から1つ選んで番号で答えなさい。

① 　教育相談は，児童生徒それぞれの発達に即して，好ましい人間関係を育て，生活によく適応させ，自己理解を深めさせ，人格の

成長への援助を図るものであり，決して特定の教員だけが行う性質のものではなく，相談室だけで行われるものでもない。

② 児童生徒を観察し，家庭環境や成績など多くの情報を得ることができ，問題が大きくなる前にいち早く気付くことができることは，学校における教育相談の大きな利点である。

③ 児童生徒の心理的あるいは発達的問題は，不登校やいじめ，非行といった具体的問題として表れ明確になっていく場合と，教員が日常の行動観察や，児童生徒の答案など表現されたものを通して発見する場合，他の教員や保護者から指摘されたり相談されたりして気付く場合がある。

④ 教育相談で必要とされる教員の資質としては，実践に裏付けられた知識と技能を備えておればよく，人間的な温かみや受容的態度が成熟しているなどの資質は必要ではない。

⑤ 学校は教育相談の実施に際して，計画的，組織的に情報提供や案内，説明を行い，実践することが必要となる。

(5) 次の文は，「いじめ防止対策推進法」(平成25年9月　文部科学省)に定める組織について述べたものである。[　ア　]～[　ウ　]に当てはまるものの組み合わせとして適切なものを，①～⑤の中から1つ選んで番号で答えなさい。

いじめ防止対策推進法第14条に定める「いじめ問題対策連絡協議会」は，いじめの防止等に関係する機関及び団体の連携を図るため，[　ア　]が設置する法律上[　イ　]の組織であり，学校，教育委員会，児童相談所，法務局又は地方法務局，都道府県警察その他の関係者により構成される。

また，同法第22条に定める「いじめの防止等の対策のための組織」は，学校におけるいじめの防止等に関する措置を実効的に行うため，当該学校が設置する法律上[　ウ　]の組織であり，当該学校の複数教職員，心理，福祉等に関する専門的な知識を有する者その他の関係者により構成される。

① ア：地方公共団体　　イ：必置　　　　ウ：必置

② ア：地方公共団体　　イ：必置　　　　ウ：任意設置

③ ア：地方公共団体　　イ：任意設置　　ウ：必置

④ ア：国　　　　　　　イ：必置　　　　ウ：任意設置

⑤ ア：国　　　　　　　イ：任意設置　　ウ：必置

(6) 次の文は，「チームとしての学校の在り方と今後の改善方策について(答申)」(平成27年12月中央教育審議会)の一部である。[　A　]〜[　E　]に当てはまる正しい語句の組み合わせを，①〜⑤から1つ選んで番号で答えなさい。

　　子供たちに，必要な資質・能力を育むためには，学校が，社会や世界と接点を持ちつつ，多様な人々とつながりを保ちながら学ぶことができる開かれた環境となることが不可欠であり，これからの教育課程には，教育が普遍的に目指す根幹を堅持しつつ，社会の変化に目を向け，柔軟に受け止めていく「社会に開かれた教育課程」としての役割が期待されている。この理念を実現していくためには，各学校において，「[　A　]」の視点を踏まえた指導方法の不断の見直し等による授業改善と「[　B　]」を通した組織運営の改善に一体的に取り組むことが重要である。

＜中略＞

　　個々の教員が個別に教育活動に取り組むのではなく，校長のリーダーシップの下，学校の[　C　]を強化し，組織として教育活動に取り組む体制を創り上げるとともに，必要な指導体制を整備することが必要である。その上で，[　D　]や特別支援教育等を充実していくために，学校や教員が心理や福祉等の専門家(専門スタッフ)や専門機関と[　E　]する体制を整備し，学校の機能を強化していくことが重要である。

【語句】　ア　生徒指導　　　　　　　　　イ　連携・協力
　　　　　ウ　カリキュラム・マネジメント　エ　マネジメント
　　　　　オ　学校評議員　　　　　　　　カ　特別活動
　　　　　キ　アクティブ・ラーニング　　ク　連携・分担
　　　　　ケ　コンプライアンス

271

① 　A：ウ　　　B：キ　　　C：エ　　　D：ア　　　E：イ
② 　A：キ　　　B：ウ　　　C：ク　　　D：カ　　　E：ケ
③ 　A：キ　　　B：ウ　　　C：エ　　　D：ア　　　E：ク
④ 　A：キ　　　B：ウ　　　C：ク　　　D：ア　　　E：イ
⑤ 　A：ウ　　　B：キ　　　C：オ　　　D：カ　　　E：イ

(7) 児童虐待防止等に関する法律について述べた内容として，誤っているものを，①〜⑤から1つ選んで番号で答えなさい。

ア 学校の教職員は児童虐待を発見しやすい立場にあることから，早期発見に努めなければならない。

イ 児童虐待を受けたと思われる児童を発見した者は，速やかに福祉事務所もしくは児童相談所に通告するよう努めなければならない。

ウ 学校及び学校の教職員は，児童虐待の予防その他の児童虐待の防止，児童虐待を受けた児童の保護及び自立の支援に関する国や地方公共団体の施策に協力するよう努めなければならない。

エ 児童虐待を受けた児童の保護及び自立の支援を専門的知識に基づき適切に行うことができるよう，国及び地方公共団体は，学校の教職員等を対象とした研修などの措置を講じなければならない。

① ア・エ　　②　イ　　③　イ・エ　　④　ア・イ　　⑤　ウ

(8) 次の各文は，教育に関する法規の条文または条文の一部である。これらのうち学校教育法に規定されているものの組み合わせを，①〜⑤から選び番号で答えなさい。

ア 国民は，その保護する子に，別に法律で定めるところにより，普通教育を受けさせる義務を負う。

イ すべて国民は，法律の定めるところにより，その能力に応じて，ひとしく教育を受ける権利を有する。

ウ 保護者は，子が小学校の課程，義務教育学校の前期課程又は特別支援学校の小学部の課程を修了した日の翌日以後における最初の学年の初めから，満十五歳に達した日の属する学年の終わりま

で，これを中学校，義務教育学校の後期課程，中等教育学校の前期課程又は特別支援学校の中学部に就学させる義務を負う。

エ　すべて国民は，ひとしく，その能力に応じた教育を受ける機会を与えられなければならず，人種，信条，性別，社会的身分，経済的地位又は門地によって，教育上差別されない。

オ　校長及び教員は，教育上必要があると認めるときは，文部科学大臣の定めるところにより，児童，生徒及び学生に懲戒を加えることができる。ただし，体罰を加えることはできない。

① ア・エ　　② イ・ウ　　③ ウ・オ　　④ イ・エ
⑤ ア・オ

(9)　次の事項の設置や公布の年代の古い順に正しく並べてあるものを番号で選びなさい。

(ア)　文部省　　　　(イ)　教育令
(ウ)　国民学校令　　(エ)　小学校令・中学校令・師範学校令
(オ)　学制

① (ア)→(ウ)→(エ)→(イ)→(オ)
② (ア)→(イ)→(ウ)→(エ)→(オ)
③ (ア)→(オ)→(イ)→(エ)→(ウ)
④ (ウ)→(イ)→(エ)→(オ)→(ア)
⑤ (イ)→(ウ)→(オ)→(エ)→(ア)

(10)　明治の福井藩で御雇い外国人として教鞭をとったグリフィスについて，関連のある藩校の名称と教授した学問の分野が一致しているものを，①〜⑥から1つ選んで番号で答えなさい。

① 日新館：語学　　② 明新館：理化学　　③ 明道館：歴史学
④ 日道館：語学　　⑤ 日倫館：理化学　　⑥ 明倫館：地理学

(11)　次の各文に関連する人物の正しい組み合わせを，①〜⑤から1つ選んで番号で答えなさい。

ア　江戸前期の朱子学者。『和俗童子訓』を著した。この他，著書として『大和俗訓』『養生訓』などがある。

イ　明治前期の啓蒙思想家。緒方洪庵の主宰する適塾に学ぶ。慶應

義塾の創設者としても知られる。

ウ　アメリカ留学後，東京音楽学校初代校長などを務める。日本初の唱歌教科書編集，吃音矯正への関与などでも知られる。

エ　第一次伊藤博文内閣で初代文部大臣に就任。教育令を廃止し，諸学校令と称される一連の勅令を公布。国家主義的学校教育の確立を目指した。

オ　夏目漱石門下の小説家。童話作家としても名高い。大正期，児童文芸雑誌『赤い鳥』を創刊した。

① ア：福沢諭吉　　イ：貝原益軒　　ウ：鈴木三重吉
　　エ：森有礼　　　オ：伊沢修二

② ア：鈴木三重吉　イ：福沢諭吉　　ウ：森有礼
　　エ：伊沢修二　　オ：貝原益軒

③ ア：鈴木三重吉　イ：森有礼　　　ウ：福沢諭吉
　　エ：伊沢修二　　オ：貝原益軒

④ ア：貝原益軒　　イ：森有礼　　　ウ：福沢諭吉
　　エ：鈴木三重吉　オ：伊沢修二

⑤ ア：貝原益軒　　イ：福沢諭吉　　ウ：伊沢修二
　　エ：森有礼　　　オ：鈴木三重吉

(12)　次の説明文の波線部分が誤っているものの組み合わせを，①〜⑥から選んで番号で答えなさい。

ア　ロックは，人間精神は白紙(タブラ・ラサ)にたとえられるとし，そこにさまざまな経験により観念を構成していくのが教育と考えた。

イ　ルソーは，子どもを「小さな大人」としてではなく子ども本来の姿でとらえることを訴え，また「自然に帰れ」と人間の自然性の回復を唱えた。

ウ　ペスタロッチは，ルソーの影響を受けつつ，その生涯を貧民や孤児の救済と民衆教育に捧げた。また，人間に共通の能力を「心情・精神・技術力」の3つに分け，その調和的発達を目標とした。

エ　スペンサーは「教育的教授」を重視し，その実現のための認識

段階を4段階に分けて考えた。彼の主張は，弟子たちを通して19世紀後半の日本にも影響を与えた。

オ　<u>ヘルバルト</u>は，ダーウィニズムの立場から教育を展開。教育目的を「完全な生活への準備」であると主張した。近代教育内容の基本的枠組みとなる「知育，徳育，体育」の分類でも知られる。

①　ア・イ　　②　ア・ウ　　③　イ・オ　　④　ウ・エ

⑤　エ・オ

(13)　Ⅰ～Ⅳの説明に合う人物の組み合わせとして適切なものを，①～⑤から選んで番号で答えなさい。

Ⅰ　モンテッソーリに師事した後，マサチューセッツ州の高校で教師と生徒の「学習割当表(アサイメント)」などによる個別学習実践を行った。

Ⅱ　アメリカのシカゴ大学で教授を務めた。一般には，問題解決学習と教授段階論を統合させた独自の単元学習の提唱者とされている。

Ⅲ　1965年，パリのユネスコ本部で開催された成人教育推進国際委員会で「生涯教育」の理念を提唱した。主著に『生涯教育入門』がある。

Ⅳ　フランス革命の際，教育の無償性，宗教からの独立，知育の重視などを内容とする近代公教育の組織化に影響を与えた法案の提出に尽力した。

【人物】　ア　パーカースト　　イ　モリソン
　　　　　ウ　コンドルセ　　　エ　ラングラン

①　Ⅰ：ア　　Ⅱ：イ　　Ⅲ：ウ　　Ⅳ：エ

②　Ⅰ：イ　　Ⅱ：ア　　Ⅲ：エ　　Ⅳ：ウ

③　Ⅰ：イ　　Ⅱ：ウ　　Ⅲ：ア　　Ⅳ：エ

④　Ⅰ：ア　　Ⅱ：イ　　Ⅲ：エ　　Ⅳ：ウ

⑤　Ⅰ：ウ　　Ⅱ：イ　　Ⅲ：ア　　Ⅳ：エ

(☆☆◎◎◎◎)

解答・解説

■一般教養■

【1】(4)

〈解説〉2018年9月現在で日本ジオパークは44地域となり，そのうち9地域がユネスコ世界ジオパークにも認定されている。9地域とは，洞爺湖有珠山・アポイ岳(ともに北海道)，糸魚川(新潟県)，隠岐(島根県)，山陰海岸(鳥取県・兵庫県・京都府)，室戸(高知県)，島原半島(長崎県)，阿蘇(熊本県)，伊豆半島(静岡県)である。

【2】(2)

〈解説〉環太平洋パートナーシップ(TPP)協定に参加している国は，オーストラリア・ブルネイ・カナダ・チリ・日本・マレーシア・メキシコ・ニュージーランド・ペルー・シンガポール・アメリカ・ベトナムの12カ国であったが，2017年1月にアメリカが離脱し，現在は11カ国が参加している。

【3】(5)

〈解説〉気象庁は，環境省ではなく国土交通省の外局である。

【4】(1)

〈解説〉CCに入力されたメールアドレスは，受信者全員に公開される。面識のない人同士をCCに入れてメールを送信すると，情報漏えいになりかねない。メールアドレスも個人情報である。

【5】(5)

〈解説〉現在，中学校第3学年の全国学力・学習状況調査は国語と数学で行われ，2012・2015・2018年度に理科が追加された。2019年度初めて調査されるのは，英語の「話すこと」である。

【6】(2)

〈解説〉安全保障理事会の決定には法的拘束力があるため，加盟国は安全
保障理事会の決定に従う義務がある。総会の決定は「勧告」にとどま
り法的拘束力がないので，従う義務はない。

【7】(3)

〈解説〉衆議院の優越は，法律案の議決(日本国憲法第59条)・予算の先議
と議決(第60条)・条約の承認(第61条)・内閣総理大臣の指名(第67条)で
ある。衆議院のみの権限である内閣不信任決議は，第69条に記されて
いる。 (1)「参議院ともに認められ」が誤りである。 (2) 両院協
議会と総議員が誤りである。衆参が異なった議決をした場合，衆議院
の出席議員の3分の2以上の多数で再可決して成立する。 (4) 衆参が
異なった議決をし，両院協議会でも不一致の場合，衆議院の可決した
議案を参議院が10日以内に議決しない場合，衆議院の議決が国会の議
決となる。 (5) 30日以内が誤りで，60日である。

【8】(4)

〈解説〉図中のAの時期は，好況期である。 ア 買いオペレーションと
いわれ，日銀が銀行から国債を買い，通貨の流通量を増やす。不況期
に行われる。 イ 増税は好況期に行われる。 ウ 公共事業を増や
し，財政支出を増やすので不況期に行われる。 エ ウとは逆に財政
支出を抑えるので，好況期に行われる。 オ 利率の引き下げは不況
期に行われる。

【9】(2)

〈解説〉平成30年度の一般会計歳出では，社会保障費が33.7％，国債費が
23.8％，地方交付税交付金等が15.9％となっている。

【10】(1)

〈解説〉(2) 厚生労働省の平成29年の資料では，非正規雇用者の割合は

37.3％である。　　(3)　非正規労働者は減少ではなく，増加している。
(4)　現在，外国人労働者の受け入れには様々な規制がある。「あらゆ
る職種で働くことが可能」は，誤りである。就労目的で滞在が認めら
れる者は，いわゆる専門的・技術的分野に限られる。　　(5)　内閣府の
平成29年資料によると，男性の育児休暇取得率は5.14％である。

【11】(5)
〈解説〉万葉集は，率直で素朴な歌風を特徴とする。(1)は新勅撰和歌集，
　　(2)～(4)は古今和歌集に載っている。

【12】(1)
〈解説〉「鳥毛立女屏風」は正倉院に伝わる屏風六扇のうちの一つ。天平
　　勝宝8(756)年の「東大寺献物帳」に記載される。樹下に美人がたたず
　　むさまを描いた風俗図を「樹下美人図」といい，中国唐代に盛行した。
　　「鳥毛立女屏風」も「樹下美人図」と通称される。

【13】(2)
〈解説〉藤原道長の子である藤原頼通は，宇治の平等院鳳凰堂を造営した
　　ことでも知られ，後一条・後朱雀・後冷泉の3代の天皇の摂政・関白
　　となった。

【14】(1)
〈解説〉岡田啓介が襲撃されたのは，二・二六事件においてである。当時
　　の総理大臣として青年将校により首相官邸が襲撃されたが難を逃れ
　　た。

【15】(2)
〈解説〉大西洋の三角貿易は，ヨーロッパから武器・雑貨を西アフリカに
　　運び奴隷と交換し，奴隷をアメリカ大陸に運び，西インド諸島産の砂
　　糖やアメリカ大陸で産出する銀と交換するというものであった。

【16】(3)

〈解説〉(1)南北戦争の開始は1861年，(2)ビスマルクの首相就任は1862年，(3)ナポレオンのエジプト遠征は1798年，(4)アレクサンドル2世の農奴解放令は1861年，(5)太平天国の滅亡は1864年の出来事である。

【17】(1)

〈解説〉ウィーン条約とは，1985年に締結されたオゾン層の保護を目的とした条約である。遺伝子組み換え作物に関するのは，2003年に発効したカルタヘナ議定書である。

【18】(5)

〈解説〉(1)(3)　パオはモンゴル人やキルギス人など遊牧民の移動式の住居である。モンゴル語ではゲル，中国語でパオ(包)という。　(2)　ヤオトンは，中国北部の黄土地帯に見られる横穴式の洞穴住居である。(4)　コテージは山小屋のような建物のことである。　(5)　イグルーは，四角に切った雪のブロックをらせん形に積み上げドーム型にしたもので，イヌイットが狩猟に出かけるときに用いる家である。

【19】1　(4)　　2　(3)

〈解説〉空欄補充の問題といえども，空欄の前後だけに目を通せばよいわけではない。接続詞や，指示語に着目することで，本文全体の論理構成を把握することが重要である。

【20】(3)

〈解説〉僧たちについては，その言動のみが語られ，心内で考えていることが述べられているのは児だけである。なお，$\boxed{B}$の箇所は，僧たちがこう思うかもしれないという，児の危惧である。

【21】(4)

〈解説〉本文は「助長」の由来となった故事である。本文中の「揠」は，

抜くの意ではなく，引っ張るの意である。苗の発育が悪いのを気にか
け，上に引っ張って，丈が高く見えるようにしたというのである。

【22】1　(3)　　2　(4)　　3　(5)　　4　(4)
〈解説〉1　第2段落5文目に，「福井県に戻ってアメリカの大学で勉強する
　　許可を得た」と述べている。　　2　本文中のcollegeが日本で言う大学に
　　当たるので注意。第2段落の最後の文で，数学と物理を勉強した，と
　　述べている。　　3　選択肢(1)は，第2段落の最後の文に「親しい友達と
　　一緒に勉強した」とあるので不適。選択肢(2)も，同じ文の中でTaro
　　enjoyedとあるので不適。選択肢(3)は，1870年に太郎は亡くなったけれ
　　ども，第4段落の2文目に「大学から1870年のクラスの一員として認め
　　られた」と述べているので不適。選択肢(4)は，第3段落の2文目に「書
　　物を買うためにお金を貯める必要があり，十分に食べることができな
　　かった」と述べているので不適。　　4　第4段落の2文目に，「アメリカ
　　の学士号を取った初めての日本人」と述べている。

【23】(4)
〈解説〉2数をaとb $(a<b)$とする。$a+b=3$，$ab=1$である。逆数の和は$\dfrac{1}{a}$
　　$+\dfrac{1}{b}=\dfrac{a+b}{ab}=3$

【24】(4)
〈解説〉7をn回かけた時の1の位を表にすると以下の通り。

7をかける回数	1	2	3	4	5	6	7	8	…
1の位	7	9	3	1	7	9	3	1	

　　したがって，7を4の倍数回かけた時が1となる。つまり，7を44回かけ
　　た時が1なので45回かけると7

【25】(3)
〈解説〉硬貨A，Bの表裏の出方は　(A，B)＝(表，表)，(表，裏)，(裏，

280

表), (裏, 裏)の4通りあるので, 1枚は表で1枚は裏となる確率は, $\dfrac{2}{4}$ $=\dfrac{1}{2}$

【26】(3)

〈解説〉図のように, 求める面積は, 中央部にできる1辺3cmの正方形Aと, 全体の正方形から正方形Aをのぞいた部分のちょうど半分を足せばよいので,

$(100-9)\div 2+9=54.5$ 〔cm²〕

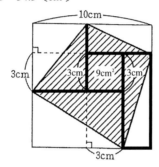

【27】(3)

〈解説〉この回路における合成抵抗は, 5Ωであり, 回路全体に流れる電流は, $A=10$ 〔V〕 $\div 5$ 〔Ω〕 $=2$ 〔A〕となる。また, カップAにおける電圧は$V=2$ 〔A〕 $\times 2$ 〔Ω〕 $=4$ 〔V〕となり, ここでの仕事は, $W=2$ 〔A〕 $\times 4$ 〔V〕 $=8$ 〔W〕となる。したがって, $\Delta t=8$ 〔W〕 $\times 60$ 〔s〕 $\div 4.2$ 〔J／(g・K)〕 $\div 100$ 〔g〕 $=8$ 〔K〕となる。

【28】(4)

〈解説〉イオン反応式より, 電子が消えるように互いのイオン反応式を合わせると, $2MnO_4^- +5H_2O_2 +6H^+ \rightarrow 2Mn^{2+} +5O_2 +8H_2O$ となり, 過マンガン酸カリウムと過酸化水素水の物質量の比は2：5となる。したがって, x 〔mol/L〕 $\times 0.01$ 〔L〕 $\times 2=0.1$ 〔mol/L〕 $\times 0.016$ 〔L〕 $\times 5$ より, 過酸化水素水のモル濃度は0.4 〔mol/L〕となる。

【29】(2)

〈解説〉(1)は木星，(3)は天王星，(4)は金星，(5)は水星についての記述である。それぞれの性質について覚えておきたい。

【30】(1)

〈解説〉胆汁は肝臓において生成・分泌されるが，貯蔵は胆のうで行われる。また，胆汁は肝臓で生成されたのち，胆管→胆のう→十二指腸といった流れで移動する。

【31】(2)

〈解説〉(i)　4冊とも1つの封筒にまとめるとき，重さは$20 \times 2 + 100 \times 2 + 20 = 260$〔g〕。よって，料金は390円。　(ii)「A2冊，B1冊」と「B1冊」に分けて2つの封筒入れるとき，重さは$20 \times 2 + 100 + 20 = 160$〔g〕と$100 + 20 = 120$〔g〕。よって，料金は$240 + 200 = 440$〔円〕。　(iii)「A1冊，B2冊」と「A1冊」に分けて2つの封筒に入れるとき，重さは$20 + 100 \times 2 + 20 = 240$〔g〕と$20 + 20 = 40$〔g〕。よって，料金は$240 + 120 = 360$〔円〕。　(iv)「A2冊」と「B2冊」に分けて2つの封筒に入れるとき，重さは$20 \times 2 + 20 = 60$〔g〕と$100 \times 2 + 20 = 220$〔g〕。よって，料金は$140 + 240 = 380$〔円〕。　以上(i)～(iv)の中で最も安いのは(iii)の360円である。

【32】(2)

〈解説〉ある仕事量を1とすると，Aさんの1日あたりの仕事量は$\frac{1}{80}$，Bさんの1日当たりの仕事量は$\frac{1}{48}$となる。したがって，AさんとBさん2人での1日当たりの仕事量は$\frac{1}{80} + \frac{1}{48} = \frac{1}{30}$　よって30日かかる。

【33】(5)

〈解説〉4つのメモを上から①，②，③，④とする。
①はA＜E＜C，②はD＜A＜B，③はB＜E＜A，④はE＜C＜Bと表すこ

ととする。

(i) ①が誤りと仮定すると，②，③，④は正しいのでA，BやB，Eで矛盾しているので①は正しいとわかる。

(ii) ②が誤りと仮定すると，①，③，④は正しいのでA，EやB，Eで矛盾しているので②は正しいとわかる。

(iii) ③が誤りと仮定すると，①，②，④は正しいのでD＜A＜E＜C＜Bという関係が矛盾なく言える。

(iv) ④が誤りと仮定すると，①，②，③は正しいのでA，BやA，Eで矛盾しているので④は正しいとわかる。

以上より，D＜A＜E＜C＜B とわかるので3番目に重いおもりはE

【34】(1)

〈解説〉条件をもとに表を作成すると次の2通りが考えられる。

パターン1

	国語	社会	数学	理科	英語
A	○	×	×	×	○
B	○	×	○	×	×
C	×	○	×	×	○
D	○	×	×	○	×

パターン2

	国語	社会	数学	理科	英語
A	○	×	×	×	○
B	×	×	○	×	○
C	○	○	×	×	×
D	×	×	×	○	○

ともにCは社会の講座を受講しているとわかる。

【35】(4)

〈解説〉図のようになるので，(4)が正しい。

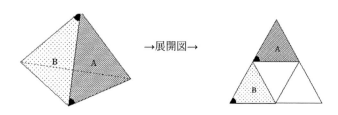

→展開図→

【36】(2)

〈解説〉(1)について，平成28年度の5施設の合計入場者数は16,854人なので同年度のA施設の入場者数10,132人は10,132÷16,854≒0.6となり7割を超えていないので誤り。　(2)について平成24年度から平成28年度におけるB施設の平均入場者数は，(2,253＋2,332＋2,290＋2,328＋2,344)÷5＝2,309.4〔人〕なので2,300人を超えているので正しい。(3)について，D施設では平成24年度から平成25年度にかけては増加しているので誤り。　(4)について，平成27年度のA施設の入場者数の対前年増加数は9,937－9,632＝305〔人〕，C施設の入場者数の対前年増加数は2,111－2,015＝96〔人〕なので4倍を下回っているので誤り。　(5)について，C施設の入場者数の平成27年度の対前年増加率は2,111÷2,015×100≒104.8〔％〕，E施設は1,037÷945×100≒109.7〔％〕なのでC施設の増加率はE施設の増加率より小さいので誤り。

■教職教養■

【1】(1)　①　　(2)　⑤　　(3)　③　　(4)　②

〈解説〉出題された図は答申の補足資料に掲載されているものである。(1)　ウにつき「家庭生活や社会環境の変化によって家庭の教育機能の低下も指摘される中」「家庭の役割や責任を明確にしつつ具体的な連携を強化するとともに，地域と連携・協働して地域と一体となって子供たちを育む，地域とともにある学校への転換を図ることが必要である」という記述が答申にはあるが，「地域と学校が家庭の役割や責任を担い」という部分がない。　(2)　A「何ができるようになるか」は育成を目指す資質・能力に関しての，「何を学ぶか」は教科等を学ぶ

意義等の,「どのように学ぶか」は各教科等の指導計画の作成と実施,学習・指導の改善・充実に関しての改善すべき事項といえる。
(3) 平成29年告示の学習指導要領から第5・6学年において外国語科が実施され,これまで第5・6学年で実施されていた外国語活動は第3・4学年で実施されることになったが,本問で出題されたそれぞれの総授業時数は今後頻出になると予想されるのでしっかりと覚えておきたい。 (4) ウ・エ・カは「主体的な学び」,イ・オは「対話的な学び」と関連する。

【2】(1) ② (2) ③
〈解説〉(1) リテラシーは読み書き能力や活用能力と訳されることが多い。空欄Cは「情報化の進展が社会にもたらす影響」「個人の責任」という箇所から,リテラシーではなくモラルを選択する。 (2)「性同一性障害なのか,またその他の傾向があるのかを総合的に判断した上で,必ず医療機関と連携して行う」との記述はない。なお,「児童生徒が性に違和感をもつことを打ち明けた場合であっても,当該児童生徒が適切な知識をもっているとは限らず,そもそも性同一性障害なのかその他の傾向があるのかも判然としていない場合もあること等を踏まえ,学校が支援を行うに当たっては,医療機関と連携しつつ進めることが重要であること」という記述はある。

【3】(1) ④ (2) ①
〈解説〉(1) ア～ウに関しては「中学校学習指導要領解説 特別の教科 道徳編」(平成29年7月)に記述があるが,エに関して記述はない。なお,同解説は道徳的判断力などを「道徳性の諸様相」として位置づけ,「これらの道徳性の諸様相には,特に序列や段階があるということではない」旨を指摘している。 (2) 個人内評価は評価の基準を外部に求めるのではなく,個人の内部に求める方法で,一人の学習者個人において他の教科や過去の成績と比較するものをいう。結果は,その個人の進歩の状況として示されることになる。なお,「特別の教科 道

徳」でどのように評価を行うかは，「小学校学習指導要領解説　特別
の教科　道徳編」(平成29年7月)の「第5章　道徳科の評価」に詳細に
解説されている。

【4】(1)　①　　(2)　④　　(3)　②　　(4)　④　　(5)　⑥　　(6)　④
(7)　⑥　　(8)　②　　(9) A　①　　　E　③

〈解説〉(1)　エの相対評価は所属する集団の成績分布と個人の成績を比
較する評価方法であり，集団内での位置を知ることができる。オの診
断的評価は教育活動の開始前に実施され，教育目標に照らし合わせた
学習活動に入ることが可能かどうか等を判断する評価である。

(2)　ウの「児童生徒理解・教育支援シート」は，不登校状態にある児
童生徒が抱える課題には様々な要因・背景があり，教育のみならず，
福祉，医療等の関係機関が相互に連携協力して支援を行うことが必要
であり，そのためには情報を共有することが不可欠であるので，その
ために作成することが望ましいとされている文書である。　(3)　精神
分析の適応機制に関する設問である。抑圧は自我を脅かす願望や記憶
を意識からしめだし無意識に押し込めようとする適応機制，逃避は現
在直面している困難な状況から「逃げる」適応機制，補償は自分自身
が不満であると認識している自分自身のある側面を他のことでカバー
しようとする適応機制，合理化は欲求が満たされない場合にもっとも
らしい(自分にとって都合の良い)理屈をつけ自分を正当化する適応機
制，退行は自分自身にとって受け入れ難い事態に直面したとき現在の
発達段階より前の発達段階に戻る適応機制である。　(4)　Ⅰについて
は「社会的関係形成の困難さ，言葉の発達の遅れ，特定の物事へのこ
だわり」というキーワードに，Ⅱについては「全般的な知的発達に遅
れはない」「特定の能力の習得と使用に困難」というキーワードに，
Ⅲは「不注意，衝動性，多動性」というキーワードに注目する。なお，
適応障害は精神疾患に分類される。HSCは，Highly Sensitive Child(ひ
といちばい敏感な子)はアメリカの心理学者アーロンが提唱した気質で
あるとされ，社会的状況の観察力が高いこと，特定の物事へのこだわ

りではなくむしろ多様な興味・関心を持っていることが自閉スペクトラム症候群との違いとされる。 (5) 政府広報「特集　発達障害って，なんだろう」からの出題である。ウに関して「その人が理解している言葉を使い，写真や絵などを添えて説明してあげると，理解しやすくなります」という記述がある。オに関して「子どもが騒いだり，パニックを起こしたりしているとき，『なぜ親は叱らないんだ』という立つ場合があるかもしれません。しかし，発達障害の子の中には，少しの時間待つことで無理に叱るよりも早く混乱から抜け出せることもあります。周囲の人にこうした知識があるだけで，本人も家族も楽になれます」という記述がある。 (6) ロジャーズが提唱したカウンセリングは，相談に来た人(来談者)のありのままを受け入れて，来談者の語りへの積極的傾聴を通して来談者自身による気づきを支援することが特徴である。これに適合する語句を選択する。 (7) Ⅰについては「拮抗反応を同時に引き起こす」「段階的に除去する」というキーワードに，Ⅱについては「観察学習させる」というキーワードに，Ⅲについては「目的とする行動が起きた時だけ特定の強化子を呈示する」というキーワードに注目する。なお，自立訓練法はシュルツが創始した心理療法で，自己暗示によって心身を好ましい状態にするものである。ゲシュタルト療法は「今，ここでの」気づきに焦点を当てた心理療法である。 (8) ア　いじめ防止対策推進法第2条第1項において「当該児童等が在籍する学校に在籍している等当該児童等と一定の人的関係にある他の児童等が行う」とあるので，まったく見ず知らずの者から脅される行為などはいじめに該当しない。 イ　いじめ防止対策推進法第15条第2項は「学校の設置者及びその設置する学校」は「いじめの防止に資する活動であって当該学校に在籍する児童等が自主的に行うものに対する支援」を行うとある。この条文はいじめを予防する実践として児童生徒が主導するものがあることを認めている。ゆえに「つねに教師が主導して行われるべき」という部分が誤りである。 (9) Bには⑤承認と尊重の欲求，Cには②愛情と所属の欲求，Dには④安全の欲求が該当する。

【5】(1)　⑥　　(2)　⑤　　(3)　②　　(4)　⑥　　(5)　⑤　　(6)　③
〈解説〉(1)　ウ　最も多い形態は「冷やかしやからかい，悪口や脅し文句，嫌なことを言われる」である。　エ　不登校とは，「何らかの心理的，情緒的，身体的あるいは社会的要因・背景により，登校しない，あるいはしたくともできない状況にある為に年間30日以上欠席した者のうち，病気や経済的な理由による者を除いた者」と定義されている。
(2)　アの遠山啓は水道方式，イのブルーナーは発見学習，ウのスキナーはオペラント条件付けとこれに基づくプログラム学習を提唱した。
(3)　公立義務教育諸学校の学級編制及び教職員定数の標準に関する法律第3条第2項は中学校において同学年の生徒で編制する学級の生徒数につき40人を標準とし，この標準をもとに各都道府県教育委員会が具体的な基準を定める旨を規定している。本問空欄ウは中学校1年につきその基準を出題したものである。　(4)　この答申については学校運営協議会設置の努力義務化を提言し，これに沿った法改正がなされたことがまず重要である(なお，学校運営協議会を設置する学校をコミュニティ・スクールという)。また答申は学校と地域学校協働活動との連携強化も提言していることも重要である。　(5)　ア　校長が指導要録上出席扱いとすることができる。「担任判断」ではない。文部科学省「不登校児童生徒への支援の在り方について(通知)」等参照。　ウ　児童虐待を受けたと思われる児童を発見した者はすみやかに市町村等に通告しなければならない(児童虐待防止法第6条第1項)。　(6)　中央教育審議会「新しい時代の教育に向けた持続可能な学校指導・運営体制の構築のための学校における働き方改革に関する総合的な方策について(中間まとめ)」などに学校の業務につき本問のように3つに分け，それぞれにつき該当する業務が列挙されている。

【6】(1)　③　　(2)　②　　(3)　①
〈解説〉(1)　中央教育審議会答申「今後の学校におけるキャリア教育・職業教育の在り方について」は「一人一人の社会的・職業的自立に向け，必要な基盤となる能力や態度を育てることを通して，キャリア発

達を促す教育」とキャリア教育を定義し，その教育を通じて基礎的・汎用的能力の育成を重視する。　(2)　答申には「キャリア教育は，特定の活動や指導方法に限定されるものではなく，様々な教育活動を通して実践されるものであり，一人一人の発達や社会人・職業人としての自立を促す視点から，学校教育を構成していくための理念と方向性を示すものである」との記述があるので，イとウは誤りということになる。　(3)　昭和22年の学習指導要領は経験カリキュラムに沿って作成された。しかし，ソ連の人工衛星スプートニク1号の打ち上げが全世界に衝撃を与え，こうした科学技術の成果を学校教育で積極的に教えるべきとの主張が強くなった。こうした流れを受けて昭和43年の指導要領改訂がすすめられた。この改訂は「教育内容の現代化」「学問中心カリキュラム」がキーワードとなる。しかし，学習内容が高度なものになり，その結果「落ちこぼれ」といわれる多数の児童生徒を生み出すことになり，子どもの要求と興味の強調，内発的意欲の動機付けが重視される「人間中心カリキュラム」に沿って昭和52年の指導要領改訂がすすめられた。

【7】(1)　⑤　　(2)　④　　(3)　②　　(4)　④　　(5)　③　　(6)　③　(7)　②　　(8)　③　　(9)　③　　(10)　②　　(11)　⑤　　(12)　⑤　(13)　④

〈解説〉(1)　NIEはNewspaper in Education，ESDはEducation for Sustainable Development，SELはSocial and Emotional Learningの略。　(2)　教育基本法前文は頻出なので，しっかりその文言等を把握したい。　(3)「第1節　徒指導の意義と課題」の冒頭部分で，この箇所も頻出なので，しっかり把握したい。特に，生徒指導の目標が自己指導能力の育成という箇所が大事である。　(4)　正しくは「教育相談で必要とされる教員の資質としては，人間的な温かみや受容的態度が成熟しているなどの人格的な資質と，実践に裏付けられたアセスメントやコーピングなどに関する知識と技術の両面が大切」と示されている。(5)「いじめの防止等の対策のための組織」は各学校に必ず設置しな

ければならないことは頻出なのでしっかりおさえておきたい。

(6)　「1.『チームとしての学校』が求められる背景」の冒頭において
その要約がなされている部分があるが，その部分からの出題である。

(7)　「通告するよう努めなければならない」という部分が特に誤りで，
「通告しなければならない」が正しい。　　(8)　ア　教育基本法第5条第
1項。イは日本国憲法第26条第1項。ウは学校教育法第17条第2項。
エは教育基本法第4条第1項。オは学校教育法第11条。　　(9)　(ア)1871
年，(イ)1879年，(ウ)1941年，(エ)1886年，(オ)1872年。　　(10)　グリフ
ィスは1870年にアメリカから来日し，福井藩の藩校で理学などを教え
た。明治維新後は東京大学の前身である南校の教師になった。1874年
に帰国すると，日本学の先駆者になった。なお，福井藩の藩校は明道
館であるが，1869年に明新館と改称した。　　(11)　出題された人物は
すべて頻出なのでしっかり押さえておきたい。　　(12)　スペンサーと
の説明とヘルバルトの説明が逆である。　　(13)　パーカーストはドル
トンプランを提唱したこともおさえておきたい。

2018年度 **実施問題**

【1】南部陽一郎，梶田隆章，中村修二，山中伸弥，この4人は過去のノーベル賞学者です。彼ら4人のノーベル賞受賞理由として，当てはまらないものを1つ選び番号で答えなさい。
　(1)　iPS細胞の開発
　(2)　ニュートリノ振動の発見
　(3)　青色発光ダイオードの発明
　(4)　クロスカップリングの開発
　(5)　素粒子物理学における自発的対称性の破れの発見
(☆☆☆◎◎◎◎)

【2】2020年開催予定の東京オリンピックにおいて追加種目が決定されました。追加種目として，誤っているものを1つ選び番号で答えなさい。
　(1)　ボウリング
　(2)　スケートボード
　(3)　空手
　(4)　スポーツクライミング
　(5)　サーフィン
(☆☆☆◎◎◎)

【3】次の略語とその説明の組み合わせとして，誤っているものを1つ選び番号で答えなさい。

(1)　OECD：ヨーロッパ諸国を中心に日・米を含め35ヶ国の先進国が
加盟する国際機関

(2)　NGO：先進国の政府が行う発展途上国の開発に対する援助

(3)　PKO：紛争地域における停戦状態の維持，紛争拡大の防止，公正
な選挙の確保などを行う国際連合の活動

(4)　NPO：非営利での社会貢献活動や慈善活動を行う市民団体

(5)　JICA：発展途上国への技術協力，資金協力を主な業務とする外務
省所轄の独立行政法人

(☆☆☆◎◎◎)

【4】日本における選挙の4原則として，誤っているものを1つ選び番号で
答えなさい。

(1)　普通選挙

(2)　平等選挙

(3)　直接選挙

(4)　秘密選挙

(5)　間接選挙

(☆☆☆◎◎◎)

【5】幼稚園および保育所等における小学校就学前の子供に対する保育お
よび教育，並びに保護者に対する子育て支援の総合的な提供を行う施
設である「認定こども園」の管轄として，正しいものを1つ選び番号
で答えなさい。

(1)　文部科学省

(2)　厚生労働省

(3)　内閣府

(4)　文化庁

(5)　社会保険庁

(☆☆☆◎◎◎)

【6】日本の地方自治法が定める直接請求制度において，首長に対して行われ，有権者の3分の1以上の必要署名数を必要とする請求は何か，適当なものを1つ選び番号で答えなさい。

(1) 条例の制定・改廃の請求

(2) 事務監査の請求

(3) 議会の解散請求

(4) 議員の解職請求

(5) 副知事の解職請求

(☆☆☆○○○)

【7】日本の選挙制度に関する次の文のうち，正しいものを1つ選び番号で答えなさい。

(1) 衆議院議員選挙は，中選挙区制と11ブロックによる比例代表制とが組み合わされている。

(2) 参議院議員選挙は，都道府県を単位とする選挙区選挙と全国を1選挙区とする拘束名簿式比例代表制が併用されている。

(3) 衆議院議員選挙においても参議院議員選挙においても，選挙区と比例代表に立候補できる重複立候補が認められている。

(4) 比例代表制は，得票数に応じた公平な議席配分が可能だが，死票が多く，大政党に有利になるという欠点がある。

(5) 在外日本人の投票権は，比例代表と選挙区の国政選挙に限り認められている。

(☆☆☆○○○)

【8】次の表は，ある年の国民全体の活動水準を測る諸指数の項目と金額を表したものである。この年の国民総所得(GNI)の金額はいくらか，正しいものを1つ選び番号で答えなさい。

項目	金額〔兆円〕
国内総生産	４８５
固定資本減耗	９７
海外からの純所得	２２

(1)　366　　(2)　388　　(3)　463　　(4)　507　　(5)　604

(☆☆☆◎◎◎)

【9】いくらの価格でどれだけの量の財やサービスが売買されるかは，原則として，市場における需要と供給との関係で決まる。需要と供給が一致(均衡)したときに決まる価格として，正しいものを1つ選び番号で答えなさい。

(1)　予定価格
(2)　統制価格
(3)　独占価格
(4)　寡占価格
(5)　市場価格

(☆☆☆◎◎◎)

【10】エンゲルスとともに科学的社会主義を打ち立てたマルクスの著書として，正しいものを1つ選び番号で答えなさい。

(1)　『資本論』
(2)　『経済学原理』
(3)　『諸国民の富』
(4)　『社会契約論』
(5)　『永久平和のために』

(☆☆☆◎◎◎)

【11】『大鏡』と同じジャンルの作品として，正しいものを1つ選び番号で答えなさい。

(1)　『方丈記』
(2)　『無名草子』
(3)　『更級日記』
(4)　『古今著聞集』
(5)　『栄花物語』

(☆☆☆◎◎◎)

294

【12】日本の芸術に関する次の文のうち，誤っているものを1つ選び番号
　　で答えなさい。
　(1)　京都府宇治市にある藤原氏ゆかりの寺院である平等院の鳳凰堂に
　　　は，平安時代の仏師定朝によって制作された阿弥陀如来坐像が安置
　　　されている。
　(2)　戦国時代から安土桃山時代に活躍した商人であり茶人である千利
　　　休は，わび茶の完成者として知られ，織田信長，さらに豊臣秀吉に
　　　仕えた。
　(3)　『富嶽三十六景』などで知られる雪舟は，室町時代に活躍した画
　　　家で，墨一色で自然を描く水墨画を大成させた人物である。
　(4)　江戸時代に流行した浮世絵は日本の開国をきっかけにヨーロッパ
　　　に渡った。影響をうけたゴッホは，浮世絵を油彩として模写するな
　　　ど浮世絵の技法を熱心に研究した。
　(5)　『茶の本』で知られる岡倉天心は，フェノロサとともに東京美術
　　　学校(現：東京藝術大学)の設立に大きく貢献し，のちに日本美術院
　　　を創設した。

（☆☆☆◯◯◯）

【13】鎌倉時代に生まれた仏教の中で，「自分の罪を自覚した悪人こそが
　　救われる対象である」と説いた人物として，正しいものを1つ選び番
　　号で答えなさい。
　(1)　法然
　(2)　日蓮
　(3)　道元
　(4)　親鸞
　(5)　一遍

（☆☆☆◯◯◯）

【14】柴田勝家について述べた次の文のうち，誤っているものを1つ選び
　　番号で答えなさい。

(1) 越前一向一揆の討伐後，越前国主になる。

(2) 賤ヶ岳の戦いで豊臣秀吉に敗れる。

(3) お初の方とともに越前北庄城で自刃する。

(4) 織田信長の家臣中，屈指の猛将として武功をあげる。

(5) 北国街道の整備や九十九橋の架橋などを手がける。

(☆☆☆◎◎◎)

【15】次の出来事を年代の古い順に並べた時，4番目となるものを選び番号で答えなさい。

(1) ローマ教皇の呼びかけに応じて，第1回十字軍の遠征が行われる。

(2) マルコ＝ポーロが『世界の記述』を記す。

(3) コロンブスがアメリカに着く。

(4) ドイツでルターが宗教改革を始める。

(5) イギリスでピューリタン革命が起こる。

(☆☆☆◎◎◎)

【16】紅巾軍の指導者であった朱元璋が1368年に建国した国として，正しいものを1つ選び番号で答えなさい。

(1) 宋

(2) 元

(3) 明

(4) 清

(5) 唐

(☆☆☆◎◎◎)

【17】2013年にカカオ豆の生産が世界一の国として，正しいものを1つ選び番号で答えなさい。

(1) コートジボワール

(2) インドネシア

(3) ガーナ

(4)　ナイジェリア

(5)　カメルーン

(☆☆☆◎◎◎)

【18】札幌の緯度に最も近い都市として，適当なものを1つ選び番号で答えなさい。

(1)　ロンドン

(2)　サンパウロ

(3)　メキシコシティ

(4)　ローマ

(5)　ソウル

(☆☆☆◎◎◎)

【19】次の文章を読んで後の問いに答えなさい。

> 　何でも大きな船に乗っている。
> 　この船が毎日毎夜すこしの絶間（たえま）なく黒い煙（けぶり）を吐いて浪（なみ）を切って進んで行く。凄（すさま）じい音である。けれどもどこへ行くんだか分らない。ただ波の底から焼火箸（やけひばし）のような太陽が出る。それが高い帆柱の真上まで来てしばらく挂（かか）っているかと思うと，いつの間にか大きな船を追い越して，先へ行ってしまう。そうして，しまいには焼火箸のようにじゅっといってまた波の底に沈んで行く。そのたんびに蒼（あお）い波が遠くの向うで，蘇枋（すおう）の色に沸（わ）き返る。すると船は凄（すさま）じい音を立ててその跡（あと）を追（おっ）かけて行く。けれども決して追つかない。
> 　ある時自分は，船の男を捕（つら）まえて聞いて見た。
> 　「この船は西へ行くんですか」
> 　船の男は怪訝（けげん）な顔をして，しばらく自分を見ていたが，やがて，
> 　「なぜ」と問い返した。
> 　「（　ア　）を追かけるようだから」

船の男はからからと笑った。そうして向うの方へ行ってしまった。

「西へ行く日の，果は東か。それは本真か。東出る日の，御里は西か。それも本真か。身は波の上。戢枕。流せ流せ」と囃している。艫へ行って見たら，水夫が大勢寄って，太い帆綱を手繰っていた。

自分は大変（　イ　）なった。いつ陸へ上がれる事か分らない。そうしてどこへ行くのだか知れない。ただ黒い煙を吐いて波を切って行く事だけはたしかである。その波はすこぶる広いものであった。際限もなく蒼く見える。時には紫にもなった。ただ船の動く周囲だけはいつでも真白に泡を吹いていた。自分は大変（　イ　）た。こんな船にいるよりいっそ身を投げて死んでしまおうかと思った。

乗合はたくさんいた。たいていは異人のようであった。しかしいろいろな顔をしていた。空が曇って船が揺れた時，一人の女が欄に倚りかかって，しきりに泣いていた。眼を拭く手巾の色が白く見えた。しかし身体には更紗のような洋服を着ていた。この女を見た時に，悲しいのは自分ばかりではないのだと気がついた。

（ちくま文庫　夏目漱石全集10　夢十夜　第七夜より）

1　（　ア　）に入る最も適切なものを次から1つ選び番号で答えなさい。

(1)　先を行く大きな船

(2)　遠くの蒼い波

(3)　落ちて行く日

(4)　西へ向かう大きな船

(5)　船から出る凄まじい音

2　（　イ　）には同じ形容詞を活用させたものがそれぞれ入ります。
　　（　イ　）に入る形容詞の終止形を次から1つ選び番号で答えなさい。

(1)　面白い

(2)　見苦しい

(3)　腹立たしい

(4)　心細い

(5)　わずらわしい

(☆☆◎◎◎)

【20】次の文章を読んで以下の問いに答えなさい。

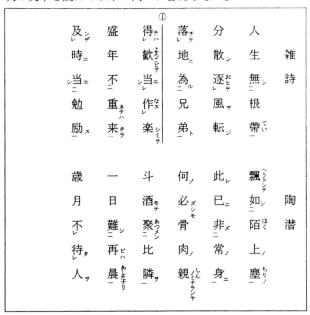

①＿＿の意味として，適切なものを1つ選び番号で答えなさい。

(1)　喜ばれると，本当に楽しい気持ちになるなあ。

(2)　本当に喜ばしいことは，自分で楽しみを作ることだ。

(3)　喜ばれることがあったので，きっと楽しいことを行うであろう。

(4)　喜ばしいことがあれば，楽しむべきである。

(5)　喜ぶべきことがあったので，やがて楽しいことをするつもりだ。

(☆☆◎◎◎)

【21】次の文章を読んで以下の問いに答えなさい。

> 　ひととせ，入道殿の，大井川に逍遥せさせ給ひしに，作文の舟・管弦の舟・和歌の舟と分かたせ給ひて，その道にたへたる人々を乗せさせ給ひしに，この大納言殿の参り給へるを，入道殿，「かの大納言，いづれの舟にか乗らるべき。」とのたまはすれば，「和歌の舟に乗り侍らむ。」とのたまひて，よみ給へるぞかし，
>
> 　　小倉山嵐の風の寒ければ紅葉の錦着ぬ人ぞなき
>
> 申し受け給へるかひありて，あそばしたりな。御みづからものたまふなるは，「作文のにぞ乗るべかりける。さて，かばかりの詩を作りたらましかば，名の上がらむこともまさりなまし。くちをしかりけるわざかな。さても，殿の，『いづれにかと思ふ。』とのたまはせしなむ，我ながら心おごりせられし。」とのたまふなる。一事のすぐるるだにあるに，かくいづれの道も抜け出で給ひけむは，いにしへも侍らぬことなり。
>
> 　　　　　　　　　　　　　　　　　　（『大鏡』太政大臣頼忠）

「我ながら心おごりせられし」の「られ」の本文中における文法的意味として，適切なものを1つ選び番号で答えなさい。

- (1)　受身
- (2)　自発
- (3)　可能
- (4)　尊敬
- (5)　完了

(☆☆◎◎◎)

【22】YumiとEmilyが夏休みの予定について話をしています。次の英文を読んで，1〜4の問いに答えなさい。

～ At a restaurant ～

Yumi　: Do you have any plans for the summer vacation, Emily?

Emily　: I'll take a ten-day vacation from August 11th, but I have no plan.

Yumi　: Ten days? Wow! I'm jealous. I only have five days, why don't we go on a trip together?

Emily　: Sounds good. When does your vacation start?

Yumi　: It starts on August 16th, and I'll go back to work on the 21st.

Emily　: Okay. Let's make a plan. How many days will you be able to go for?

Yumi　: Well,　I want to visit my ancestors grave on the 16th, so how about a four-day trip from the 17th?

Emily　: All right. That sounds nice.

Yumi　: I've been busy with my work lately, so I'd like to get away from my routine life. How about enjoying a hot spring in Kyushu?

Emily　: Actually,　I don't like to soak in a hot spring in the summer. I want to go abroad, visit some places I've never been to, and eat delicious food there.

Yumi　: I totally agree! I'm getting excited already. Where will we go?

Emily　: What about going to a southern island？

Yumi　: Great! Swimming in the beautiful sea and going sightseeing are a lot of fun. I think Guam, Hawaii and Bali are good. Which island do you think is the best?

Emily　: Well,　I think Guam is the best because it only takes about three and a half hours from Narita by plane. It takes seven or eight hours to Hawaii and Bali. If we want to save money, I think Guam is the best.

Yumi　: I see. Well, we don't have enough time to do research, so why don't we take a tour? I'll get some brochures at a travel agency, so let's check them at my house tomorrow.

Emily : Okay. Thanks. See you tomorrow.

～The next day at Yumi's house～

Yumi　: Look at these brochures! I chose the cheapest plans for each island.

Four-day Guam Tour 153,000 yen per person 1 hour behind Japan	Five-day Hawaii Tour 262,000 yen per person 19 hours behind Japan	Five-day Bali Tour 169,900 yen per person 1 hour behind Japan

Unfortunately, there are no plans for a four-day trip to Hawaii and Bali.

Emily　: Is that so? Then, we have no choice but to select Guam.

Four-day Cebu Tour
122,900 yen per person
1 hour behind Japan

Yumi　: Wait. I found another plan. What about a trip to Cebu? It takes about five hours from Narita, but the tour cost is the lowest. I heard the cost of living in Cebu is also lower than that in Guam, and you said, "the cheaper, the better."

Emily　: Yeah, exactly.

Yumi　: One more thing. They say that the food in Cebu suits the Japanese taste. Japanese food is your favorite, so I think you'll like the dishes there.

Emily　: Okay! That's a plan!

　次の1～4の問いの答えとして最も適切なものをそれぞれ1つずつ選び，番号で答えなさい。

1　When will Yumi and Emily go on a trip together?
　(1)　From August 11th to 20th.
　(2)　From August 11th to 16th.
　(3)　From August 16th to 20th.
　(4)　From August 17th to 20th.

    (5)   From August 17th to 21st.

2   Where did Yumi and Emily want to go at first?

    (1)   Yumi-Kyushu   Emily-Guam

    (2)   Yumi-Kyushu   Emily-Hawaii

    (3)   Yumi-Guam   Emily-Hawaii

    (4)   Yumi-Hawaii   Emily-Bali

    (5)   Yumi-Bali   Emily-Cebu

3   What is one of the decisive factors in determining the island to visit?

    (1)   The flight time by plane.

    (2)   The time difference between Japan and the island.

    (3)   The cost of living and the tour.

    (4)   The variety of transportation options.

    (5)   The quality of service given at the hotel.

4   対話文やパンフレットから読み取れる内容と合っているものを1つ選び，番号で答えなさい。

    (1)   Yumi and Emily preferred an overseas trip to a domestic trip all along.

    (2)   Yumi and Emily could not fix upon the date of travel at the restaurant.

    (3)   The time difference between Japan and Guam is smaller than that between Japan and Cebu.

    (4)   Yumi obtained a lot of information about the islands at the travel agency.

    (5)   A five-day Bali tour is more expensive than a five-day Hawaii tour.

(☆☆☆○○○)

【23】25000分の1の地図上で，8cmで表される実際の距離は何mか，正しいものを1つ選び番号で答えなさい。

(1) 2m   (2) 200m   (3) 2000m   (4) 20000m

(5) 200000m

(☆☆○○)

【24】10時から11時までの間で，時計の長針と短針の作る角の大きさが初めて90度になるのは10時何分か，正しいものを1つ選び番号で答えなさい。

(1)　15分　　(2)　45分　　(3)　$\frac{60}{11}$分　　(4)　$\frac{120}{23}$分

(5)　$\frac{120}{11}$分

(☆☆◎◎)

【25】ツル(足は2本)，カメ(足は4本)，タコ(足は8本)がいます。頭の総数は18で，足の総数は64でした。考えられる組み合わせのうちでツルの数が最も多いときカメは何匹いるか，正しいものを1つ選び番号で答えなさい。

(1)　2匹　　(2)　4匹　　(3)　8匹　　(4)　10匹　　(5)　12匹

(☆☆☆◎◎)

【26】次の図において半径3cmの2つの半円が図のようになって重なっているとき，図形の周りの太線の部分の長さとして正しいものを1つ選び番号で答えなさい。ただし，単位はすべてcmである。

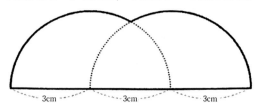

(1)　4π　　(2)　$4\pi+9$　　(3)　$2\pi+9$　　(4)　$12\pi+6$

(5)　$12\pi+9$

(☆☆☆◎◎)

【27】静止摩擦力の大きさは，物体がすべり始める直前に最大となり，このときの静止摩擦力を最大摩擦力という。最大摩擦力の大きさをF_0〔N〕，静止摩擦係数をμ，垂直抗力をN〔N〕，動摩擦係数をμ'とすると，最大摩擦力F_0の大きさを求める式として正しいものを1つ選び番

号で答えなさい。

(1) $F_0 = \mu + N$

(2) $F_0 = \mu - N$

(3) $F_0 = \mu N$

(4) $F_0 = (\mu - \mu')N$

(5) $F_0 = (\mu' - \mu)N'$

(☆☆☆◎◎◎)

【28】塩化ナトリウムはナトリウムイオンと塩化物イオンがイオン結合した物質である。このとき，陽イオンと陰イオンにはたらく力を何というか，正しいものを1つ選び番号で答えなさい。

(1) ファンデルワールス力　　(2) 起電力　　(3) 分子間力

(4) クーロン力　　　　　　(5) 電子親和力

(☆☆☆◎◎◎)

【29】植物は，根から硝酸イオンやアンモニウムイオンを吸収してアミノ酸を合成し，さらにアミノ酸からタンパク質や核酸を合成している。このはたらきを何というか，正しいものを1つ選び番号で答えなさい。

(1) 光合成　　(2) 内呼吸　　(3) 窒素合成　　(4) 窒素固定

(5) 窒素同化

(☆☆☆◎◎◎)

【30】次の火成岩のうち，二酸化ケイ素の含有量が最も少ないものはどれか，正しいものを1つ選び番号で答えなさい。

(1) 安山岩　　(2) 玄武岩　　(3) 閃緑岩　　(4) 流紋岩

(5) 花こう岩

(☆☆☆◎◎◎)

【31】次の図で∠XOY＝15°，OA＝AB＝BC＝CD＝DE＝EFとする。△OEFはどんな三角形か，正しいものを1つ選び番号で答えなさい。た

だし，図の角の大きさは正しいとは限りません。

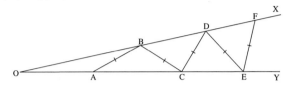

(1) 二等辺三角形　　(2) 直角三角形　　(3) 直角二等辺三角形

(4) 正三角形　　　(5) 鈍角三角形

(☆☆☆◎◎)

【32】 次の表で，どの縦，横，斜めの4つの数を加えても，和が等しくなるようにする。表のアに入る数として正しいものを1つ選び番号で答えなさい。

9	−4	−5	
	3	4	1
2		0	5
−3	ア		

(1)　−2　　(2)　−1　　(3) 7　　(4) 8　　(5) 15

(☆☆☆◎◎)

【33】 Aさんは，ある週の月曜日から金曜日までのそれぞれの日に

　(ア) 公園　　(イ) 神社　　(ウ) 橋　　(エ) 駅　　(オ) 地蔵

の5つの地点のうちいくつかを経由して，自分の家を往復するコースをジョギングしている。

> ① (ア)〜(オ)はいくつ経由してもよいが，一つも経由しない日はないとする。
> ② 月曜日は1カ所，火曜日は2カ所，水曜日は3カ所，木曜日は4カ所経由した。
> ③ 月曜日は地点(ア)を経由したが，金曜日は地点(ア)を経由していない。

④　水曜日は地点(イ)を経由したが，木曜日は地点(イ)を経由していない。

⑤　火曜日は地点(ウ)を経由したが，水曜日は地点(ウ)を経由していない。

⑥　木曜日は地点(エ)を経由したが，金曜日は地点(エ)を経由していない。

⑦　この週に2回地点(オ)を経由して，そのうち1回は火曜日であった。

これらのことから確実に言えることを1つ選び番号で答えなさい。

(1)　水曜日に地点(ア)を経由した。

(2)　金曜日に地点(イ)を経由した。

(3)　月曜日に地点(ウ)を経由せず，木曜日に地点(ウ)を経由した。

(4)　月曜日に地点(エ)を経由せず，水曜日に地点(エ)を経由した。

(5)　火曜日と金曜日に地点(オ)を経由した。

(☆☆☆◎◎◎)

【34】A〜Eの5人のうち，Aは最年長で25歳である。BとCの年の差は3歳であり，BはDより年下である。DはCより年上で，EはBより2歳年下であり最年少である。なお，5人のうち同じ年齢の人はいない。A〜Eを年齢の高い順に並べたものとして正しいものを1つ選び番号で答えなさい。

(1)　A-B-C-D-E　　(2)　A-B-D-C-E　　(3)　A-D-B-C-E

(4)　A-D-C-B-E　　(5)　A-C-B-D-E

(☆☆☆◎◎◎)

【35】次の斜線部分の三角形を直線ℓのまわりに1回転させると立体ができる。この立体の体積として正しいものを1つ選び番号で答えなさい。ただし円周率はπとし，単位はすべてcm³とする。

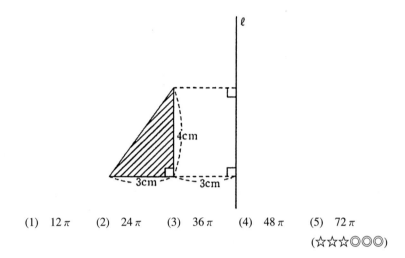

(1)　12π　　(2)　24π　　(3)　36π　　(4)　48π　　(5)　72π

(☆☆☆◎◎◎)

【36】資料1は平成12年から平成27年までの日本の肉類と魚介類の輸入額の推移である。資料2は資料1を棒グラフに表したものである。2つの資料を見て確実に言えることを1つ選び番号で答えなさい。

(1)　平成25年の対前年伸び率は，魚介類の方が肉類よりも大きい。

(2)　平成22年から平成27年までの肉類の輸入額は毎年一貫して増加している。

(3)　肉類の輸入額の最大値は，魚介類の輸入額の最小値よりも小さい。

(4)　平成25年から平成27年までの肉類の輸入額の平均値よりも，魚介類の輸入額が低い年がある。

(5)　どの年を見ても日本人は魚介類を肉類よりも多く食べている。

<資料1>　肉類と魚介類の輸入額の推移

(単位：10億円)

年	食料品		
	総数	うち肉類	うち魚介類
平成12年	4,966	921	1,650
平成17年	5,559	1,075	1,562
平成22年	5,199	966	1,260
平成23年	5,854	1,067	1,350
平成24年	5,852	1,060	1,400
平成25年	6,473	1,166	1,466
平成26年	6,732	1,335	1,524
平成27年	7,002	1,381	1,575

＜資料2＞

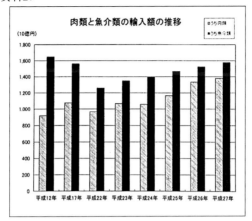

※総務省「第66回　日本統計年鑑　平成29年」他

(☆☆☆◎◎◎)

【1】次の文章を読んで，後の問いに答えなさい。

　子どもの_A学ぶ意欲や_B生活習慣の未確立，後を絶たない問題行動，規範意識や体力の低下など，教育をめぐる社会状況には深刻なものがある。自分に自信がある子どもが国際的に見て少なく，学習や職業に対して_C無気力な子どもが増えている。また，_D人間関係をつくる力が十分でないとの指摘もある。不登校，暴力行為，_Eいじめなどの子どもの問題行動なども依然として多く，未然防止，早期発見などの様々な対応を行っていかなければならない問題である。平成27年度の不登校児童生徒は，_F約(　　　)万人という相当数に上っている。子どもの

ₐ心身の発達については，社会環境や生活様式の変化が，様々な影響を与えている。

(文部科学省「中央教育審議会　初等中等教育分科会　教育課程部会審議経過報告」平成18年，改変)

(1)　下線部Aに関して，次のア～ウに関係する語句を①～⑤の中からそれぞれ1つずつ選んで番号で答えなさい。

　ア　がんばって宿題を終えたら好きなゲームをしようというように自分の行動に報酬を与え，強化子を自己管理する。

　イ　まず，教えるべき課題を明確化し，これを細やかな下位課題に分割する。子どもはこの課題に対し自発的に回答し，正答の場合，即座に正の強化フィードバックを受ける。小さな下位課題を順次に達成していくことで，遂次的に目標に近づこうとする。

　ウ　ある反応に引き続いて被験体にとって望ましい報酬が与えられると，その反応の生起確率が増大する。

　　①　回避学習　　②　自己強化　　③　プログラム学習
　　④　観察学習　　⑤　オペラント条件づけ

(2)　下線部Bに関して，福井県において，インターネットを利用した通信によるいじめや依存などの生活習慣の乱れを未然に防止するため策定された「ふくいスマートルール」推進運動について述べた次のア～ウの文の正誤の組み合わせとして適切なものを，①～⑥の中から1つ選んで番号で答えなさい。

　ア　「ふくいスマートルール」はいじめ問題対策連絡協議会が策定した。

　イ　「有害サイトによる被害を防ぐため，フィルタリングの設定を進めます。」と定めた。

　ウ　「SNSやメールおよびゲーム等の通信は，1日3時間までとします。」と定めた。

　　①　ア：正　イ：正　ウ：誤　　②　ア：正　イ：誤　ウ：誤
　　③　ア：正　イ：誤　ウ：正　　④　ア：誤　イ：正　ウ：正
　　⑤　ア：誤　イ：正　ウ：誤　　⑥　ア：誤　イ：誤　ウ：正

(3) 下線部Cに関して，次のⅠ～Ⅲに最も関係が深いと考えられる人
物の組み合わせとして適切なものを，下の①～⑥の中から1つ選ん
で番号で答えなさい。

Ⅰ　人間の認知活動のうち，自己や自己をとりまく環境内で生起す
る諸事象に関する因果の推論がその人の態度・感情・行動に大き
な影響を及ぼしていることに着目し，それらの法則性を解明する
ことで人間理解に迫ろうとする原因帰属理論。

Ⅱ　児童・生徒が学習場面において，認知的葛藤が生じた場合や納
得がいかない情報を与えられた場合に，その不快感を解消するた
めに課題への興味と動機づけが高まり，新たな情報を得ようとす
る。

Ⅲ　人間の性格をリビドー(心的エネルギー)の方向による外向型，
内向型という類型に分ける理論。

【人物】　ア：ワイナー　　イ：バーライン　　ウ：ミラー
　　　　　エ：ユング　　　オ：ディシ　　　　カ：マズロー

① 　Ⅰ：ア　Ⅱ：イ　Ⅲ：ウ　　② 　Ⅰ：ア　Ⅱ：イ　Ⅲ：エ
③ 　Ⅰ：ウ　Ⅱ：ア　Ⅲ：エ　　④ 　Ⅰ：ウ　Ⅱ：オ　Ⅲ：カ
⑤ 　Ⅰ：イ　Ⅱ：オ　Ⅲ：カ　　⑥ 　Ⅰ：カ　Ⅱ：ア　Ⅲ：ウ

(4) 下線部Dに関して，児童期から青年期にかけての仲間関係の発達
段階の特徴を説明した次のⅠ～Ⅲと語句の組み合わせとして適切な
ものを，後の①～⑥の中から1つ選んで番号で答えなさい。

Ⅰ　同じ興味，考え，活動，言葉が共有されるグループで，主に学
校活動が中心となる。

Ⅱ　互いの価値観や考え，将来の展望などが語りあわれ，自己の確
立と他者の違いを踏まえた他者尊重が特徴となる。

Ⅲ　学校外で同じ行動をすることがグループの一体感を強め，同じ
行動をするものを友人と見なし，遊びを共有できない者は集団か
ら排除されるような関係である。

【語句】　ア：ギャング・グループ
　　　　　イ：ユニバーサル・グループ

　　　　　ウ：インクルーシブ・グループ
　　　　　エ：チャム・グループ
　　　　　オ：ピア・グループ
　　　　　カ：リレーション・グループ

① Ⅰ：イ　Ⅱ：ア　Ⅲ：ウ　　② Ⅰ：イ　Ⅱ：ア　Ⅲ：カ
③ Ⅰ：エ　Ⅱ：オ　Ⅲ：ア　　④ Ⅰ：エ　Ⅱ：オ　Ⅲ：カ
⑤ Ⅰ：オ　Ⅱ：カ　Ⅲ：ア　　⑥ Ⅰ：オ　Ⅱ：ア　Ⅲ：ウ

(5) 同じく下線部Dに関して，次の文は教師と子どもの人間関係に関
　するある実験の説明である。この説明について述べた下のア～ウの
　文の正誤の組み合わせとして適切なものを，①～⑥の中から1つ選
　んで番号で答えなさい。

　　教師は，専門家から潜在的に能力が高いと伝えられた児童
　に対しては，伸びることへの期待を持ち，褒める働きをする
　ようになる。それが一定期間積み重なることで，学習に対す
　る子どもの意識や行動が促進され，知能指数アップにつなが
　った。

ア　この実験は，ローゼンタールらによって報告された。
イ　このことをピグマリオン効果という。
ウ　この効果はマイナスに働く場合は無い。

① ア：正　イ：正　ウ：誤　　② ア：正　イ：誤　ウ：誤
③ ア：正　イ：誤　ウ：正　　④ ア：誤　イ：正　ウ：正
⑤ ア：誤　イ：正　ウ：誤　　⑥ ア：誤　イ：誤　ウ：正

(6) 下線部Eに関して，「福井県いじめ防止基本方針」に示されたもの
　として誤っているものを次のア～オの中から2つ選んで，その組み
　合わせとして適切なものを①～⑤の中から1つ選んで番号で答えな
　さい。
　ア　教員は，いじめは見えにくい形で行われることが多いため，い
　　じめを見過ごしたり見逃したりしないよう児童生徒の表情やしぐ
　　さをきめ細かく観察するとともに，わずかな変化に対してもいじ

めの兆候ではないかとの疑いを持ち，早期にいじめを発見するよう努めます。

イ　学校長は，いじめの被害と加害および他の児童生徒のいじめ行為の状況について，児童生徒自らがチェックするシステムを継続的に実施するとともに，児童生徒を対象とした生活アンケート調査や個別面談等を定期的かつ計画的に実施して，児童生徒がいじめを訴えやすい体制を整えます。

ウ　教員は，いじめの訴えがあった場合やいじめの兆候を発見した場合には，いじめられた児童生徒の立場に立って適切に対応します。いじめられた児童生徒に関する守秘義務があるため，学校長をはじめとする最低限の関係教員で情報を共有します。

エ　学校長は，直ちに，いじめを受けたあるいは報告した児童生徒の心のケアを行い，安全を確保するとともに，いじめたとされる児童生徒に対して事情を確認したうえで適切な指導を行います。

オ　県・市町教育委員会および学校長は，必要な教育上の指導を行っているにもかかわらず十分な効果を上げることが困難な場合には，スクールカウンセラーやスクールソーシャルワーカー，スクールサポーター等の外部専門家の支援を受けます。迅速な対応を第一に考え，警察や児童相談所，地方法務局，医療機関，市町の民生児童委員等とは連携しません。

①　ア・イ　　②　ア・ウ　　③　イ・エ　　④　イ・オ
⑤　ウ・オ

(7)　同じく下線部Eに関して，「道徳の質的転換によるいじめの防止に向けて」(文部科学省，平成28年)で紹介されている取組について述べた次のア～ウの下線部の正誤の組み合わせとして適切なものを，①～⑥の中から1つ選んで番号で答えなさい。

ア　小学校6年生の「傍観者，いじめる側，いじめられる側のそれぞれの視点に立って考える授業」では，それぞれの立場でどのように行動したらよいのかを考えさせることで，価値観の違いがあっても，自己の考えを優先し，自らの信念に基づく行動

を促している。

イ　小学校5年生の「問題場面において『何が問題だったのか』
『自分ならばどうするか』を問う授業」では，様々な可能性を
考え，相手も自分も幸福になれる関係を大切にすることに目標
を置いている。

ウ　高校1年生の「インターネットの書き込み例をもとに議論し
た後，新聞記事で事例を読んで考える授業」では，これまでの
ネット利用を振り返らせ，匿名の書き込みによるいじめの理不
尽さに気付かせている。

① ア：正　イ：正　ウ：誤　　② ア：正　イ：誤　ウ：誤

③ ア：正　イ：誤　ウ：正　　④ ア：誤　イ：正　ウ：正

⑤ ア：誤　イ：正　ウ：誤　　⑥ ア：誤　イ：誤　ウ：正

(8)　全国の小中学校の児童生徒数は約1,000万人(平成27年度)である。
下線部Fに関して，不登校児童生徒の数は約何万人になるか。適切
な数字を①～⑤の中から1つ選んで番号で答えなさい。

① 2.6　② 5.6　③ 7.6　④ 12.6　⑤ 20.6

(9)　下線部Gに関して，次のア～ウの波線部の正誤の組み合わせとし
て適切なものを，①～⑥の中から1つ選んで番号で答えなさい。

ア　フロイトは，青年期を性器期と呼び，「発達段階は，ここまで
で終わりである。」とした。

イ　クレッチマーは，特定個体の近接を求め，またそれを維持しよ
うとする傾向，あるいはその結果確立される情緒的絆そのものを
愛着と呼び，それが他のどのような要素よりも発達全般の礎とな
ることを強調した。

ウ　エインズワースは，愛着スタイルをストレンジ・シチュエーシ
ョン法によって，Aタイプ(回避型)，Bタイプ(安定型)，Cタイプ
(アンビバレント型)に分類した。

① ア：正　イ：正　ウ：誤　　② ア：正　イ：誤　ウ：誤

③ ア：正　イ：誤　ウ：正　　④ ア：誤　イ：正　ウ：正

⑤ ア：誤　イ：正　ウ：誤　　⑥ ア：誤　イ：誤　ウ：正

(10)　同じく下線部Gに関して，発達障害である自閉症スペクトラム障
害の説明について述べた次のア～ウの文の正誤の組み合わせとして
適切なものを，①～⑥の中から1つ選んで番号で答えなさい。

ア　興味や活動の範囲が限られている。

イ　対人的相互交渉に障害はない。

ウ　言葉の発達や，想像的活動に障害がある。

① 　ア：正　イ：正　ウ：誤　　② 　ア：正　イ：誤　ウ：誤

③ 　ア：正　イ：誤　ウ：正　　④ 　ア：誤　イ：正　ウ：正

⑤ 　ア：誤　イ：正　ウ：誤　　⑥ 　ア：誤　イ：誤　ウ：正

(11)　同じく下線部Gに関して，発達障害の検査に用いる知能検査方法
を①～⑤の中から1つ選んで番号で答えなさい。

① 　DSM－Ⅴ　　② 　WISC　　③ 　ASD　　④ 　ADHD

⑤ 　ODD

(12)　同じく下線部Gに関して，以下は発達障害児のアセスメントをす
る福井県方式の支援ツール「子育てファイルふくいっ子」に示され
た発達障害児への支援を行う上での基本となる取組である。空欄に
入る語句の組み合わせとして適切なものを，下の①～⑥の中から1
つ選んで番号で答えなさい。

　　気になった時点で，誰でも気軽に取り組める分かりやすい
アセスメントを実施することで，「早期発見」につながり，ま
た，その評価をもとにした(　ア　)をつくり，実践に取り組む
ことで(　イ　)を行い，さらにその結果を次の機関に引き継ぐ
ことで(　ウ　)を目指しています。

① 　ア：学級支援計画　イ：早期支援　ウ：途切れない支援

② 　ア：学級支援計画　イ：学級支援　ウ：途切れない支援

③ 　ア：学級支援計画　イ：学級支援　ウ：小中学校間での支援

④ 　ア：個別支援計画　イ：学級支援　ウ：小中学校間での支援

⑤ 　ア：個別支援計画　イ：早期支援　ウ：小中学校間での支援

⑥ 　ア：個別支援計画　イ：早期支援　ウ：途切れない支援

(☆☆☆☆◎◎◎)

【２】次の文章を読んで，下の問いに答えなさい。

　　障害者の権利に関する条約の中で，教育については第24条に記載されており，同条約が求めるインクルーシブ教育システムについて，人間の(　ア　)の尊重等の強化，障害者が精神的及び身体的な能力等を可能な最大限度まで発達させ，自由な社会に効果的に参加することを可能とするとの目的の下，障害のある者と障害のない者が共に学ぶ仕組みであり，障害のある者が一般的な教育制度から排除されないこと，自己の生活する地域において初等中等教育の機会が与えられること，個人に必要な A「合理的配慮」が提供されること等が必要とされています。

　　また，インクルーシブ教育システムにおいては，同じ場で共に学ぶことを追求するとともに，(　イ　)の教育的ニーズのある幼児児童生徒に対して，自立と社会参加を見据えて，その時点で教育的ニーズに最も的確に応える指導を提供できる，多様で柔軟な仕組みを整備することが重要です。小・中学校における通常の学級，(　ウ　)による指導，特別支援学級，特別支援学校といった，連続性のある「多様な(　エ　)の場」を用意しておくことが必要です。

　　(文部科学省「共生社会の形成に向けたインクルーシブ教育システム構築のための特別支援教育の推進(報告)　概要」平成24年，改変)

(1)　空欄(　ア　)～(　エ　)に入る語句の組み合わせとして適切なものを①～⑥の中から1つ選んで番号で答えなさい。

①　ア：総合性　イ：全体　ウ：連携　エ：成長
②　ア：総合性　イ：個別　ウ：連携　エ：成長
③　ア：総合性　イ：全体　ウ：通級　エ：学び
④　ア：多様性　イ：個別　ウ：通級　エ：学び
⑤　ア：多様性　イ：全体　ウ：通級　エ：成長
⑥　ア：多様性　イ：個別　ウ：連携　エ：学び

(2)　下線部Aの内容として誤っているものを次のア～オの中から2つ選び，その組み合わせとして適切なものを①～⑤の中から1つ選んで番号で答えなさい。

ア　自分の情緒障害の特性をクラスで話してほしいと要望があった
　　が，医師による診断書がなかったので，担任判断で話さなかった。
イ　問題行動を起こした生徒は注意欠陥多動性障害を抱えており，
　　自分の考え方に対するこだわりが強く，反省を促す指導に反発す
　　る態度を見せたため，生徒指導部が厳しい指導を継続して行った。
ウ　場面緘黙の生徒に対し，合理的配慮協力要員が中心となり，担
　　任や教育相談担当と相談しながら個別支援を行った。
エ　人一倍過敏で苦手な食べ物があり給食が遅い児童に，嫌いなも
　　のは残してよいと指導した。
オ　読み書きに苦手意識があり，普段から文章を読んで理解するこ
　　とが難しい児童に，問題文の一部を読み上げるという特別な措置
　　を取るため，テストを別室で受けさせた。

①　ア・イ　　②　ア・オ　　③　イ・エ　　④　イ・オ
⑤　ウ・エ

(☆☆☆◎◎◎)

【3】次の文章を読んで，以下の問いに答えなさい。

　文部科学省は，学校が学びのセーフティネットの役割を果たし，こ
れからの社会において必要となる「生きる力」を子供たち一人一人が
身に付けられるよう，学校教育の充実に取り組んできました。
　しかしながら現実には，子供たちの将来がその生まれ育った家庭の
事情等に左右されてしまう場合が少なくありません。A貧困やB児童虐
待など，家庭環境に課題を抱える子供たちの状況は深刻であり，学校
教育と密接に関わる事柄と受け止めて対応する必要があります。また，
学校が学びのセーフティネットとしての役割を果たすためには，学校
に通うことが辛く苦しいものであってはならず，Cいじめへの対応や
D不登校児童生徒への支援も重要です。

(広瀬章博「指導と評価」図書文化，2016年11月)

(1)　下線部Aに関して，次のア〜エの中から誤っているものを2つ選び，
　　その組み合わせとして適切なものを①〜⑥の中から1つ選んで番号

で答えなさい。

ア　日本の子どもの貧困率は近年上昇傾向にある。

イ　世帯所得と子どもの学力には負の相関がある。

ウ　一人親世帯の相対的貧困率は5割を超えている。

エ　平成26年に「子供の貧困対策に関する大綱について」が閣議決定され，教育の支援では，「地域」をプラットフォームと位置づけた貧困対策について述べられている。

① ア・イ　　② ア・ウ　　③ ア・エ　　④ イ・ウ

⑤ イ・エ　　⑥ ウ・エ

(2)　下線部A，Bについて述べた次の文章の空欄に入る語句の組み合わせとして適切なものを，①〜⑥の中から1つ選んで番号で答えなさい。

> 　　貧困や児童虐待等に対応するためには，学校や教育委員会に福祉の専門家である（　ア　）を配置し，児童生徒が置かれた環境への働きかけ，（　イ　）等の関係機関等とのネットワークの構築や連携・調整，学校内のチーム体制の構築・支援などを行うことが有効と考えられます。
>
> 　　　　　　　　　（広瀬章博「指導と評価」図書文化，2016年11月）

① ア：スクールソーシャルワーカー　　　イ：フリースクール

② ア：スクールソーシャルワーカー　　　イ：児童相談所

③ ア：スクールカウンセラー　　　　　　イ：公民館

④ ア：スクールカウンセラー　　　　　　イ：フリースクール

⑤ ア：特別支援教育コーディネーター　　イ：児童相談所

⑥ ア：特別支援教育コーディネーター　　イ：公民館

(3)　下線部Cに関して，学校におけるいじめ問題への対応を述べた次のア〜ウの文の正誤の組み合わせとして適切なものを，①〜⑥の中から1つ選んで番号で答えなさい。

ア　生徒から「いじめを受けている」との相談を受け，生徒指導部長がリーダーシップをとり「いじめ対策委員会」を開き，それが

いじめに当たるか否かを協議した。

イ　インターネット上のサイトに「万引きをしていた」，気持ち悪い，うざい，などと級友の実名を挙げて悪口を書いた生徒の行為を名誉毀損にあたると判断し，警察に相談した。

ウ　被害生徒本人とその保護者が「いじめ行為が止み，いじめは解消した。」と納得したので，学校はそのいじめが終結したとすみやかに教育委員会に報告した。

① 　ア：正　イ：正　ウ：誤　　② 　ア：正　イ：誤　ウ：誤
③ 　ア：正　イ：誤　ウ：正　　④ 　ア：誤　イ：正　ウ：正
⑤ 　ア：誤　イ：正　ウ：誤　　⑥ 　ア：誤　イ：誤　ウ：正

(4) 下線部Dに関して，近年，教育相談の重要性が高まっている。「生徒指導提要」(文部科学省，平成22年)では，教育相談の新たな展開について紹介している。次の手法の概要Ⅰ～Ⅲと名称の組み合わせとして適切なものを，下の①～⑥の中から1つ選んで番号で答えなさい。

Ⅰ　人間関係作りや相互理解，協力して問題解決する力などが育成される。学級作りや保護者会などに活用できる。

Ⅱ　「相手を理解する」「自分の思いや考えを適切に伝える」「人間関係を円滑にする」「問題を解決する」「集団行動に参加する」などを目標とし，社会的技能を育成する方法である。

Ⅲ　「断る」「要求する」といった葛藤場面での自己表現や，「ほめる」「感謝する」「うれしい気持ちを表す」「援助を申し出る」といった他者とのかかわりをより円滑にする社会的行動の獲得を目指す。

【名称】　ア：ピア・サポート活動
　　　　　イ：ソーシャルスキルトレーニング
　　　　　ウ：グループエンカウンター
　　　　　エ：アサーショントレーニング

① 　Ⅰ：ア　Ⅱ：エ　Ⅲ：イ　　② 　Ⅰ：ウ　Ⅱ：エ　Ⅲ：ア
③ 　Ⅰ：ア　Ⅱ：ウ　Ⅲ：エ　　④ 　Ⅰ：ウ　Ⅱ：ア　Ⅲ：イ

⑤　Ⅰ：ア　Ⅱ：イ　Ⅲ：ウ　　⑥　Ⅰ：ウ　Ⅱ：イ　Ⅲ：エ

(☆☆☆◎◎◎)

【4】次の文章を読んで，後の問いに答えなさい。

[基本理念]

　本県では，接続を重視した「福井型18年教育」を進め，独自の少人数教育により基礎・基本を定着させる「ていねいな教育」，夢や希望に向かって挑戦する基礎を築く「きたえる教育」により，福井の_A子どもたちの学力・体力は全国トップクラスを続けています。

　今後も，地域・家庭・学校の互いの信頼感とつながりの強さ，_B教員の熱心さに支えられたこれまでの良さを活かした教育を進め，さらに全国をリードできるよう学力・体力を向上させ，地域に新たな活力を生み出し，福井の将来を担う人づくりを推進します。

(中略)

　また，教員研修の充実や自主的な研究の促進に努めるとともに，_C社会の変化に対応した学校・学科の整備を進めます。

[基本的な方針]

　方針1：_Dふるさと福井に誇りと愛着を持ち将来の福井を考える人を育てる「ふくい創生教育」の推進

　方針2：夢や希望を実現する「(　ア　)力」を身に付ける教育の推進

　方針3：社会への参加を進め，(　イ　)な専門知識・技能を身に付ける教育の推進

　方針4：グローバルな社会で活躍するための「使える」外国語教育の推進

　方針5：福井の教育を支える教員の指導力をさらに向上

　方針6：(　ウ　)でみんなが楽しく学ぶ学校づくりの推進

　方針7：児童・生徒数の減少や社会の変化に対応した学校・学科の整備

　方針8：生涯にわたる学びを地域活動につなげる仕組みづくりの推進

方針9：地域への愛着を深める芸術・文化活動や創作活動の充実

方針10：「福井しあわせ元気国体」の優勝を目指した競技力向上と
国体の成果を活かした県民スポーツの振興

(福井県教育委員会「福井県教育振興基本計画(平成27〜31年)」,
平成27年)

(1) 下記は，上記の方針を策定するもととなった法律の条文である。
該当する法律名を①〜⑥の中から1つ選んで番号で答えなさい。

第17条2項　地方公共団体は，前項の計画を参酌し，その地域の実
情に応じ，当該地方公共団体における教育の振興のため
の施策に関する基本的な計画を定めるよう努めなければ
ならない。

① 日本国憲法　　　② 教育基本法　　　③ 学校教育法

④ 学校保健安全法　　⑤ 地方教育行政法　　⑥ 地方公務員法

(2) 空欄(ア)〜(ウ)に当てはまる語句として適切な組み合わ
せを，①〜⑥の中から1つ選んで番号で答えなさい。

① ア：実行　　イ：基礎的　　ウ：安全・平和

② ア：突破　　イ：高度　　　ウ：安全・平和

③ ア：実行　　イ：高度　　　ウ：安全・平和

④ ア：突破　　イ：基礎的　　ウ：安全・安心

⑤ ア：実行　　イ：基礎的　　ウ：安全・安心

⑥ ア：突破　　イ：高度　　　ウ：安全・安心

(3) 下線部Aに関して，現在実施されている次の学力調査の概要Ⅰ〜
Ⅲと名称の組み合わせとして適切なものを，後の①〜⑥の中から1
つ選んで番号で答えなさい。

Ⅰ　小学校5年生と中学校2年生を対象とし，小学生4教科，中学生5
教科で実施

Ⅱ　小学校4年生と中学校2年生を対象とし，小学生2教科，中学生2
教科で実施

Ⅲ　小学校6年生と中学校3年生を対象とし，小学生2教科，中学生2
教科(ただし，3年に一度は小学生，中学生ともに3教科)で実施

【名称】　ア：TIMSS調査　　イ：全国学力・学習状況調査
　　　　　ウ：SASA　　　　エ：PISA調査

①　Ⅰ：ア　Ⅱ：エ　Ⅲ：イ　　②　Ⅰ：ウ　Ⅱ：エ　Ⅲ：イ
③　Ⅰ：ア　Ⅱ：ウ　Ⅲ：エ　　④　Ⅰ：ウ　Ⅱ：ア　Ⅲ：イ
⑤　Ⅰ：ア　Ⅱ：イ　Ⅲ：エ　　⑥　Ⅰ：ウ　Ⅱ：イ　Ⅲ：エ

(4)　下線部Bに関して，学校教育法第11条に規定する児童生徒の懲戒
に該当する事例として適切なものを次のア～オの中から2つ選び，
その組み合わせとして適切なものを①～⑤の中から1つ選んで番号
で答えなさい。

ア　授業中なまけていたので，放課後掃除をさせた。
イ　授業中なまけていて注意を促しても改善しないので，毆った。
ウ　遅刻して来たので，授業中の1時間，廊下に立たせた。
エ　態度が悪いので，指導をしていて給食を食べる時間を与えなか
　　った。
オ　態度が悪いので反省させるために，放課後1時間残した。

①　ア・イ　　②　ア・オ　　③　イ・エ　　④　イ・オ
⑤　ウ・エ

(5)　同じく下線部Bに関して，生徒指導について述べた次の文章の空
欄に入る語句の組み合わせとして適切なものを，①～⑥の中から1
つ選んで番号で答えなさい。

> 　集団指導と個別指導については，集団指導を通して個を育
> 成し，個の成長が集団を発展させるという相互作用により，
> 児童生徒の力を最大限に伸ばすことができるという指導原理
> があります。そのためには，教員は児童生徒を十分に理解す
> るとともに，教員間で指導についての共通理解を図ることが
> 必要です．
> 　なお，集団指導と個別指導のどちらにおいても，「（　ア　）を
> 促す指導」，「（　イ　）指導」，「（　ウ　）指導」の三つの目的に
> 分けることができます。
>
> 　　　　　　　　　　　　(文部科学省「生徒指導提要」，平成22年)

① ア：発達　イ：予防的　ウ：教育相談的
② ア：学業　イ：道徳的　ウ：多面的
③ ア：成長　イ：共感的　ウ：課題解決的
④ ア：発達　イ：共感的　ウ：多面的
⑤ ア：学業　イ：道徳的　ウ：教育相談的
⑥ ア：成長　イ：予防的　ウ：課題解決的

(6) 同じく下線部Bに関して，次の文は，教育公務員特例法の一部です。(　)に適する語句を下の①〜④の中から1つ選んで番号で答えなさい。

　第21条　教育公務員は，その職責を遂行するために，絶えず(　)に努めなければならない。

① 研究と修行　　② 研鑽と修行　　③ 研鑽と修養

④ 研究と修養

(7) 下線部Cに関して，学校教育法第1条の改正(平成28年4月1日施行)により新たに福井県に設置されたものを①〜⑥の中から1つ選んで番号で答えなさい。

① 福井県立坂井高等学校
② 福井県教育総合研究所
③ 福井大学教育学部附属義務教育学校
④ 福井県立高志中学校・高等学校
⑤ 福井幼保連携型認定こども園
⑥ あわら地域中高一貫教育校

(8) 同じく下線部Cに関して，学校に基礎をおくカリキュラム開発(School-Based Curriculum Development：SBCD)」の考え方を契機に，カリキュラムは，児童生徒一人一人の学習経験の総体，すなわち学びの履歴を創り上げていく営為と見なされるようになった。カリキュラムの類型について説明した次のア〜ウの文について，正誤の組み合わせとして適切なものを①〜⑥の中から1つ選んで番号で答えなさい。

ア　「国語と歴史」「理科と算数」といった異なる教科の教材を関連

させるのは，広域カリキュラムの例である。

イ 「歴史，地理，公民，経済，社会学など」を統合した社会科学は，融合カリキュラムの例である。

ウ 子どもの現実の社会生活から単元を取り上げ，これを発達に応じて順序立てるのは，コア・カリキュラムの例である。

① ア：正 イ：正 ウ：誤　② ア：正 イ：誤 ウ：誤
③ ア：正 イ：誤 ウ：正　④ ア：誤 イ：正 ウ：正
⑤ ア：誤 イ：正 ウ：誤　⑥ ア：誤 イ：誤 ウ：正

(9) 同じく下線部Cに関して，カリキュラム・マネジメントについて述べた次の文章の空欄に入る語句の組み合わせとして適切なものを，下の①〜⑥の中から1つ選んで番号で答えなさい。

「社会に開かれた教育課程」の実現を通じて子供たちに必要な資質・能力を育成するという新しい学習指導要領等の理念を踏まえ，これからの「カリキュラム・マネジメント」については，以下の三つの側面から捉えられる。

1　各教科等の教育内容を相互の関係で捉え，学校の教育目標を踏まえた(ア)な視点で，その目標の達成に必要な教育の内容を組織的に配列していくこと。

2　教育内容の質の向上に向けて，子供たちの姿や地域の現状等に関する調査や各種データ等に基づき，教育課程を編成し，実施し，評価して改善を図る一連の(イ)を確立すること。

3　教育内容と，教育活動に必要な人的・物的資源等を，地域等の外部の資源も含めて活用しながら効果的に組み合わせること。

(文部科学省「学習指導要領の理念を実現するために必要な方策」，平成27年)

---

① ア：教科横断的　イ：PDCAサイクル
② ア：教科連携的　イ：チーム支援

③　ア：教科縦断的　　イ：スパイラルアップ

④　ア：教科横断的　　イ：チーム支援

⑤　ア：教科連携的　　イ：スパイラルアップ

⑥　ア：教科縦断的　　イ：PDCAサイクル

(10)　下線部Dに関して，『ふるさと福井の先人100人』の中の福井県ゆかりの人々について述べた次のア～ウの波線部の正誤の組み合わせとして適切なものを，①～⑥の中から1つ選んで番号で答えなさい。

ア　結城秀康は，藩校明道館や洋書習学所を設立して教育の振興をはかり，優れた人物を登用した。

イ　渡辺洪基は明治時代に外交官として活躍し，後に東京府知事から帝国大学初代総長に就任した。

ウ　日下部太郎は，明治から大正時代の教育者で，フェノロサとともに文化財保護の礎をつくり，東京美術学校の創設に尽力した。

①　ア：正　イ：正　ウ：誤　　②　ア：正　イ：誤　ウ：誤

③　ア：正　イ：誤　ウ：正　　④　ア：誤　イ：正　ウ：正

⑤　ア：誤　イ：正　ウ：誤　　⑥　ア：誤　イ：誤　ウ：正

(☆☆☆◎◎◎)

【5】以下の問いに答えなさい。

(1)　学習指導要領の改訂に関し，次のア～キを古い順に並べたものとして最も適切なものを後の①～⑥の中から1つ選んで番号で答えなさい。

ア　ゆとりある充実した学校生活の実現のため，各教科の指導内容を精選し，学校教育法施行規則の一部を改正し，小学校の第4～6学年で標準授業時数の削減を行った。

イ　完全学校週5日制を導入し，小学校第3学年以上で「総合的な学習の時間」を新設した。

ウ　学校教育法施行規則の一部を改正し，学習指導要領は教育課程の基準として文部大臣が公示するものと改められた。道徳教育の時間を特設して道徳教育を徹底し，基礎学力の充実，科学技術教

　　育の向上を図った。

　エ　「教科課程，教科内容及びその取り扱い」の基準として各教科の授業時数を改め，従来の修身(公民)等を廃し，新たに社会科を設け，他にも新たに家庭科，自由研究を設けた。

　オ　教育活動全体を通じて，発達の段階や各教科等の特性に応じ，豊かな心を持ち，たくましく生きる人間の育成を図った。小学校第1，2学年では生活科を新設するとともに，国語の力の充実を図るために授業時数を増やした。

　カ　教育基本法改正等で明確になった教育の理念を踏まえ，「生きる力」を育成することをねらいとした。小学校の第5，6年生に外国語活動を導入したり，各教科で言語活動の充実を図ったりした。

　キ　教育内容の一層の向上を図り，小学校の各学年における各教科及び道徳の授業時数を，最低時数から標準時数に改めた。時代の進展に応ずるため，指導内容を義務教育9年間を見通した事項に精選した。

　　①　ウ→エ→キ→ア→オ→イ→カ
　　②　ウ→エ→ア→キ→カ→イ→オ
　　③　ウ→キ→エ→ア→カ→イ→オ
　　④　エ→ウ→キ→ア→オ→イ→カ
　　⑤　エ→ウ→キ→ア→カ→オ→イ
　　⑥　エ→キ→ウ→オ→カ→ア→イ

(2)　平成29年3月31日に改訂が公示された学習指導要領について述べた次のア～ウの文の正誤の組み合わせとして適切なものを，①～⑥の中から1つ選んで番号で答えなさい。

　ア　各教科等の目標及び内容を「知識及び技能」「思考力，判断力，表現力等」「学びに向かう力，人間性等」の3つの柱で再整理し，何ができるようになるかを明確化した。

　イ　小学校の低・中学年で「外国語活動」，高学年で「外国語科」を導入し，小・中・高等学校一貫した学びを重視して英語能力の向上を図る目標を設定している。

ウ　小学校で教科「情報」を設け，コンピュータなどを活用した学習活動を充実させ，プログラミング教育を含む情報活用能力の育成を図る。

①　ア：正　イ：正　ウ：誤　　②　ア：正　イ：誤　ウ：誤
③　ア：正　イ：誤　ウ：正　　④　ア：誤　イ：正　ウ：正
⑤　ア：誤　イ：正　ウ：誤　　⑥　ア：誤　イ：誤　ウ：正

(3)　平成29年3月31日に公示された学習指導要領では，改訂の基本的な方向性(文部科学省「幼稚園，小学校，中学校，高等学校及び特別支援学校の学習指導要領等の改善及び必要な方策等について(答申)【概要】」，平成28年)として，以下の6点に沿った「学びの地図」としての枠組みづくりと各学校の創意工夫の活性化が求められている。次の文中の空欄(　ア　)～(　ウ　)に入る語句の組み合わせとして適切なものを，下の①～⑥の中から1つ選んで番号で答えなさい。

・「何ができるようになるか」…育成を目指す(　ア　)
・「何を学ぶか」…教科等を学ぶ意義と，教科等間・学校段階間のつながりを踏まえた(　イ　)
・「どのように学ぶか」…各教科等の指導計画の作成と実施，学習・指導の改善・充実
・「子供一人一人の発達をどのように支援するか」…子供の発達を踏まえた指導
・「何が身に付いたか」…(　ウ　)
・「実施するために何が必要か」…学習指導要領の理念を実現するために必要な方策

①　ア：資質・能力　　イ：教育課程の編成
　　ウ：学習評価の充実
②　ア：資質・能力　　イ：学校行事の精選
　　ウ：学びの過程の可視化
③　ア：資質・能力　　イ：教育課程の編成
　　ウ：学びの過程の可視化

④ ア：知識・技能　　イ：学校行事の精選
　　ウ：学習評価の充実
⑤ ア：知識・技能　　イ：教育課程の編成
　　ウ：学習評価の充実
⑥ ア：知識・技能　　イ：学校行事の精選
　　ウ：学びの過程の可視化

(4) 「総合的な学習の時間」における外部との連携構築のための留意点として誤っているものを，①〜⑤の中から1つ選んで番号で答えなさい。

① 日常的な関わり…日頃から外部人材などと適切に関わろうとする姿勢をもつ。

② 担当者や組織の設置…校務分掌上に地域連携部などを設置したり，外部と連携するための窓口となる担当者を置いたりする。

③ 教育資源のリスト…協力可能な人材や施設などに関するリスト(人材・施設バンク)を作成する。

④ 適切な打合せの実施…授業のねらいの明確化，役割分担の確認など，教師と十分な打合せを行った上で，校外引率等は外部人材に全て任せる。

⑤ 学習成果の伝達…学校公開日や学習発表会などの開催通知や学校便りの配付などを通して，保護者や地域の人々に成果を発表する機会を設ける。

　　(文部科学省「今，求められる力を高める総合的な学習の時間の展開」，平成22，25年)

(5) 「総合的な学習の時間」の評価について述べた次のア〜ウの文の正誤の組み合わせとして適切なものを，①〜⑥の中から1つ選んで番号で答えなさい。

ア 観察による評価…記述シートや完成した作品では汲み取れない学習状況を見取ることができる。学習過程での生徒の変容を把握しやすい。即座に指導に生かすことができる。

イ 制作物による評価…制作物に寄せた児童生徒の興味・関心，発

想や気付きなど，こだわりや学びの過程を評価することができる。活動計画表や記録，感想等を計画的に集積し，探究の過程を詳しく把握できる。

ウ　第三者(他者)評価…児童生徒の学習の様子が多面的に映し出され，教師が気づかなかった点を補うことができる。生徒への励ましが期待できる。自分たちのやったことが認められ，成就感や自己肯定感にもつながる。

(文部科学省「今，求められる力を高める総合的な学習の時間の展開」，平成22年，25年)

① 　ア：正　イ：正　ウ：誤　　② 　ア：正　イ：誤　ウ：誤
③ 　ア：正　イ：誤　ウ：正　　④ 　ア：誤　イ：正　ウ：正
⑤ 　ア：誤　イ：正　ウ：誤　　⑥ 　ア：誤　イ：誤　ウ：正

(6)　平成24年3月，文部科学省が作成した「学校防災マニュアル(地震・津波災害)作成の手引き」について，各学校では，ある法律にもとづいて学校防災マニュアルの整備がすすめられています。その法律名を①～④の中から1つ選んで番号で答えなさい。

① 　学校教育法　　② 　学校保健法　　③ 　学校保健安全法
④ 　災害対策基本法

(7)　道徳について述べた次のア～ウの文の正誤の組み合わせとして適切なものを，①～⑥の中から1つ選んで番号で書きなさい。

ア　平成28年11月18日に出された文部科学大臣メッセージでは，これまでの道徳教育において，読み物の登場人物の気持ちを読み取ることで終わったり，「いじめは許されない」ということを児童生徒に言わせたり書かせたりするだけの授業に対する反省から，「あなたならどうするか」を真正面から問い，自分自身のこととして，多面的・多角的に考え，議論していく「考え，議論する道徳」への転換が求められている。

イ　道徳教育は学校の教育活動全体を通じて行うことを基本とし，平成14年にはじめて作成・配布した教材「心のノート」を平成26年に全面改訂し，教材「私たちの道徳」として作成・配布した。

ウ　平成27年3月に小・中学校学習指導要領の一部を改訂し，道徳
　の時間を「特別の教科　道徳」として位置付けて検定教科書を導
　入するとともに，担任による数値評価を行い，調査書(内申書)へ
　の評価記載を可能とした。

①　ア：正　イ：正　ウ：誤　　②　ア：正　イ：誤　ウ：誤
③　ア：正　イ：誤　ウ：正　　④　ア：誤　イ：正　ウ：正
⑤　ア：誤　イ：正　ウ：誤　　⑥　ア：誤　イ：誤　ウ：正

(8)　教育基本法の次の条文の空欄(　ア　)，(　イ　)に当てはまる語
　句として適切な組み合わせを，下の①～⑤の中から1つ選んで番号
　で答えなさい。

　　　第1条　教育は，(　ア　)を目指し，(　イ　)な国家及び社会の
　　　　　　　形成者として必要な資質を備えた心身ともに健康な国民
　　　　　　　の育成を期して行われなければならない。

①　ア：人間の育成　　　イ：民主的で文化的
②　ア：人格の完成　　　イ：民主的で文化的
③　ア：人格の形成　　　イ：平和で文化的
④　ア：人間の育成　　　イ：平和で文化的
⑤　ア：人格の完成　　　イ：平和で民主的
⑥　ア：人間の形成　　　イ：平和で民主的

(9)　次の(　ア　)～(　ウ　)に当てはまる人物の組み合わせとして適
　切なものを，後の①～⑥の中から1つ選んで番号で答えなさい。

・(　ア　)は，著書『教育学講義』等の中で，「教育とは自立するま
　での時期に行われるもの」で，人間は教育されるべき「唯一の被
　造物」だと家庭での規範教育の必要性を述べている。

・(　イ　)は，著書『一般教育学』の中で「科学としての教育学は，
　実践哲学と心理学に依存する」と述べている。

・(　ウ　)は，「発見学習」の理論的基盤を提供し，ウッズホール会
　議の成果を著書『教育の過程』にまとめ，「学問中心カリキュラ
　ム」の構想を打ち出した。

①　ア：ルソー　　イ：ヘルバルト　　ウ：デューイ

② ア：ルソー　　イ：フレーベル　　ウ：デューイ

③ ア：ルソー　　イ：ヘルバルト　　ウ：ブルーナー

④ ア：カント　　イ：フレーベル　　ウ：ブルーナー

⑤ ア：カント　　イ：ヘルバルト　　ウ：ブルーナー

⑥ ア：カント　　イ：フレーベル　　ウ：デューイ

(10)　次のⅠ～Ⅲの授業方法と考案者ア～エの組み合わせとして適切なものを，下の①～⑥の中から1つ選んで番号で答えなさい。

Ⅰ　バズ学習　　Ⅱ　ブレイン・ストーミング

Ⅲ　モニトリアル・システム

【考案者】　ア：オズボーン　　　　　イ：ケッペル

　　　　　ウ：ベル，ランカスター　　エ：フィリップス

① Ⅰ：ア　Ⅱ：エ　Ⅲ：イ　　② Ⅰ：ウ　Ⅱ：エ　Ⅲ：イ

③ Ⅰ：エ　Ⅱ：ウ　Ⅲ：ア　　④ Ⅰ：ウ　Ⅱ：ア　Ⅲ：エ

⑤ Ⅰ：ア　Ⅱ：イ　Ⅲ：ウ　　⑥ Ⅰ：エ　Ⅱ：ア　Ⅲ：ウ

(☆☆☆○○○)

解答・解説

■一般教養■

【1】(4)

〈解説〉(1)は山中伸弥，(2)は梶田隆章，(3)は中村修二，(4)は鈴木章と根岸英一，(5)は南部陽一郎である。

【2】(1)

〈解説〉東京2020オリンピック競技大会の追加種目は，以下の5競技18種目が決定された。①野球(男子・1種目)・ソフトボール(女子・1種目)，②空手(男女・8種目)，③スケートボード(男女・4種目)，④スポーツクライミング(男女・2種目)，⑤サーフィン(男女・2種目)である。

【3】(2)

〈解説〉(1)のOECD(経済協力開発機構)はEU諸国22ヶ国，その他13ヶ国か
らなる国際機関である。(2)のNGOとは非政府組織のことであるが，説
明はODA(政府開発援助)についてであり，誤りである。(3)のPKOは国
連平和維持活動，(4)のNPOは民間非営利組織，(5)のJICAは独立行政
法人国際協力機構のことで，説明は全て正しい。

【4】(5)

〈解説〉日本の選挙の原則は，一定の年齢に達した全ての国民に選挙権・
被選挙権を与える普通選挙，有権者の1票を同価値と考え平等に扱う
平等選挙，有権者が直接候補者を選挙する直接選挙，有権者の投票内
容を他人に知られないように保障する秘密選挙の4原則である。

【5】(3)

〈解説〉「認定こども園」は，就学前の子どもに幼児教育と保育の両方を
提供し，地域における子育て支援を行う施設である。幼保連携型，幼
稚園型，保育所型，地方裁量型の4つのタイプがある。特徴としては，
子育て支援が受けられること，親が就労していなくても利用できるこ
と，異年齢の子どもと交流が持てること，などがある。内閣府の内部
に「子ども・子育て本部」という組織が作られており，管轄は内閣府
である。

【6】(5)

〈解説〉(1)の条例の制定・改廃の請求は有権者の50分の1以上の署名をも
って首長へ，(2)の事務監査の請求は有権者の50分1以上の署名をもって
監査委員へ，(3)の議会の解散請求と(4)の議員の解職請求は有権者の
3分の1以上の署名をもって選挙管理委員会へ請求する。(5)の副知事な
どの主要公務員の解職請求は，有権者の3分の1以上の署名をもって首
長に請求する。

【7】(5)

〈解説〉(1) 誤り。衆議院議員選挙は，小選挙区制と11ブロックによる
比例代表制の組み合わせである。 (2) 誤り。参議院議員選挙の全国
1区は，非拘束名簿式比例代表制である。 (3) 誤り。選挙区と比例
代表に重複立候補ができるのは，衆議院議員選挙のみである。
(4) 誤り。比例代表制では死票はほとんど出ない。死票が多く大政党
に有利なのは，小選挙区制である。 (5)は正しい。2007年6月より，
国政選挙において，比例区・選挙区の両方で在外投票が認められるよ
うになった。

【8】(4)

〈解説〉国民総所得(GNI)は，GNP(国民総生産)，GNE(国民総支出)と同額
である。国民総生産は国内総生産と海外からの純所得の合計なので，
485＋22＝507(兆円)となる。

【9】(5)

〈解説〉市場において，需要と供給の関係によって現実に成立する価格を
市場価格という。市場価格は，需要と供給が一致する水準(均衡価格)
で安定する。

【10】(1)

〈解説〉マルクスの著書には『共産党宣言』『資本論』がある。(2)の『経
済学原理』はJ.S.ミルや，マーシャルに，同タイトルのの著作がある。
(3)の『諸国民の富』はアダム・スミスの著作，(4)『社会契約論』はル
ソーの著作，(5)『永久平和のために』はカントの著作である。

【11】(5)

〈解説〉『大鏡』は歴史物語である。歴史物語に分類されるのは(5)の『栄
花物語』である。(1)の『方丈記』は随筆，(2)の『無名草子』は物語評
論，(3)の『更級日記』は日記，(4)の『古今著聞集』は説話集である。

【12】(3)

〈解説〉『富嶽三十六景』は葛飾北斎の作品である。雪舟に関する後半の
　　説明は正しい。雪舟の作品には,『四季山水図巻』・『秋冬山水図』・
　　『天橋立図』などがある。

【13】(4)

〈解説〉「自分の罪を自覚した悪人こそが救われる対象である」とは,悪
　　人正機説のことである。悪人正機説を説いたのは,(4)の親鸞である。

【14】(3)

〈解説〉柴田勝家とともに越前北庄城で自刃したのは,織田信長の妹で勝
　　家と再婚したお市の方である。お初はお市の方の3人の娘(茶々・お
　　初・お江)のうちの一人である。

【15】(4)

〈解説〉(1)の第1回十字軍の遠征は1096年～1099年,(2)の『世界の記述』
　　の完成は1299年,(3)のコロンブスのアメリカ到着は1492年,(4)ルター
　　の宗教改革は1517年,(5)ピューリタン革命は1642年～1649年のことで
　　ある。年代の古い順に並べると,(1)→(2)→(3)→(4)→(5)となり,4番目
　　は(4)である。

【16】(3)

〈解説〉朱元璋が1368年に建国したのは,(3)の明である。明は中国史上
　　唯一,江南から発展して中国の統一に成功した王朝である。

【17】(1)

〈解説〉2013年のカカオ豆生産量1位から5位は,コートジボワール,ガー
　　ナ,インドネシア,ナイジェリア,カメルーンの順である。

【18】(4)

〈解説〉札幌の緯度は北緯43度04分である。(1)ロンドンは北緯51度28分，(2)サンパウロは南緯23度30分，(3)メキシコシティは北緯19度24分，(4)ローマは北緯41度54分，(5)ソウルは北緯37度35分である。札幌の緯度に最も近い都市は(4)のローマである。

【19】1 (3)　　2 (4)

〈解説〉1　直前の「自分」の発言にある通り，西へ行くかどうかを聞いている。このことを言いかえた表現が入る。　2　本文の後半の2つの段落にある通り，「自分」は，死んでしまおうと考えたり，悲しかったりする。空欄イには「自分」の不安を表す表現が入る。

【20】(4)

〈解説〉傍線①の再読文字「当」は，「当然～すべきだ」の意を表すので，(4)が適切である。

【21】(2)

〈解説〉大納言が入道殿に「どの舟に乗るのか」と聞かれたということは，大納言に3つの舟のどれにも乗れるだけの才能があるということを意味する。大納言はそのことに，自然とうぬぼれてしまったのである。

【22】1 (4)　　2 (1)　　3 (3)　　4 (4)

〈解説〉日常会話文で，英文自体はやさしい。話の展開を正確に把握できるかが問われている。　1　YumiとEmilyがいつ「一緒に」旅行に行くかを尋ねている。Emilyの休みは8月11日から10日間，Yumiの休みは8月16日から5日間だが，Yumiが16日に墓参りに行くので，17日から一緒に行くことになった。Yumiは21日には仕事に戻ると言っている。よって答えは(4)。　2　YumiとEmilyがそれぞれ「最初は」どこへ行きたかったかを尋ねている。Yumiが最初に九州に行くことを提案し，それに対してEmilyは海外の南の島へ行こうと返す。それにYumiが賛同し

て，グアム，ハワイ，バリを候補として挙げる。そのうちのグアムを
Emilyが選ぶ。その後，グアムの案は却下になるが「最初に」行きた
かった場所を尋ねているので，答えは(1)。　3　訪れる島を決めるに
あたって，決定的な要因は何であったかを尋ねている。一日目の会話
でグアムを選んだ際にIf we want to save money, I think Guam is the best.
「もしお金を節約したいのであれば，グアムが一番よいと思います。」
とあり，これを受けて次の日にYumiがセブ行きのツアーを提案する際，
you said, "the cheaper, the better"「あなたは『安ければ安いほど良い』
と言いました」として，tour costとcost of livingがグアムよりセブの方が
安いと伝えている。これにEmilyも賛同してセブ行きが決まったので，
答えは(3)。　4　(1)「YumiとEmilyは初めから国内旅行より海外旅行
の方を好んでいた。」all along「初めから」，prefer A to B「AよりBを好
む」という表現に注意。特に，ここではall alongの部分が誤り。実際，
Yumiは初め九州旅行を提案していた。　(2)「YumiとEmilyはレスト
ランで旅行の日程を決めることはできなかった。」行先は決まらなか
ったが，日程は決まっていたので誤り。　(3)「日本とグアムの時差
は日本とセブの時差よりも小さい。」パンフレットには，どちらも日
本より1時間遅いとあるので誤り。　(4)「Yumiは旅行代理店で島に
ついてのたくさんの情報を得た。」具体的な旅行の金額，日本との時
差，セブとグアムの滞在費の差など様々な情報を得ているので正しい。
(5)「5日間のバリ旅行は5日間のハワイ旅行よりも高価だ。」パンフレ
ットによると，バリ旅行の費用は5日間で1人169,900円，ハワイ旅行は
5日間で1人262,000円なので誤り。

【23】(3)
〈解説〉8〔cm〕×25000＝200000〔cm〕＝2000〔m〕

【24】(3)
〈解説〉10時のときの時計の長針と短針の作る角の大きさは60度。長針は
1分間に$\frac{360\,(°)}{60\,(分)}$＝6〔度〕，短針は1分間に$\frac{30\,(°)}{60\,(分)}$＝0.5度回転するか

ら，時計の長針と短針の作る角の大きさは1分間に$6-0.5=5.5$〔度〕ずつ大きくなる。時計の長針と短針の作る角の大きさが初めて90度になるのが10時x分とすると，$60+5.5x=90$　$x=\dfrac{60}{11}$　より，それは10時$\dfrac{60}{11}$分である。

【25】(1)

〈解説〉ツルの数をx羽，カメの数をy匹，タコの数をz匹とすると，頭の総数と足の総数の関係から

$$\begin{cases} x+y+z=18 \cdots① \\ 2x+4y+8z=64 \cdots② \end{cases}$$

①，②より，zを消去すると　$3x+2y=40$　$3x=2(20-y)$　これより，$20-y$は3の倍数であり，xの値すなわちツルの数が最も多くなるのは，$20-y$が最大になるとき。このようなyは　$20-y=18$　$y=2$　で，このときのカメの数は2匹。

【26】(2)

〈解説〉△ABCは正三角形だから，図形の周りの太線の部分の長さは

$$2\pi \times 3 \text{〔cm〕} \times \dfrac{120 \text{〔°〕}}{360 \text{〔°〕}} \times 2 + 3 \text{〔cm〕} \times 3 = (4\pi + 9) \text{〔cm〕}$$

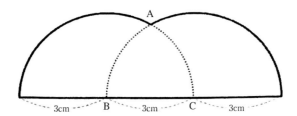

【27】(3)

〈解説〉最大摩擦力F_0の大きさは垂直抗力Nに比例する。このときの比例定数が静止摩擦係数μである。μの値は接触している物体と面の性質によって決まる。

【28】(4)

〈解説〉ナトリウムイオン(Na^+)は正に帯電，塩化物イオン(Cl^-)は負に帯電している。正電荷をもつ陽イオンと負電荷をもつ陰イオンが「クーロン力」(静電気力)によって引き付け合うことによって生じるのがイオン結合である。

【29】(5)

〈解説〉硝酸イオンや，アンモニウムイオンなどの簡単な窒素化合物から核酸やタンパク質などの生体に必要な有機窒素化合物を合成することを窒素同化という。なお，(4)の窒素固定は空気中の窒素を用いて窒素化合物を合成することを指し，根粒菌などがこれを行っている。

【30】(2)

〈解説〉火成岩は二酸化ケイ素の含有量が少ない順に玄武岩，安山岩，流紋岩となっており，深成岩は二酸化ケイ素の含有量が少ない順に斑レイ岩，閃緑岩，花こう岩となっている。

【31】(2)

〈解説〉二等辺三角形の底角は等しいことと，△OAB，△OBC，△OCD，△ODE，△OEFの内角と外角の関係から，各角度は次図のようになる。これより，△OEFは直角三角形。

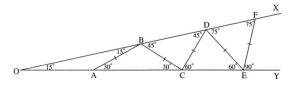

【32】(4)

〈解説〉2＋イ＋0＋5＝(−4)＋3＋イ＋アより，ア＝8

9	−4	−5	
	3	4	1
2	イ	0	5
−3	ア		

【33】(1)，(3)，(4)のいずれか。

〈解説〉複数回答になっているが，公式解答のとおりに記載した。問題の
条件より，次図のことがわかる。これより，(1)，(3)，(4)のことが確
実に言える。

	(ア)公園	(イ)神社	(ウ)橋	(エ)駅	(オ)地蔵	
月	○	×	×	×	×	1カ所経由
火	×	×	○	×	○	2カ所経由
水	○	○	×	○	×	3カ所経由
木	○	×	○	○	○	4カ所経由
金	×			×	×	
					2回	

【34】(4)

〈解説〉問題の条件を整理すると，Aは最年長で25歳…①　BとCの年の
差は3歳…②　BはDより年下…③　DはCより年上…④　EはBより
2歳年下であり最年少…⑤　①→⑤→②→④の順に考えると，A〜Eの
年齢の関係は次図のようになる。

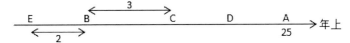

【35】(4)

〈解説〉次図のように考えると，△ABC≡△BDEだから，求める立体の

体積は，底面の半径が6cm，高さが8cmの円錐の体積から，底面の半

径が3cm，高さが4cmの円錐の体積と，底面の半径が3cm，高さが4cm

の円柱の体積を引いたものに等しく　$\dfrac{1}{3}\times\pi\times6^2\times8-\dfrac{1}{3}\times\pi\times3^2\times$

$4-\pi\times3^2\times4=48\pi$ 〔cm³〕

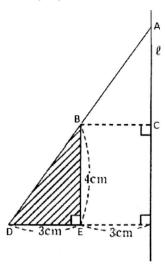

【36】(4)

〈解説〉平成25年の対前年伸び率は，肉類が$\dfrac{1166}{1060}=1.1$，魚介類が$\dfrac{1466}{1400}$

＝1.04…だから，(1)は正しくない。平成23年から平成24年の肉類の輸

入額は減少しているから，(2)は正しくない。肉類の輸入額の最大値は

1,381(10億円)，魚介類の輸入額の最小値は1,260(10億円)だから，(3)は

正しくない。平成25年から平成27年までの肉類の輸入額の平均値

は$\dfrac{1166+1335+1381}{3}≒1,294$(10億円)。これよりも，平成22年の魚介類

の輸入額1,260(10億円)の方が低いから，(4)は確実に言える。問題の資

料から，日本人が食べている量を判断することはできないので，(5)は

確実には言えない。

■教職教養■

【1】(1)　ア　②　　イ　③　　ウ　⑤　　(2)　①　　(3)　②
(4)　③　　(5)　①　　(6)　⑤　　(7)　④　　(8)　④　　(9)　③
(10)　③　　(11)　②　　(12)　⑥

〈解説〉(1)　ア　自分の行動に報酬を与えていることから自己強化であると判断できる。　イ　小さな下位課題から順次に達成していることからプログラム学習であると判断できる。プログラム学習はスキナーがオペラント条件付けを応用させた学習方法である。　ウ　被験体に望ましい報酬を与えると，生起確率が増大することからオペラント条件付けであると判断できる。「望ましい報酬」には正の強化刺激が与えられることと，負の強化刺激が除かれることの2つがある。

(2)　ア　「ふくいスマートルール」運動の冒頭文に記載されている。イ　運動の「大人も一緒に考える『ふくいスマートルール』推進運動2」に記載されている。　ウ　1日3時間ではなく1時間である。「わたしたち　みんなですすめる『ふくいスマートルール』　2」に記載されている。　(3)　Ⅰ　ハイダーが提唱した帰属理論を展開し，原因帰属理論を提唱したのはワイナーである。　Ⅱ　バーラインは認知的葛藤を「疑い」「認知的不協和」「混乱」「不適切」「当惑」「矛盾」などに分類している。これらの不快な認知的葛藤を解消するために，新たな情報を得て快に変えることについて提唱した。　Ⅲ　ユングはリビドーを「心的エネルギー」としたが，フロイトは「性的な衝動」をリビドーとしていたことに注意する。　(4)　ギャンググループ，チャムグループは主に同性同士のグループである。ピアグループは概ね高校生以降から形成されるようになるとされ，異性同士のグループになることもある。　(5)　ピグマリオン効果は，報告したローゼンタールの名前をとってローゼンタール効果とも呼ばれる。教師が「能力が低い」「劣っている」と評価した生徒の成績は悪くなっていくというように，マイナスに働く場合がある。　(6)　アは「福井県いじめ防止基本方針」

の「3　いじめの防止等のための具体的施策　(3)いじめの早期発見」より正しい。イは同資料の「3　(3)いじめの早期発見」より正しい。ウは同資料の「3　(4)いじめの早期対応」より誤りである。「学校長をはじめとする最低限の関係教員で」ではなく，「特定の教員が抱え込むことなく速やかに」情報を共有することとされている。エは同資料の「3　(4)いじめの早期対応」より正しい。オは同資料の「3　(4)いじめの早期対応」より誤りである。「警察や児童相談所，地方法務局，医療機関，市町の民生児童委員等」とも連携して進めることとされている。　(7)　出題はいずれも「道徳の質的転換によるいじめの防止に向けて②」中の「いじめについて考え，議論する積極的な取組みの例」による。アは下線部が「どのように行動したらよいのかを考える」であれば正しい。　(8)　数値は「平成27年度　児童生徒の問題行動等生徒指導上の諸問題に関する調査」の「5　小・中学校の長期欠席(不登校等)　④不登校児童生徒の欠席期間別実人数」による。同資料を確認されたい。　(9)　愛着について提唱したのはクレッチマーではなくボウルビィである。クレッチマーは体格と性格の関連性に注目して，細長型(分裂気質)，肥満型(循環気質)，闘士型(粘着気質)の3類型に分類した。　(10)　自閉症スペクトラムとは，社会的コミュニケーションの困難さと限定された反復的な行動や興味活動が現れる障害である。さらに知的障害や言語障害も伴うことがある。したがって，イは誤りである。　(11)　発達障害の検査には，個別の詳細な知能を測定する必要があるため個別式知能検査が用いられる。したがって，ウェクスラー知能検査のひとつであるWISCが該当する。　(12)　「発達障害者福井県方式ツール『子育てファイルふくいっ子』」は黒澤式アセスメント(短縮版)と，プロフィールシート，個別支援計画シートおよび引継シートからなるファイルである。「早期発見」「早期支援」「途切れない支援」の継続を目標としているもので，目を通しておきたい。

【2】(1)　④　　(2)　①
〈解説〉(1)　出題は「1. 共生社会の形成に向けて　(1)共生社会の形成に

向けたインクルーシブ教育システムの構築」による。 (2) 「合理的
配慮」とは，「障害のある子どもが，他の子どもと平等に「教育を受
ける権利」を享有・行使することを確保するため，学校の設置者及び
学校が必要かつ適当な変更・調整を行うこと」であり，その状況に応
じて，学校教育を受ける場合に個別に必要とされるものである。そし
て，「合理的配慮」は，設置者・学校と本人・保護者により，発達の
段階を考慮しつつ，「合理的配慮」の観点を踏まえ，可能な限り合意
形成を図った上で決定することが望ましい。したがって，アは「話さ
なかった」が，イは「厳しい指導を継続して行った」が誤りである。
「共生社会の形成に向けたインクルーシブ教育システム構築のための
特別支援教育の推進(報告) 概要」の「3. 障害のある子どもが十分に
教育を受けられるための合理的配慮及びその基礎となる環境整備 (1)
『合理的配慮』について」を参照確認して理解しておくこと。

【3】(1) ⑤ (2) ② (3) ⑤ (4) ⑥
〈解説〉(1) イは「平成21年度 文部科学白書」(文部科学省)の「第1部
特集1 第1章 家計負担の現状と教育投資の水準」より誤りである。
世帯所得と子どもの学力には正の相関がある。エは誤り。プラットフ
ォームに位置づけられているのは「地域」でなく「学校」である。な
お，アの子どもの貧困率については，直近の「平成28年 国民生活基
礎調査」(厚生労働省)によると，平成24年には16.3％であったが平成27
年には13.9％に減少している。 (2) ア スクールソーシャルワーカ
ーは「教育と福祉の両面に関する専門的な知識・技術を有し，同分野
で活動経験の実績等がある者」がその職に就ける。問題を抱える児童
生徒が置かれた環境への働きかけや関係機関等とのネットワークの構
築，連携・調整，学校内におけるチーム体制の構築，支援，保護者・
教職員等に対する支援・相談・情報提供等を担う。 イ 児童相談所
は，児童福祉法によって都道府県が設置を義務付けられている機関で
ある。 (3) いずれも「いじめ問題への取組の徹底について(通知)」
(文部科学省，平成18年)などを参考に判断したい。アは同通知の「1

いじめの早期発見・早期対応について　(2)」より誤り。いじめが生じた際には，「特定の教員が抱えこむことなく，学校内においては，校長のリーダーシップの下，教職員間の緊密な情報交換や共通理解を図り，一致協力して対応する体制で臨むこと」とされている。イは同通知の別添「いじめの問題への取組についてのチェックポイント」の「チェックポイント　1　学校　(18)」より正しい。ウは同通知の「2　いじめを許さない学校づくりについて　(3)」より誤りである。いじめが解決したとみられる場合でも，その時の指導で解決したと即断することなく，継続して必要な指導を行うこととされる。　(4)　出題は「生徒指導提要」の「第5章　教育相談　第3節　教育相談の進め方　2　学級担任・ホームルーム担任が行う教育相談　(3)　教育相談の新たな展開　図表5-3-3　教育相談で活用できる新たな手法等」による。なお，アのピア・サポート活動とは児童生徒の社会的スキルを段階的に育て，児童生徒同士が互いに支えあう関係を作るためのプログラムを指す。

【4】(1)　②　　(2)　⑥　　(3)　④　　(4)　②　　(5)　⑥　　(6)　④
　　　(7)　③　　(8)　⑥　　(9)　①　　(10)　⑤

〈解説〉(1)　「福井県教育振興基本計画」は，教育基本法第17条第2項の規定に基づき策定された計画である。この計画が具体的な施策を進めるための行動計画であるのに対し，「教育に関する大綱」(福井県，平成27年10月)は地方教育行政の組織及び運営に関する法律第1条の3第1項に基づき知事が策定した，基本的な方針を示すものである。併せて確認したい。　(2)　基本的な方針は「教育に関する大綱」の「4　基本的な方針」にも示されている。そこで示された方針を基に，「福井県教育振興基本計画」内では具体的な施策について述べている。
(3)　Ⅰは福井県の学力調査である。「Student Academic Skills Assesment」の頭文字を取っている。ⅡはEIA(国際教育到達度評価学会)によって実施される国際数学・理科教育動向調査である。Ⅲは国立教育政策研究所　教育課程研究センターが実施する全国学力・学習状況調査であ

る。 (4) イは殴ったことが，ウは授業中の1時間，廊下に立たせことが，エは給食を食べる時間を与えなかったことが体罰にあたる。体罰については「体罰の禁止及び児童生徒理解に基づく指導の徹底について(通知)」(文部科学省，平成25年3月)などに目を通して理解を深めたい。 (5) 出題は「生徒指導提要」の「第1章 生徒指導の意義と原理 第4節 集団指導・個別指導の方法原理 1 集団指導と個別指導の意義」による。 (6) 教育公務員特例法第21条から第25条の2では研修について述べられている。第21条は中でも頻出であるので，失点のないようにしたい。 (7) 福井大学教育学部附属義務教育学校は，2017年4月の小・中学校の統合により，福井県内初の義務教育学校へ移行した。 (8) ア 「国語と歴史」のように異なる教科の教材を関連させるのは「関連カリキュラム」である。 イ 「歴史，地理，公民，経済，社会学」などを統合した社会科学のように，教科の枠をはずして広い領域から総合的に学習させようとするのは「広域カリキュラム」である。 ウ コア・カリキュラムは生活経験を中心に中核課程と周辺課程で構成され，活動を中心とする単元が取り上げられる。 (9) 「学習指導要領等の理念を実現するために必要な方策」(平成27年9月，文部科学省初等中等教育分科会第100回配付資料)の「4. 学習指導要領等の理念を実現するために必要な方策 (1) 『カリキュラム・マネジメント』の重要性 三つの側面」からの抜粋文である。参照確認して次期学習指導要領の趣旨を理解する一助にしておくこと。

(10) ア 明道館は，福井藩主・松平春嶽が設立した藩校である。 ウ 東京美術学校の創設に尽力をした人物が，岡倉覚三(天心)とフェノロサである。

【5】 (1) ④ (2) ② (3) ① (4) ④ (5) ③ (6) ③
(7) ① (8) ⑤ (9) ⑤ (10) ⑥
〈解説〉(1) ア 昭和52年改訂の小学校・中学校学習指導要領である。ポイントは，ゆとりと充実である。 イ 平成10年改訂の小学校・中学校学習指導要領である。ポイントは，「総合的な学習の時間」の新

設である。　ウ　昭和33年改訂の小学校・中学校学習指導要領である。ポイントは，道徳の時間の特設と基礎学力の充実である。　エ　昭和22年の小学校・中学校学習指導要領である。ポイントは，修身(公民)等を廃し，社会科を設け，家庭科，自由研究を設けたことである。オ　平成元年改訂の小学校・中学校学習指導要領である。ポイントは，小学校の1，2年「生活科」の新設である。　カ　平成20年改訂の小学校・中学校学習指導要領である。ポイントは，小学校の5，6年に「外国語活動」を導入したことである。　キ　昭和43年改訂の小学校・昭和44年改訂の中学校学習指導要領である。ポイントは，各教科及び道徳の授業時数を，最低時数から標準時数に改めたことである。

(2)　ア　「幼稚園，小学校，中学校，高等学校及び特別支援学校の学習指導要領等の改善及び必要な方策等について(答申)【概要】」の「第1部　学習指導要領等改訂の基本的な方向性　第5章　何ができるようになるか—育成をめざす資質・能力—　2.資質・能力の三つの柱に基づく教育課程の枠組みの整理」を参照確認し理解しておくこと。イ　小学校では，「低・中学年」ではなく，「中学年」の3，4年生で外国語活動が始まり，高学年の5，6年生で外国語科(英語)が教科化される。　ウ　プログラミング教育は，「情報科を設けて行う」のではなく，算数や理科，音楽，総合的な学習の時間等を活用して行う。

(3)　「幼稚園，小学校，中学校，高等学校及び特別支援学校の学習指導要領等の改善及び必要な方策等について(答申)【概要】」では，新しい学習指導要領に向けては，設問に示した6点の枠組で考えていくことが必要となると記載されている。同答申【概要】の「第1部　学習指導要領等改訂の基本的な方向性　第4章　学習指導要領等の枠組みの改善と『社会に開かれた教育課程』」の「2.学習指導要領等の改善の方向性　(1)　学習指導要領等の枠組みの見直し」を参照確認し理解しておくこと。　(4)　「今，求められる力を高める総合的な学習の時間の展開」(文部科学省)には，「校外引率等は外部人材に全て任せる」とは記載されていない。同資料の「第1編　今，求められる力の向上を目指して」の「第3章　今，求められる力を高めるための体制づく

り　第5節　外部との連携の構築の実践事例」を参照確認し理解しておくこと。　(5)　イの説明は「制作物による評価」ではなく「ポートフォリオによる評価」である。ポートフォリオによる評価は，児童生徒の一人一人のよさや可能性，努力の様子などを個人内評価として活かせることができる。また，活動計画表や記録，感想等を計画的に集積し，探究過程を詳しく把握できる。「今，求められる力を高める総合的な学習の時間の展開」の「第2編　総合的な学習の時間スタートガイド　第4章　総合的な学習の時間の評価　第1節　児童の学習状況の評価　2．全体計画に示した『学習評価』の具体化　(4)　多様な評価の方法」を参照確認し理解しておくこと。　(6)　学校保健安全法第29条第1項に危険等発生時対処要領の作成が定められている。参照確認し理解しておくこと。　　(7)　ア　文部科学大臣メッセージの中で，現実のいじめに問題に対応できる資質・能力を育むため，「あなたならどうする」を正面から問い，議論していく「考え，議論する道徳」への転換を図っている。「いじめに正面から向き合う『考え，議論する道徳』への転換に向けて(文部科学大臣メッセージ)について」を参照理解しておくこと。　イ　文部科学省資料「道徳教材『私たちの道徳』について」を参照確認しておくこと。　ウ　数値評価は行わない。小学校学習指導要領(平成27年3月一部改訂)の「第3章　特別の教科道徳　第3　指導計画の作成と内容の取扱い　4」を参照確認し理解しておくこと。　(8)　教育基本法第1条の条文を参照確認し理解しておくこと。なお，教育基本法は，前文と全18条から成る比較的短い法規であるので，全て暗記しておくことが望まれる。　(9)　アは，『教育学講義』からカントと判断。ルソーは子どもの人格や自由を尊重し，後にカントらに影響を与えた人物で，著作は『エミール』など。イは，『一般教育学』からヘルバルトと判断。フレーベルは幼稚園の創始者で遊具「恩物」で知られ，主著は『人間の教育』である。ウ　は，発見学習からブルーナーと判断。デューイは経験主義教育で知られ，主著は『民主主義と教育』などである。　(10)　イのケッペルが考案したのはティームティーチングである。基本的な教育の方法

を整理して理解しておくこと。Ⅰのバズ学習は子どもをグループに分け班別に討議をさせる方法，Ⅱのブレイン・ストーミングは少人数のグループで，全員が自由に意見やアイデアを出し合うことで，案をまとめたり，新しい発想を生み出したりする方法，Ⅲのモントリアル・システムは，学級内を小集団に分け，年長で学力の高い生徒たちが助教となって集団を担当し，教師に教えられたことを各集団に教える方法である。

●書籍内容の訂正等について

　弊社では教員採用試験対策シリーズ（参考書，過去問，全国まるごと過去問題集），公務員試験対策シリーズ，公立幼稚園・保育士試験対策シリーズ，会社別就職試験対策シリーズについて，正誤表をホームページ（https://www.kyodo-s.jp）に掲載いたします。内容に訂正等，疑問点がございましたら，まずホームページをご確認ください。もし，正誤表に掲載されていない訂正等，疑問点がございましたら，下記項目をご記入の上，以下の送付先までお送りいただくようお願いいたします。

> ① **書籍名，都道府県（学校）名，年度**
> 　（例：教員採用試験過去問シリーズ　小学校教諭 過去問　2025年度版）
> ② **ページ数**（書籍に記載されているページ数をご記入ください。）
> ③ **訂正等，疑問点**（内容は具体的にご記入ください。）
> 　（例：問題文では"ア〜オの中から選べ"とあるが，選択肢はエまでしかない）

〔ご注意〕

○ 電話での質問や相談等につきましては，受付けておりません。ご注意ください。

○ 正誤表の更新は適宜行います。

○ いただいた疑問点につきましては，当社編集制作部で検討の上，正誤表への反映を決定させていただきます（個別回答は，原則行いませんのであしからずご了承ください）。

●情報提供のお願い

　協同教育研究会では，これから教員採用試験を受験される方々に，より正確な問題を，より多くご提供できるよう情報の収集を行っております。つきましては，教員採用試験に関する次の項目の情報を，以下の送付先までお送りいただけますと幸いでございます。お送りいただきました方には謝礼を差し上げます。

（情報量があまりに少ない場合は，謝礼をご用意できかねる場合があります）。

◆あなたの受験された面接試験，論作文試験の実施方法や質問内容

◆教員採用試験の受験体験記

送付先	○電子メール：edit@kyodo-s.jp ○FAX：03-3233-1233（協同出版株式会社　編集制作部 行） ○郵送：〒101-0054　東京都千代田区神田錦町2-5 　　　　　　協同出版株式会社　編集制作部 行 ○HP：https://kyodo-s.jp/provision（右記のQRコードからもアクセスできます）

※謝礼をお送りする関係から，いずれの方法でお送りいただく際にも，「お名前」「ご住所」は，必ず明記いただきますよう，よろしくお願い申し上げます。

教員採用試験「過去問」シリーズ

福井県の
教職・一般教養 過去問

編　集	Ⓒ 協同教育研究会
発　行	令和6年1月10日
発行者	小貫　輝雄
発行所	協同出版株式会社
	〒101-0054　東京都千代田区神田錦町2‐5
	電話　03－3295－1341
	振替　東京00190－4－94061
印刷所	協同出版・POD工場

落丁・乱丁はお取り替えいたします。

2024年夏に向けて
―教員を目指すあなたを全力サポート！―

●通信講座
志望自治体別の教材とプロによる
丁寧な添削指導で合格をサポート

詳細はこちら

●公開講座 (＊1)
48のオンデマンド講座のなかから、
不得意分野のみピンポイントで学習できる！
受講料は6000円～　＊一部対面講義もあり

詳細はこちら

●全国模試 (＊1)
業界最多の **年5回** 実施！
定期的に学習到達度を測って
レベルアップを目指そう！

詳細はこちら

●自治体別対策模試 (＊1)
的中問題がよく出る！
本試験の出題傾向・形式に合わせた
試験で実力を試そう！

詳細はこちら

　上記の講座及び試験は，すべて右記のQRコードから
らお申し込みできます。また，講座及び試験の情報は，
随時，更新していきます。

＊1・・・ 2024年対策の公開講座、全国模試、自治体別対策模試の
　　　　 情報は、2023年9月頃に公開予定です。

協同出版・協同教育研究会
https://kyodo-s.jp

お問い合わせは
通話料無料の
フリーダイヤル

0120 (13) 7300 まで
いいみ なさんおうえん

受付時間：平日（月～金）9時～18時